U0097969

台灣俗諺語典

卷四◎台灣俗諺的生活工作

陳主顯 著

給我的孩子

宜寧、信慧、立德：

八仙過海，隨人變通。

Pat-sian koè-haí, suî-lâng piàn-thong. (33.08)

——讀書、生活、工作、等等，訣竅在此！

企著好地理，卡好識拳頭。

Khiā-tióh hó tē-lí, khah-hó bat kûn-thaû. (32.01)

——天時難得，地利難求，人和怎樣？

序言

　　人活在世上所為何事？答案一言難盡，若從台灣人的智慧經驗來說，可簡約成「生活」和「工作」！人活在世上，就是要生活；要求平安、有福、如意的生活下去。那麼，這種深潛堅強的盼望，如何實現呢？答案並不複雜：認真工作！

　　說到「工作」，談何容易！舊日的小師仔，小工匠，必要三年四個月的學習。沒有學習，沒有讀書識字，沒有知識工夫，柴米油鹽、衣食住行，一日三餐，娶某生子，遊山玩水，老死歸天，等等須要的費用從何而來？於是，台灣人非常認真學習，不論是上學堂或學工夫，大家都決心要「活到老學到老」！

　　本卷，《台灣俗諺語典》卷四《生活工作》，焦點就是在：學習、生活、工作，這三大主題上面。我們處理了635句用心選擇的台灣諺語；按各句的屬性特徵，分成三章18節加以注釋，試著打開先人的智藏，了解、欣賞他／她們的心思和教示。

　　第一章「活到老學到老」，有三節。您可看到俗語如何反映：讀書、識字，昔日的科舉、現代的聯考；學校教育，當學徒，學工夫；老師和學生，老師傅和小師仔的感情，等等昔時的知識活動之一斑。──「讀冊一籮籠，考到茹儜儜」，（→11.36）「紙頭無名，紙尾無字！」（→11.39）仍然是現時千萬學生的苦悶。

　　第二章「柴米油鹽衣食住」，分成八節。按照衣食住行、娛

樂、嗜好,以及經濟生活的見解和生活態度,等等來加以檢視。其中令筆者深感興趣的,就是有關「吃」的俗語是那麼多!難道,我們眞是「重吃」的民族?當知,先人有所訓勉,切莫「食到有扁擔,無布袋!」(→22.61)但他/她們並不吝於「食」,理由是「會食則會做!」(→28.04)──爲了自救,連黑官也儘量給他「吃」。

「愛拚才會贏!」是第三章的主題。自從台灣史的第一頁起到清國出賣台灣給日本爲止,台灣人的祖先大部分是所謂「雙腳,夾一個卵脬」(→131.27)的羅漢腳。要如何活下去呢?沒有祕方,簡單一字「拚!」不是做土匪拚別人性命錢財,而是做戇牛來拚工,來建造台灣。君不聞,「做牛著拖,做人著磨!」(→37.16)「甘願做牛,唔驚無犁通拖!」(→37.15)做台灣牛是萬分艱苦的,工作機會、環境、能力、方法要領限制多多;又有得失盈虧,失敗成功的刺激和冒險;也得探究拖犁拉車比較省力的姿勢,以及調整一生忍苦耐勞的態度。這些事,我們在本章分做七節來探尋。

寫好本卷,教堂裏預告基督降生的四根手臂粗,浮雕著黃金色拉丁文的白色蠟燭,已經點燃了三根。天空飄浮著紛紛雪花,街道上已鋪著數寸厚的初雪,數十個全身大紅大白的聖誕老人四處穿梭,見人就推銷應節的產品,鼓勵人選購禮物,贈送禮物。──啊,原來聖誕節就是送禮的日子:上帝送祂的愛子給人,而世人彼此送禮來致意,來融化冷凍人間關係的冰雪。好,我要用賀節的心意,將認眞釋義的《台灣俗諺語典》第四卷獻給諸位!願台灣列祖/媽的無比幽默,萬分靈巧的諺語,增添您佳節的歡喜。敬祝

聖誕快樂
新年如意

陳　主　顯 敬上

1998.12.15　萊茵河之Mainz

卷四・生活工作

第一章 ●

活到老學到老

第一節　讀書、考試

本節分段：

讀書的重要01-05　讀書的情形06-17　文字的重要18-21

識字的情形22-30　舊時的科舉31-34　現代的考試35-39

【01】

萬般皆下品，唯有讀書高。

Bān-poaⁿ kai hā-phín, î-iú thók-su ko.

Bān-poaⁿ kaī hā-phín, ī-iú thók-sū ko.

帝王的教育喊話。

　　舊時用來宣揚讀書做官，追求功名富貴的理念。語見《神童詩·勸學》，本句的上聯是：「天子重英豪，文章教爾曹。」

　　下品：輕賤人的話，指人品下等，或是門戶低級。　　**讀書：**專指舊時童生十年寒窗，苦讀科舉要求的那些典籍和應考的科目，例如，四書、五經、性理、通鑑綱目、大學衍義、歷代名臣奏議、文章正宗、及歷代誥律典制等等。❶　　*爾曹：你們。*

　　這句老名諺原是專制帝王網羅舊時代「讀書的人」的手段，把個人成就和社會價值單一化成「當官發財」，再將其階梯簡約成為「讀書」和「考試」。此種教育體制的弊病毋庸贅言，重要的是：我們應該注意國人一貫極端重視高學歷和高普考的現象，是否「科舉集體潛意識」的陰魂未散？

　　客家有一句極有智慧的諺語，說：「耕田郎，讀書郎，學問共樣長。」健康的社會應該有自由活潑的「自我完成」的途徑，正

當的各行各業也都有可誇耀的專門智識和技術。不論那一行，若能登堂入室，精通有關的智識和實際，其結果一定是「學問共樣長」的，怎麼會「唯有讀書高」呢？

我們懷疑，一個「下品」的社會，有「上品」的讀書人！

【02】

君看爲宰相，必用讀書人。

Kun khàn uî chaiⁿ-siòng, pit-iōng thȯk-su-jîn.

Kun khàn uī chaiⁿ-siòng, pit-iōng thȯk-sū-jîn.

老童生的眼界。

用法類似上一句。出自《神童詩・勸學》，上聯是：「學乃身之寶，儒爲席上珍。」

宰相：宰原是封建時代貴族的管家，相是助理；秦漢時代宰相旣要處理政務，也要處理皇室的家務。句裏的「宰相」指的是丞相，丞是副貳，相是協助。他是皇帝的副官，代表皇帝處理一切政務，所謂「一人之下，萬人之上」的大臣。丞相制度，始於秦武王二年（公元前309年）。❷ 讀書人：這裏指的是科舉出身的人。傳統的「讀書人」，意指讀聖賢書，修心養性，篤行儒學，明辨是非，關心國家社會興亡盛衰的人。顯然，讀書人不是「讀書的人」；前者應該是「知識份子」，而後者可能有不少是書呆子！

中國歷朝宰相不一定都是「讀書人」，但必定是皇帝的近臣。不過，自唐代中葉以後，宰相多爲科舉出身是實。例如，北宋九朝，167年之中有宰相71人，只有六人非科第出身者。❸

這句俗語所說的，顯然是激勵傳統書生力爬科舉階梯的門面話。雖有無數寒士爭相擠入科舉窄門，但能當宰相的機會究竟極爲有限。何況，伴君如伴虎，史上不得志的，被同僚清算掉的宰

相指不勝屈！看穿了，當宰相並不好玩。

【03】

家無讀書子，官從何處來？

Ka bû tho̍k-su chú, koan chiông hô-chhù laî？

Ka bū tho̍k-sū chú, koan chiōng hō-chhú laî？

家長的夢囈。

　　用法類似上一句。語見，《增廣昔時賢文》。第一分句「家無讀書子」又作：「家中無才子。」

　　從今日台灣青年讀書和考試的情形看來，這句舊時代的諺語化格言還有其適用性。數年前(1994)，我國參加高普考的人數刷新記錄，有171,998人報名，而錄取率也是歷年新低，僅有2.72%。這種高報名數，低錄取率的情形，分析者指出二項重要訊息：一、報考人數和股票市場的興盛成反比，市場蕭條則報考人數劇增。二、透露了「士大夫」、「公務員」為鐵飯碗的觀念依舊；人才未能有效地為民間所用，確是教育當局一件「可慮」的現象。(→《中央日報》1994(8.17):7)姑不論這種現象是否舊時代「科舉」的理念作祟，有這麼多優秀青年爭相擠進這條「鐵飯碗」、「技術官僚」的小胡同，就是人才出路的隱憂！為甚麼一個所謂安和樂利，百業齊興的現代化社會，有這麼多人趕「吃政府頭路」的熱潮呢？

【04】

書是隨身寶。

Su sī suî-sin pó.

Su sī suî-sīn pó.

常相左右的寶貝。

　　用來勉勵青年學子認真求學。語見《注解昔時賢文》，注本載

有典故：「唐代宗時，逢端午百官咨獻服玩，上謂李泌曰：『先生何獨無獻？』泌曰：『書是隨身寶，財是國家珍；將身遊四海，到處不求人。臣身中履皆陛下所賜，所獻特一身耳。』上曰：『朕所求正在此！』」

書：學問也，這裏指的不是「書籍」或「圖書」。

談到「書」，台灣人馬上會聯想到的，大概是「K書」吧！不然就是「借書」。至於「買書」嗎？買，當然是會買的：課本啦，題解啦，考試秘笈啦，聯考漏題啦，高普考題庫啦，大都不惜血本儘量搜購。這是升學和吃頭路的必要工具啊！

專業和考試參考書以外，文學、人文、宗教、修養、趣味的，各類「通識」和「教養」好書多得很，不讀她，不是很可惜嗎？也許，這方面的書，國人買的並不熱烈。君不見，我國讀大學的比率是人民的2.97%，世界排位第三，但用在買書的錢，卻是全球第十六──讀大學的比率：美國第一(4%)，澳洲第二(3.1%)；(→《中央日報》1994(12.16):7)買書的排位：挪威第一(一人每年137元美金)，德國第二(122元)和比利時(117元)；亞洲第一名是新加坡(89元)，日本其次(84元)。(→《自由時報》1998(4..20):8)。

我國高等教育人口多，買書者少，其理由不難了解：豈不是太集中於購買「升學秘笈」、「高普考洩題」、「教科書」一類的書本嗎？

【05】

讀書須用心，一字值千金。

Tha̍k-su su iōng-sim, it-jī ta̍t chhian-kim.

Tha̍k-su sū iōng-sim, it-jī ta̍t chhēn-kim.

認真讀書，學問貴重。

舊時用來激勵學童努力求學，因爲學問是那麼樣的珍貴。第一分句，點出讀書應有的態度；第二分句，強調學問的價值。這句古諺見於《增廣昔時賢文》。

　一字值千金：泛指學問是無價的，優秀的文章眞是字字珠璣；又指大書法家的的墨寶，一字千金。

　當然，「一字值千金」是修辭的誇張。不過，用她來形容有價值的文學作品，并不爲過。像南方朔所舉出《齊瓦哥醫生》作者，俄國巴斯特納克(Boris Pasternak, 1890–1960)的這首詩：

　　彷彿執筆之因歟　我被斷絕
　　與朋友、自由、陽光：
　　而獵人更加猖狂
　　我已無地逃藏。

　　暗林和池岸
　　斷樹的枝幹阻擋：
　　無路前行，無法後退
　　悲運已經臨我身上。

　　我豈是惡徒或兇手？
　　我有何罪？
　　只不過讓全球哭泣
　　爲我土地的美麗而哀傷。

　　悲運當前，距墳墓以不遠
　　我相信殘酷和怨恨
　　黑暗的力量將及時

被光亮毀亡。

她「…淒涼引人落淚，但就在這樣的淒涼悲愴裏，我們也看到了文學最後的價值：它是人性最後的屏障，可以抵抗暴政，抵擋孤獨和命運一切的無常。文學自成一國，無論希望多麼渺茫，但總是存有希望。」❹

可見，有價值的文學，遠超過「一字值千金」所能形容的了！

【06】
讀前世册。

Thạk chêng-sì chheh.

Thạk chēng-sí chheh.

天生的讀書料子。

這原是相士之言。老人家用來讚美親友的孩子很會讀書，說他／她無庸苦讀，無須補習，功課天成，學業成績總是各級星校第一名。相信這個孩子前世是個不得了的大天才、大學者。

前世：前生、前世。 　*讀…册：讀書，功課也。*

要是聽到人家用這句俗語來恭維貴公子或貴千金的時候，不妨高興一下，但千萬不要得意忘形！君不見，當今我國學術有名，事業有成的人士，有幾個是所謂「讀前世册」的？現代資訊快速易得、社會價值又是多元不一，活潑的創造的思想和工作能力，顯然跟傳統製造高學歷所憑藉的「讀前世册」沒有什麼關聯！更何況「成功是九十九分努力，加上一分天才」啊！

【07】
富人讀書，窮人養豬。

Hù-jîn thọk-su, kêng-jîn ióng-ti.

Hú-jîn thọk-su, kēng-jîn iong-ti.

有錢人讀書求功名，窮人養豬救貧。

　　舊時代的勵志諺語，激勵富人要有「遠大的」理想；勸戒窮人實行「務實的」工作。語見《格言諺語》。

　　現在，我國養豬業情勢大壞，養豬戶不但救不了貧，繼去年口蹄疫重創後，業者經濟陷入困境，連買飼料的錢都沒有。尤其是在今年(1998)二月加入「世界貿易組織」(WTO)之後，開放美國豬肉進口，導至我國養豬業者每年少賺上百億元，雖然政府有一千億的進口損害救助金之議。(→《自由時報》1998(2.23):3)

　　古人「窮人養豬」，今人「養豬變窮人」！這是什麼一回事啊？

　　（本句另解，請看131.68）

【08】

不怕文人俗，只怕俗人文。

Put-phàⁿ bûn-jîn siòk, chí-phàⁿ siòk-jîn bûn.

Put-pháⁿ būn-jīn siòk, chí-phàⁿ siòk-jīn bûn.

平易可懂歡迎，故做高深討厭。

　　用來譏刺冒充斯文的人，其庸俗粗陋顯然可見，令人難以忍耐。至於眞的斯文之士，放通俗些，不但會顯得和藹可親，他／她的才性也會表現得更加活潑，容易被接受。語見《格言諺語》。

【09】

秀才造反，三年不成。

Siù-chaî chō-hoán, saⁿ-nî put-sêng.

Siú-chaî chō-hoán, sāⁿ-nî put-sêng.

空有理論，不能成事。

　　語見，《通俗常言疏證・武備》：「秀才造反，君子愛才。前淸有『秀才造反，一世無成』之語。」

　　為甚麼「秀才造反，三年不成」呢？要是這句俗諺所言無誤的話，那很可能是中國秀才：只能空談，不能行動；一心妄想招順，圖他一官半職；腦不能分別大是大非，心中也沒有什麼公義尊嚴──鴉片烟桿弄慣了，那有為民殉道的意志，操槍的力氣？

【10】

百無一用是書生。

Pek bû it-iōng sī su-seng.

Pek bū it-iōng sī sū-seng.

非知論者的狂言。

　　用來鄙薄讀書人。這是暴發戶，或老粗常有的偏見。語見，清、黃景仁《兩當軒集·雜感詩》：「十有九人堪白眼，百無一用是書生。」

　　書生之所以遭到「白眼」，是因為寒窗閉塞，財利絕緣；功名無望，也就顯得疲軟無能，英氣盡散。──君不見，金榜題名，當了肥官的，黃金也就寄滿瑞士銀行，如玉不招而來，拍馬的更是前呼後擁，真是好不熱鬧。書生？豈是全為無用之輩！書生的致命傷，可能是功名率太低，發財夢難圓吧？

　　宋太宗粗魯地質疑著歷代書生，說：「之乎者也，助得甚事？」針對我國政治的現在處境，我們的知識份子，豈能規避此類的「見骨」挑戰？

【11】

條條熟，句句生。

Tiâu-tiâu se̍k, kù-kù chhiⁿ.

Tiāu-tiāu se̍k, kú-kú chhiⁿ.

朗朗上口，句義不懂。

舊時，用來嘲笑只會「唸冊歌」的學童。

條條熟：熟悉表面文章；條條，每一個段落。　　**句句生**：每個句子的意義生疏；句句，每一個句子。

朱熹有句教人讀書的名言，說：「讀書有三到，謂：心到、眼到、口到。……三到之中，心到最緊。心既到矣，眼口豈不到乎？」(《訓學齋規‧讀書寫文字》)這樣看來，「句句生」應該僅是階段性的問題，但願老師講清楚了，也就能夠豁然開朗。其實，「條條熟」是初學者很重要的學習法，只要不久留在「句句生」，也就沒有什麼可大驚小怪的了。不過，古學者記誦太泛是實；但是，今之學者連公式定理、名文佳句、詞彙成語，都背得太少了！

【12】

冊，愈讀愈感。

Chheh, ná-tha̍k ná-chheh.

Chheh, na-tha̍k na-chheh.

艱苦啊，讀冊！

升學主義下的學生，用來渲洩厭惡讀書的情緒，也是他／她們的自我解嘲。

這句俗語的構造奇特，利用「冊」和「感」的音義特點，來關聯原無相干的「讀冊」和「怨感」。冊一旦變成感，老秀才那種「萬般皆下品，唯有讀書高」的自我陶醉，能不馬上驚醒，能不立刻墜入憂怨痛苦的深淵嗎？真是「無捨施」的一句讀書名諺啊！

冊：讀冊，讀書，學校教育也；冊，原指書本。　　**感**：悲感怨惡。　　**無捨施**：悲慘可憐。

每當看到德國的中小學學生，輕鬆自在地讀書，毫無升學重擔，掛念我國的萬千年輕學子的心情就湧上心頭。他們苦讀著那

麼多「無啥路用」的必考學科，怎能沒有怨言？「冊，愈讀愈感」的哀嘆是我國當前教育體制下的必然。

還有，多少好學生在他／她們讀書的第一天就被分類做「牛童職女」或「神童玉女」，應是「冊，愈讀愈感」的主因。這是嚴重的精神虐待，孩子們像似被「謀殺」在人生的起跑線上，多麼可憐啊！

李勤岸有一首「牛頭及馬面」反映著當前教育方式的缺失：

> ……
> 個講阮是A段牛頭班
> 阮的面一個比一個卡長
> 阮的升學率聽講是老師的業績
> 壓力加阮媠面捏造變馬面
> 啊，阮是失落翅的天馬
> 被枷禁在教科書的監牢內
> 讀冊！讀冊！阮愈讀愈感
> 考試！考試！阮愈考愈無元氣
> ……❺

有什麼辦法讓我們的學生免憂免煩，不驕不餒，快快樂樂來讀書，來生活呢？啊，真是「讀書之樂何處尋？數點梅花天地心！」(朱熹《四時讀書樂》)

【13】

冊，讀於尻脊骿。

Chheh, tha̍k-tī kha-chiah-phiaⁿ.

Chheh, tha̍k-tī khā-chiá-phiaⁿ.

不受教訓的童生。

　　舊時，父母用來責備不受教訓的後生，衛道人士用來譏刺行爲不檢的讀書人。本句無關書沒有背熟，理沒有弄通，而是言行舉止的背道逆理。

　　尻脊骿：背部也，喻指人背向道德。

【14】

盡信書，不如無書。

Chīn sìn su, put-jû bû su.

Chīn sín su, put-jū bū su.

批判的讀書態度。

　　語見《孟子‧盡心篇下》：「孟子曰：『盡信書，不如無書。吾於武成，取二三策而已矣。』」

　　書：經典、書籍也。原義，按朱注，「書，周書篇名，武王伐紂，歸而記實之書也。」

　　資訊的火山爆發，新書傾瀉，印刷物從四處塞入信箱的現代，大刀闊斧來削取資料，批判地把握訊息，顯得空前的重要，也是無比的困難。雖然人人各有一套取捨的標準和方式，但「盡信書，不如無書」還是根本原理和態度，特別是面對「政治意識形態」和「迷信邪說」一類的印刷物。

【15】

先生不在館，學生搬海反。

Sian-siⁿ put-chaī-koán, ha̍k-seng poaⁿ-haí-hoán.

Sēn-siⁿ put-chaī-koán, ha̍k-seng poaⁿ-hai-hoán.

馬戲團的先修班。

　　用來描寫老師不在教室時，學生，尤其是國小、國中小男生，活潑可愛，發洩久坐硬板凳來恭受「傳道、解惑」的不耐煩。

本句又有加上另一個分句的：「先生無在館，囡仔搬海反；起麒麟，車糞斗。」啊，何等古錐的台灣囡仔！

　　館：教室。　　搬海反：所謂「不規矩」，例如，學童在教室內外跳躍喧鬧，嬉耍放對，戲弄軟弱的同學等等；搬海反，原指魚蝦水族，大鬧龍宮的戲齣。　　起麒麟：疊羅漢。　　車糞斗：翻跟斗。

【16】

會讀册是戀父母，𣍐讀册是戀子弟。

Ē tha̍k-chheh sī gōng pē-bú, boē tha̍k-chheh sī gōng
　　chú-tē.

Ē tha̍k-chheh sī gōng pē-bú, bē tha̍k-chheh sī gōng
　　chú-tē.

雙輸的升學主義。

　　這句俗語是散鄉父母和落榜生的家長，用來表示栽培子女接受教育的艱難：窮秀才的父母，標會舉債來給他／她讀書，是謂「戀父母」！可憐，那名落孫山的子弟，說是「𣍐讀册」的腳色，被定義做「戀子弟！」

　　句裡所說的「戀父母」，普遍存在，那是天地父母心啊！但是，把考運不佳的孩子認定做「戀子弟」，真是大大的不妥當！記得，前教育部長吳京曾收到所謂「𣍐讀册」有志一同的抗議信，其中有這麼一句話：「我們只是比較不會考試，為甚麼要被貼上壞標籤？」(《中央日報》1997(7.7):3)

　　將升學不順遂的學生標籤做「戀」，不論是家長或老師，都是罔顧事實，違反教育者的良心和教育原理的！這群「比較不會考試」的孩子，其聰明可愛豈有異於「比較會考試」的孩子？何況，小時了了，大未必佳！

【17】

讀人之初，畢業的。

Tha̍k jîn chi-chho·, pit-gia̍p--ê.

Tha̍k jîn chī-chho·, pit-gia̍p--ê.

還認得幾個大字。

　　用法有二：一、譏刺人沒讀什麼書，識字相當有限。二、舊時，用來表示謙卑，說自己學識淺薄，文字初通而已。本句用的是倒反修辭式：「人之初」畢業的，乃是「小學」肄業的程度而已。真是損人、自貶的利口啊！

　　人之初：喻指學識初淺，「人之初」是童蒙小學《三字經》的首句。

【18】

人信字，牛信鼻。

Lâng sìn jī, gû sìn phīⁿ.

Lâng sín jī, gû sín phīⁿ.

可控制的弱點。

　　斷言文字或字據的重要性。各種正式的交涉，都是立下文書為憑據的，正如牛公牛母，野牛乖牛，黃牛金牛，一律加以穿鼻控制。

　　本句腳韻整齊，用[-ī]和「-īⁿ」韻。構造工整，對仗可愛、又對得頗為諷刺：狡猾的「人」，對笨拙的「牛」；用做信證的文「字」，對被駕馭的牛「鼻」。

　　人信字！字，不只是人間關係，社會交涉的記錄工具；字，更是思考的媒介，產生知識的系統。此所以政府必要掃除文盲，來進行教育，提高文化水準。大眾傳播所使用的文字，明確信實，乃是文明社會的要求。

字，一旦變成巫師的「符仔」一般，寫了，貼上了牆壁就算數；文字，一旦發展成可製造看不透的迷障，寫來騙人，印來宣傳，那麼，這樣的政府一定是專制、腐敗；這樣的社會、人民，一定是落伍、痛苦！

古人信字，現代人必要批判地了解字，正確地用字。

【19】

話是風，字是蹤。

Oē sī hong, jī sī chong.

Oē sī hong, jī sī chong.

口說無憑，字據在此！

舊說，說話像一陣風，了無痕跡，而寫了字，畫了押，也就有跡可尋，也就煞像一隻被穿了鼻的台灣水牛。

【20】

一字入公門，九牛拖繪出。

It-jī jip kong-mn̂g, kiú-ngiû thoa boē-chhut.

It-jī jip kōng-mn̂g, kiu-ngiû thoā boē-chhut.

用金牛來拖！

用做警語，提醒人公文的用詞遣字，務必小心在意，以免後悔不及。語見，《普燈錄》、《增廣昔時賢文》及《格言諺語》等等。

一：當做數詞時，文音讀做[it]，白話口語說成[chit]。　字入公門：指訴狀上面的字詞；公門，狹義的指官府；廣義的指公家機關。　九牛拖繪出：不是強力可以更改的；九牛，喻指大力，如所謂的「九牛二虎之力。」

在正常的社會，一是一，二是二，沒有例外！但是在異常的社會，公文也好，政治宣傳也好，選舉文宣也好，這極單純的

「一字」，可能被寫成曖昧模糊的似一非一，非一似一，以鋪設推想的陷阱，做爲炸毀事實的地雷。

然而，貪官污吏一再公開展示，沒有「一字入公門，九牛拖燴出」這一回事！他／她們保證重量夠的金牛，「有夠力」把公文、判決書拖出又拖入，改來又改去。君不見，無期徒刑改成有期，有期徒刑改做保外就醫，保外就醫改來參選立委！

啊，拖不動一字的，大概只剩下躺在砧板上的那隻台灣老水牛了！

【21】

字，屬人形。

Jī, siok lâng-hêng.

Jī, siok lāng-hêng.

正楷？呆板！

舊時，老師或家長用來警告生徒子弟，寫字務必端正。因爲咸信，人一旦寫字不成形，這個人一定是很散形的！

字：字體的省詞。　屬：關聯。　人形：一個人的性格。

漢字寫來非常麻煩，尤其是像「黿鼉龜鱉」一類的。寫這種高難度漢字，而又鱉頭龜尾不趔出來的，一定是倉頡老仙再世了！望鼉龜能不興嘆者，幾兮？不過，寫字練性，確有它的一番道理在。

【22】

四書讀透透，唔識黿鼉龜鱉灶。

Sù-su thak thaù-thaù, m̄-bat goân-ngô͘ ku-pih chaù.

Sú-su thak thaú-thaù, m̄-bat goān-ngô͘ kū-pí chaù.

不儘博。

用法有二：一，恥笑人識字不多，雖然看起來煞像讀了不少書的樣子。二、怨嘆漢字難學，就是熟讀了四書，仍然有不認識的字。

四書：宋理學大師朱熹(1130-1200)將《大學》、《中庸》、《論語》、《孟子》合編而稱爲「四書」。他的《四書集註》自宋代以後成爲童生、科舉的必讀書。 讀透透：讀得滾瓜爛熟，倒背如流。 黿鼇：黿，大鱉，大蜥蜴；鼇，海中的大龜巨鱉——科舉時代，稱狀元爲「鼇頭」，大烏龜頭也。一笑！

（請參看「恰孔子公諍字。」235.09）

【23】

四書熟聿聿，十句九句不。

Sù-su sėk liù-liù, chȧp-kù kaú-kù put.

Sú-su sėk liú-liù, chȧp-kù kau-kú put.

還在唸冊歌階段。

諷刺滿嘴經典名句，但是個不識字的人，更談不上什麼了解經義。本句玩了一個雙關修辭法，利用孔子論正名的「不不不」來造成不識字、唸冊歌、響屁似的「哼哼哼」的諷刺。

熟聿聿：文字熟悉，甚至能夠背誦如流；聿聿，（言語）活潑流暢。 十句九句不：經義不通，十句之中，有九句不懂。

「九句不」的典故出自孔子和子路的「談正名」：「子曰：『……名不正，則言不順；言不順，則事不成；事不成，則禮樂不興；禮樂不興，則刑罰不中；刑罰不中，則民無所措手足。』」(《論語·子路》)

【24】

公學讀六冬，唔識屎礐仔枋。

Kong-ha̍k tha̍k la̍k-tang, m̄-bat saí-ha̍k-á-pang.

Kōng-ha̍k tha̍k la̍k-tang, m̄-bat sai-ha̍k-a-pang.

反知論者的讒詁。

　　譏刺人讀了六年的公學校，混混沌沌什麼都不懂。

　　公學：公學校也。日本領台的第二年(1896)，在台灣各地主要市街設立「國語學校」，二年後改稱「公學校」。在據台末期和專爲日本子弟而設的「小學校」合稱「國民學校」。　屎礐仔枋：舊時農村幾乎每個大農戶都建有毛廁，用來收集人糞肥料。廁中央埋了一個大缸，其上橫置著一尺來寬的木板，供人踞在板上進行解放。這片木板，謂之屎礐仔枋。

　　「百工居肆以成其事，君子學以致其道。」《論語‧子張》匠人在工場學功夫做師傅；學生在學校，學知識，學做人。姑且不論六年制的「公學讀」成果多麼有限，只要調教出來的畢業生「唔識屎礐仔枋」的話，就已經值得台灣人大呼三聲「日本天皇萬歲！」爲甚麼？因爲這個殖民政府給台灣公學校興建的是衛生好的「便所」，消滅了唐山傳統的髒臭毛坑。舊台灣的公學生是有福的，他／她們沒有掉進「大礐」的恐怖。

　　認識「屎礐仔枋」要幹嗎？費解！

【25】

武字，無一撇。

Bú-jī, bô chi̍t-phiat.

Bú--jì, bō chi̍t-phet.

不識字的老粗。

　　舊時，用來諷刺軍人不識字。這裏用「武」字來做雙關詞：武，指武者，軍人；無一撇，無能力又無學問。

　　傳統上，文武如水火，永不相容。好像秀才應該是手無縛鷄之力，只會耍嘴皮的人；而軍人，原就是「武字，無一撇！」只能動粗。這當然是偏見，乃是老式教育的惡果。

　　但，好笑的是，要改善這種困境，求之教育功的似乎不多。比較普遍應用的倒是近似巫術的方法，請得倉頡仙師所造的「斌」字，來生產報國。老爸老母有了「斌兒」，國家好像自然有了允文允武的好青年了。好不簡單嗾！

【26】

一字，唔識一劃。

It-jī, m̄-bat chi̍t-oe̍h.

It--jì, m̄-bat chi̍t-oē.

目不識丁。

　　用來恥笑不識字的人，說他／她連「一」是一劃都唔知影，何況其他的。

　　常有機會被德國人問到漢字的問題，當我用「一二三」為例說明時，頭腦轉得快的，會問：「那麼，十，要怎麼寫？」可愛啊，眞是「十字，唔識二筆。」——他／她們替我耽心的原來是：三是三劃，如此類推，十、百、千、萬，如何是好！

【27】

眞人，看做直人。

Chin-lâng, khoàⁿ-chòe ti̍t-lâng.

Chīn-lâng, khoáⁿ-chó ti̍t-lâng.

看走了人，認錯了字。

嚴重地諷刺人心性愚蠢，說他心盲又兼眼障，不會分辨「眞」和「直」的字和人。類似句有：「此巷無路，看做北港魚落[hî lȯh]。」「王氏家廟[ka-biō]，看做土民豬稠[ti-tiâu]。」「福德正神，看做乾隆[Khên-liông]五年。」

上面類句的玩點顯然在於：「此巷」和「北港」，「王氏」和「土民」，「正」和「五」等字之間，字型的近似性，和意義的風馬牛不相及。

【28】

白紙，寫烏字。

Pe̍h-choá, siá o͘-jī.

Pē-choá, sia ō͘-jī.

文字障。

用來譏刺文盲的人，或是字障者的自嘲。本句有另加第二分句的：「白紙，寫烏字；伊識我，我唔識伊。」

看不懂白紙上寫烏字的，當然是字障者。但是，中國報紙宣傳的文字，有好多字面可懂，含義看不懂的句子。行家說，這是「文字障」，是專家經過「熱加工冷處理」後煉成的文字。例如，說「建設有中國特色的社會主義」，實際上是「中國在走資本主義路線」；說「中國是實行社會民主集中制的國家」，根本是「中國是專制的國家」；江八點明言「尊重台灣同胞當家做主的願望」，其實是「一國兩制」，「統一台灣」。(→文瓊「文字障…」《中央日報》1995(4.10):6)

人家中國用「文字障」來做統戰，其動機甚明。那麼國民黨政府也祭出「三民主義統一中國」，「一個中國，不是現在，而是將來」一類的「文字障」。這究竟是要幹什麼？是要製造「盲國」的人

民，進行「賣國」的勾當嗎？

【29】

孔子媽教的。

Khóng-chú-má kà--ê.

Khong-chu-má kà--ê.

別有師承。

　　用法有二：一、恥笑人讀錯書，寫白字。二、用來解嘲，緩和窘態，當別人指點出誤讀或誤寫的時候。

　　*孔子媽：孔師母也。*國人尊稱孔夫子為「孔子公」，孔夫人當然是「孔子媽」了。

　　也許有人要問，為甚麼孔老夫人要為讀錯書、寫白字的人背書呢？我們只能猜測，可能是大男人主義的侮蔑；不然，孔夫人就是「讀人之初，畢業的。」(→.17)

【30】

摸平平，看起來坎坎坷坷。

Bong pêⁿ-pêⁿ, khoàⁿ khí-laî khàm-khàm khiát-khiát.

Bong pēⁿ-pêⁿ, khoàⁿ khit-laì khām-khām khẻt-khẻt.

字障者的自白。

　　舊時，字障者用做央託代讀代寫文書信件時的套語。本句的修辭式是白描，用疊詞「平平」和「坎坎坷坷」，鮮明地描畫著「摸」和「看」的情態，成功地突顯著視障者視覺的缺憾。其構句實在美麗，但是含義悲涼，如此文盲的自白，已經超過自嘲的程度，而是一種非常無奈的自虐，真是情何以堪！

　　坎坎坷坷：凹凸不平，部首和字根幾乎都有名稱，因為是字障，只能用視覺來指述字形。

　　走鍵至此，勾起深藏在我心裏的記憶。我思念去年逝世的哥哥，他健談可親，精通日文，寫得一手好字；平時常爲字障者代看代寫書信。我也憶起四十幾年前的往事：體壯如牛，爲人戇直，孝順的「勇仔」，他是常來家裏託哥哥代看代寫的熟人。第二次世界大戰末期某夜，他來我家找哥哥：

　　「阿惠阿，拜託，加我看這張講啥？」勇仔開門見山，遞給他一張公文。

　　「…召你去南洋做軍伕…Ｘ時Ｘ日要…」哥哥給他說明著。

　　然後，哥哥根據偷聽的美國廣播，說戰爭就將結束，安慰他，說他一定會很快回來的。忽然，勇仔泣不成聲，跪在哥哥面前，抓住他的手，哀求他：

　　「阿惠，做伙來去啦！工課我替你做，你通替我寫批互阮…」

　　但見，哥哥扶他就坐，按住他的肩頭，默然垂淚。

【31】

上京，考教。

Chiūⁿ kiaⁿ, khó-kaù.

Chiūⁿ kiaⁿ, kho-kaù.

製造統戰尖兵。

　　用法有二：一、舊時，用來表述一言難盡的科舉悲劇，是我國歌仔戲常有的戲齣。二、近年來，用來諷刺我國學生去中國讀書這一回事。

　　上京：到北京。　考教：參加科舉也。

　　這句老俗語，近年來再度流通了起來。背景是：不安地反映著中國專門針對我國學生設定的「統戰」陰謀。中國收攬我國學生的方式有：

- 國家任務生：自1996年開始，台商投資200萬人民幣者，其子女免試讀大學。此類學生已有二千人以上。
- 國家計劃公費生：台灣政黨特定人士的子女，經中國或我國人士「推薦」者。有近百所大學，每年保證招收一名爲碩士生、博士生。這類學生以立委的子女爲多。
- 境外開課生：學生在我國、香港等地上課，由中國大學發文憑。
- 預科生：先入預科班一年，然後免試入正科班。

中國爲我國大開「上京，考教」的方便大門，主要目的，按「北京對台幹部訓練班講稿」所說的：「把台灣學生請過來…使他們…認同祖國的統一，這是一個很好的方式。」(→《自由時報》1997(11.12):2)

中國企圖吞併我國，無所不用其極，招攬學生就學不足爲奇。奇怪的是，在中國統戰風雲密佈下，爲甚麼吳京教育部長任內會有開放「上京，考教」，採認其學歷之議？開放我國學生去接受中國侵我的教育，有何意義？有何目的？這難道不是叛國通敵的做法嗎？

【32】

十年窗下無人問，一舉成名天下知。

Sı̍p-liân chhong-hā bû-jîn būn, it-kú sêng-bêng
　　thian-hā ti.

Sı̍p-lên chhōng-hā bū-jīn būn, it-kú sēng-bêng
　　thēn-hā ti.

功名利祿的代價和夢想。

這句古諺描寫寒窗下酸秀才的落寞，及其自勵自慰的心理。

語見《增廣昔時賢文》。

　　讀書、找工作，藉著服務的能力和機會，來支持一己的生活，來得到快樂和滿足，是天經地義的事。要是苦守孤燈無人理會，衣衫襤褸地憧憬著蟒袍加身於未知的將來，這種苦讀，不但乾澀無味，簡直是一種自殺！

　　相對的，黃庭堅的「揮汗讀書不已，人皆怪我何求。我豈更求榮達？日長聊以消憂。」(《寧浦書事六首》)難免有清高，甚至是「奢侈」之嫌，但其不爲「成名天下知」來讀書，確實有益於身心的健康！

　　不久之前，有一位胡老先生，經過十年苦讀，在八十歲那年榮獲「空中大學」學士。他在學袍方帽加身之日，感慨萬分，說：「能夠戴方帽子進棺材，此生已了無遺憾了。」(《中央日報》1995(9.19):3)

　　不論是黃氏之徒的仲夏消憂的讀書，或是胡老學士一派的在意於方帽頂戴入棺的讀書，都有令人欽敬的地方。但請千萬不要把書讀到「無人問」的地步，太悽愴，太孤獨了。如果僥倖考中狀元，長久「無人問」的結果，難免孤陋寡聞，離「古井水蛙」(→233.11)不遠，有啥趣味？

【33】

僥倖秀，積德舉。

Hiau-hēng siù, chek-tek kú.

Hiāu-hēng siù, chek-tek kú.

神秘的金榜。

　　舊時代科舉中試的俗信。這句俗語的意思是：考中秀才，可能有僥倖的因素，但希望要中舉的話，就須要修養積德了。

　　僥倖：偶然的機運。 秀：秀才。秀才，在明清係指府、州、縣學的生員，習慣上稱爲相公。 積德：積陰功，以求冥報。 舉：舉人，在明清係指鄉試考中者的專稱，也是一種資格，可被尊稱爲老爺。

　　老式的科舉早已廢除，它的金榜早就應該解除其神秘性才對，但是我國的各種重要考試，還是籠罩在厚重的巫術、迷信的烏雲。例如，大學聯考的「奇門遁甲，敎戰守則」，有如此敎法：

- 早上5:45，考生由西方出行到圖書館，帶黑色原子筆六枝，鉛筆一枝(考前二週，每天上圖書館的時間和方向，原子筆的色和數量都不同)。
- 在家裏讀書的話，面要向西(有時要向西北)。
- 上午9:15，由西南方出門，帶准考證、衣物、到文昌廟祭拜。拜後，在該廟圖書館讀書。
- 考試前一天，下午2:30，由西方出門，去看考場。騎機車的考生，則必要騎700公尺以上，繞道考場去看地點。
- 考試當天，必須在5:30起床，6:15出門，出門由西南方行走；騎機車則要先走1500公尺以後，繞道考場。本日攜帶原子筆二枝、鉛筆二枝、黃色螢光筆三枝。考生要穿淺黃色上衣，陪考人員肖鷄、豬最好。中場休息，要坐北向南。
- 考試第二天，衣服鞋襪的顏色，進入考場的方式，原子筆的數量、顏色和第一天不同，另有規定。(→《自立晚報》1995(8.16):13)

　　感想如何？這一類秘術不把考試弄得一團糟才怪！其巫術性心理，顯然的給考生製造麻煩紛亂和禁忌的恐懼。實行這種秘術

的考生有幾個能保持寧靜的心、聰穎的理智來應考？

【34】

此科若中是天無目，此科若不中是主考無目。

Chhú-kho nā-tiòng sī thiⁿ bô-bảk, chhú-kho nā put-tiòng
　　sī chú-khó bô-bảk.

Chhu-kho nā-tiòng sī thiⁿ bō-bảk, chhu-kho nā put-tiòng
　　sī chu-khó bō-bảk.

落第生的嚴重抗議。

諷刺舊時科舉的主考官的無能，以及對閱卷不公的怨嘆。

典故：按許斐然所說的，這句是金門才子許獬的名言。他少年時屢試不中，懷疑主考的眼力。某次考試，他就在考卷上題上這句話，並畫了八條腿之狗，借一對狗男女以洩恨。❻

此科：本年本屆的科舉、考試。　中[tiòng]：考中。　天無目：老天爺沒有是非之心，不公不義。　主考無目：主考目光如豆，不識才子大作；主考，主持鄉試的官，清一代每省正副主考各一人，他總閱試卷，定去取，分名次。

相對於金門才子許獬的缺乏幽默，今年我國各級考生，紛紛「包粽」來吃，爲的是要討個「包中」的吉利。他／她們包的「粽」，粽料不能用平時大家愛吃的：落花生、鹹鴨蛋、炒魷魚來包，以免包得「落第生、考鴨蛋、炒魷魚」的不吉利。據悉，某家長會長也趕緊贈送考生「包種茶」，當然不敢送「烏龍茶」來幫助消化！

啊，我可愛又可憐的「烤生」！粽是不能多吃的哦！吃多了，痢痢啦啦地騎上了「烏多醜」（Autobi），要如何是好？

【35】

三更燈火，五更鷄。

Saⁿ-kiⁿ teng-hoé, gō·-kiⁿ ke.

Sāⁿ-kīⁿ tēng-hoé, gō·-kīⁿ ke.

勉而強的考生。

　　古今用來描寫考生勤奮讀書、準備參加重要考試的情形。語見，唐・顏真卿《勸學》，全詩是：「三更燈火五更鷄，正是男兒讀書時；黑髮不知勤學早，白首方悔讀書遲。」

　　三更：三更半暝，深夜。　　五更：五更鷄啼晨，黎明也。

【36】

讀册一菜籠，考到茹傖傖。

Thảk-chheh chỉt-chhaì-láng, khó-kah jî-chháng-chháng.

Thảk-chheh chỉt-chhaí-láng, kho-kah jī-chhang-chháng.

雜亂讀書，一考就輸。

　　考生用來發洩考得不如意的怨嘆，雖然他考試必讀書讀了不少。這句俗語充分表現出考試的恨惡。

　　本句對偶工整：「讀」對「考」，「一菜籠」對「茹傖傖」，腳韻押得響亮，都是[-áng]。

　　本句含義沈重：反映出考生肉體上的艱苦，心靈上的煎熬。君不見，她／他說，讀了「一菜籠」的書！表示書讀得不少，起碼也有百來本像《XXX考前總復習》、《YYY考試秘笈》一類乾澀的印刷物吧。她／他又用「菜籠」來做書本的數量單位，可見極端輕賤、厭惡這一類的升學必讀。接著，她／他用「茹傖傖」來形容考試的結果，顯出心裏的痛苦、憂鬱、混亂。啊，可憐！

　　菜籠：大菜市場，大盤商人裝蔬菜的大竹簍。　　茹傖傖：紛紛亂

亂，有如毛線亂捲打結的一團糟。

【37】

七抄，八抄。

Chhit chhau, peh chhau.

Chhit chhaū, pé chhau.

剽竊智財。

用來諷刺不學無術，文章、著作，抄襲他人；又指考試作弊，大抄小抄。

我國的「抄術」淵源悠遠，老祖宗在唐山時，已受感染。當然，有識之士也有所呼籲：「文章須出自機杼，成一家風骨。」（《魏書·祖瑩傳》）然而，祖瑩的呼喚敵不過比比皆是的「七抄，八抄」習性。——多年前我在某個博物館看過科舉時代考生夾帶的小抄：蠅頭細字寫成的超小線裝書，約有3×4×0.5吋大小。在陰暗的闈場號舍，有視力，有精神來抄襲它，也是頗有功夫的！

現在看來，這種夾抄已經是很落伍的了。現代考生的作弊，託科技之「福」，有綠豆般大小，靈敏極高的「竊聽器」可塞入耳朵，來收聽「包考包中」指揮中心傳來的答案，只要按聲填卷，保證金榜題名。

七抄，八抄：這裏抄一句，那裏抄一段。　機杼：原指織布機，喻指文章的主題、組織。　風骨：風格、特色。

今年(1998)大專聯考前十幾天，報紙上有這樣的廣告：

> 聯考包上榜秘笈大公開／ 保證百分一百上榜／
> 未上榜賠她一百萬／ 僅限於十二名「有緣」的女生
> 每份秘笈僅收工本費二十萬元。

又有廣告說：

大學聯考獨洩考題／重考生勿錯失良機！

——這些廣告，都明目張膽地留下呼叫器號碼。

哎，「七抄，八抄」算什麼？考試作弊已經嚴重到「人還未入闈」就有洩題廣告！要是真有此事，要聯考幹什麼？

然而，「聯考漏題」，又算什麼？君不見，人家警察大學招生有：考場集體舞弊、抽換答案卡、漏題等等，作弊的「三條通」；插班警大，只要30萬元就有「保證班」；警佐班試題四處兜售。據說，幕後有警界高官、教授，龐大白手套的共犯結構。(→《自由時報》1998(8.17):6)

警察大學如此，我國的社會、治安將會怎樣？能不關注嗎？

【38】

有自信，無把握。

Ū chū-sìn, bô pá-ak.

Ū chū-sìn, bō pá-ak.

聯考後的感覺。

聯考或重要考試後，親朋常常關心有加地問：「啥款，有自信無？」這時常能聽到的回答是：「有自信，無把握。」——意思是說：誰有自信，誰有把握？

把握：隨心所欲，控制自如；俗語所謂的「隱觸觸，鳥鼠仔入牛角」，跑不掉的了。

也許，有自信，又有把握考上大學的學生不少。但是，有自信，又有把握考上第一志願的，可能很少吧。君不見，我國升學率最高的北一女，雖然幾乎有95%學生都能考上大學，但是為了要考上第一志願，該校有70%學生參加校外補習，人人為其理想讀到天昏地暗，無暝無日。真是「人人有自信，個個無把握！」

　　衆所周知的，「自信」和「把握」是心理健康要素。然而，年年有萬千青年人，因為升學，因為「第一志願」的強烈競爭，嚴重挫折，而遭到身心傷害，有誰敢奢望自信和把握！我們很難苟同，所謂「聯考無罪」說，教育當局沒有理由搪塞這種普遍傷害。如何化解一元化的升學迷思，正是教育當局的智慧和責任的重大挑戰。

【39】

紙頭無名，紙尾無字。

Choá-thaû bô-miâ, choá-boé bô-jī.

Choa-thaû bō-miâ, choa-boé bō-jī.

與我無緣。

　　用法有二：一、舊時，用來表示事不關己，尤指糾紛事件中沒有任何干聯的證據。二、現代，家長用來感嘆子弟「考運」不通，落榜了！

　　紙頭…紙尾：整份文件，榜首到榜末。　　無字…無名：不見牛郎、織女的尊姓大名。

注釋

1. 明洪武十五年「臥碑文」第一條刊載的項目。參看，商衍鎏《清代科舉考試述錄》(北京：三聯書店，1983)，頁45。
2. 參看，應裕康等編著《中國文化概論》(台北：三民書局，1981)，頁95-96。
3. 參看，林麗月「王者佐，社稷器」《立國的宏規》(台北：聯經出版公

司，1983），頁113。

4. 南方朔「人性最後的屏障」《自由時報》1997(10.17)，頁37。按南方朔：這首詩是，1958年巴斯特納克獲得諾貝爾文學獎，未能得到政府准他出國受獎的打擊下，含恨以逝之前所作的。

5. 李勤岸「牛頭及馬面」《台灣教會公報》(1993.11.21)，頁13。須要説明的，爲了和本書的台灣漢字一致，我們用「唔、拍、加、干單、在」等字，代替原詩的「唔、打、共、干旦、佇」。

6. 參看，許斐然「台灣諺語賞析」(二)《台灣文化》(1986年2期)，頁59。

第二節　學習、教育

本節分段：

教育重要01-04　勤奮用功　05-14　專一專門15-16
重視實際17-22　觀念偏差　23-28　態度乖謬29-32

【01】

無好地基，著起無好厝。

Bê hó tē-ki, tiȯh khí-bô hó-chhù.

Bō ho-tē-ki, tiō khi-bō ho-chhù.

豆菜底 vs. 扁食底。

　　斷言基礎學問的重要性。主要地用來鼓勵年輕的學生務必認真用功，準備迎接更高的教育或更專門的訓練。

　　地基：建築物的基礎。　*無…，著…無：這是個重要句型，用來表示「缺乏某種條件，就沒有相應的結果」；句式是「無＋條件＋動詞＋無」，例如，「無錢，著行無路。」*　*豆菜底：喻指人品、學識的根基淺陋；原指沒有肉的粗菜。*　*扁食底：譬喻純厚的學問和修養；原指用精肉和佐料為底的料理。*

　　本句，涵蓋著常被忽略的小常識、大道理。淮南王劉安曾用「毀、覆」來詮釋這個概念，說：「不益其厚，而張其廣者毀；不廣其基，而增其高者覆。」(《淮南子·泰族訓》)誠然，蓋毛坑茅舍用不著鋼筋水泥的地基！

　　摩天大樓，高速公路，須要深厚又堅固的基礎。似此，成熟的EQ，健全的人格，平安的心靈，都須要敦厚的精神「基礎」，

而建造此一工程的，有踐行善道一途。耶穌基督有言：「…聽我這些話而實行的，就像一個聰明人把房子蓋在磐石上；縱使風吹、雨打、水沖，房子也不倒塌，因爲它的基礎立在磐石上。」

（《聖經·馬太福音》7:24－26）

【02】

玉不琢，不成器；人不學，不知義。

Giȯk put-tok, put-sêng khì, jîn put-kȧh, put-ti gī.

Giȯk put-tok, put-sēng khì, jîn put-kȧh, put-tī gī.

返璞歸眞？

語見《三字經》，原典出自《禮記·學記》：「玉不琢，不成器；人不學，不知道。」但前者用「義」來取代後者的「道」字。這樣一來，「器」和「義」有了和諧響亮的腳韻，義理也變得淺顯可懂。

琢： *雕琢磨礪，治玉的功夫。* **義：** *爲人處世的道理。*

王符《潛夫論》：「有玉璞，…不琢不錯，不離礫石。」這是王符肺腑之言。他自琢自礪，克服了出身低賤的自卑感；他努力向學，成爲滿有自信的哲學家，也是勇敢批評時政的學者。

【03】

十年樹木，百年樹人。

Sȧp-liân sū-bȯk, pek-liân sū-jîn.

Sȧp-lên sū-bȯk, pek-lên sū-jîn.

培育人才，須要長期努力。

這是一句有名的格言，用來斷言培養人才的困難；它須要有妥善的，又有前瞻性的計劃和措施。語出，《管子·權修》：「一年之計，莫如樹穀；十年之計，莫如樹木；終身之計，莫如樹人。一樹一穫者，穀也；一樹十穫者，木也；一樹百穫者，人也。」

樹：當動詞用，栽培、教育也。　百年：不但指時間長，而且有困難繁重的意思。

　　一般，將教育目的，定位在傳統的「知識」和「技術」的授業訓練上面。不錯，這是人生在世「吃頭路」謀生必要的通行證。但我們也不應該忽略教育還有另一層更困難、更重要的向度，那是英國社會改革家魯索金(John Ruskin, 1819-1900)所指出的：「教育旨在教人，行應行而未行者。」

　　然而，自從六十年代以來，好像沒有人知道什麼是「應行」的行為；就是知道的，也不敢開口。魯索金一派的理念愈見曲高和寡。試想，當今自由、放任的思想深入教育原理，代溝愈來愈深，有誰能，有誰敢給新新人類教導「應行」的規範呢？

　　但願，從「放任教育」的夢魘覺省時，有人發明「樹人威力鋼」來春風化雨，生產桃李。❶

【04】

一藝，防身己。

It gē, hông sin-kí.

It gē, hōng sīn-kí.

功夫在此！

　　用來鼓舞人學習技術，強調它是個人最可靠的生活依憑。顏之推有言：「積財千萬，不如薄技在身。」(《顏氏家訓‧勉學》)

藝：手工、藝能，即使是雕蟲小技。　防：照顧。　身己：老身自己。

【05】

學如逆水行舟，不進則退。

Ha̍k jû ge̍k-suí hêng-chiu, put-chìn chek thoè.

Ha̍k jū ge̍k-suí hēng-chiu, put-chìn chek thè.

維持現狀嗎？行不得也。

　　用來勉勵學生，勤奮讀書，精進不息，因為停下了，就是退步。

　　這是著名的古諺，有人給對上了下聯，全句工整，意思很妙：「學如逆水行舟，不進則退；心似平原走馬，易放難收。」（《古今對聯集錦‧治學聯》）

　　理學家朱熹說：「為學正如撐上水船，一篙不可放緩。」（《朱子語類集略》卷二）為學如此，為政如何？例如，「中華民國」可能永遠維持現狀嗎？

【06】

溫故而知新。

Un-kò͘ jî ti-sin.

Uĥ-kò͘ jī tī-sin.

回收再製乎？冶金也。

　　這是一句用來鼓勵勤奮向學的名言。語出《論語‧為政》，子曰：「溫故而知新，可以為師矣！」

　　溫：溫習、鑽研。　故：先賢的著作、理論，不是故紙廢料。

　　推陳出新，是讀書的方法，也是學者努力的目標。世上完全獨創的真知灼見頗少，能夠做到「溫故」，已經是很難得了。溫故！要知所限制、善於選擇。現代知識氾濫、資料爆滿，電子網路更是塞滿資訊，要理解、要選擇、要消化、要善用，談何容易！

　　知新？經過一番「回收」和「提煉」的苦工之後，能夠「知新」，必定是個了不起的專家了。儘管新理論、新產品，可能只有七日

的驚奇！唯因如此，這句名諺更顯得有挑戰意味！

【07】

三日無餾，爬上樹。

Saⁿ-ji̍t bô-liū, peh chhū-chhiū.

Sāⁿ-ji̍t bō-liū, pé chhū-chhiū.

出竅的心猿。

　　老師和家長用來警戒不認眞溫習功課的孩子。要是幾天不「餾」書，困難的部分就可能忘記。句子裏，「餾」和「樹」的腳韻押得很好，但我們不知道此二表象之間有何關聯。

　　人類學教授林美容研究我國的曲館時，曾發見學唱曲的人用這句俗語來做警惕，因爲曲詞唱的是正音，容易忘記，必要時常練習。❷

　　三日：短期間內，相對詞是「三年」；例如，「小人報冤三日，君子報冤三年。」(→337.10)　餾：溫習功課，原指冷飯剩菜等，食物的再蒸再煮。　爬上樹：喻指心猿放逸，忘記所曾記憶的功課。

【08】

熟童，快關。

Se̍k tâng, khoài koan.

Se̍k tâng, khoái koan.

熟能成巧。

　　用來形容經驗老到的人，做起他的本行工作是很上道的。但請注意，這句俗語寓貶於褒，因爲童乩「發童」給人的印象並不很好。

　　熟童：經驗豐富的乩童；相對詞是「生童」[chhiⁿ-tâng]。　快關：容易進入發童、跳神的狀態。

　　爲甚麼「熟童，快關」？除了傳統所了解的「熟能成巧」之外，可能是因爲熟童常常接受催眠，中樞神經比較軟弱，也就容易出神。

【09】

石頭，浸久也會上青苔。

Chio̍h-thaû, chìm-kú iā-oē chhiūⁿ chhiⁿ-thî.

Chiō-thaû, chím-kú iā-ē chhiūⁿ chhīⁿ-thî.

館邊豬母，也會唱歌仔戲。

　　用來鼓勵學生，如果功課遇到挫折，千萬不可退卻或懶惰，只要繼續努力，終必成功。也用來激勵工作者，有恆心則必見成果。

　　上青苔：在石頭表面，或地面上發生苔蘚；青苔的發生，台語不說「生」或「發」，而說「上」，音[chhiūⁿ]。

　　本句的意義和韓愈所說的「耳濡目染，不學以能」(《昌黎先生集》)，是相通的。但是「耳濡目染」實在切關「學習」，因爲人在「浸潤」、「濡染」之下，獲得了自然自在的學習，乃是最好的學習的方式。

【10】

讀詩千首，不作自有。

Tho̍k si chhian-siú, put sok chū-iú.

Tho̍k si chhen-siú, put sok chū-iú.

化模倣爲創作。

　　用來激勵學生，書要勤奮多讀，則自然熟能生巧，有問題也會迎刃而解。這是老詩人學作詩的經驗談，和杜甫「書讀破萬卷，下筆如有神」(奉贈韋左丞丈二十二韻)同一個道理。

【11】

一勤天下無難事。

It khîn thian-hā bû-lân-sū.

It khîn thēn-hā bū-lān-sū.

滴水石穿！

　　用來勉勵面對困難的問題，或是工作艱難的人，只要勤勉，就有解決問題和克服困難的希望。──有人把這句話說成「一詖天下無難事」，如何？

　　那麼，什麼是「勤」？僅以讀書的「勤」而言，幾乎離不開所謂的「博學之，審問之，愼思之，明辨之，篤行之。……人一能之，己百之；人百能之，己千之。果能此道矣。雖愚必明，雖柔必剛」(《禮記·中庸》)的這一套。

　　上面這種高階的「勤」，能身體力行者，幾兮？像美國古典政治家、作家，法蘭克林(Benjamin Franklin, 1706-1790)所說的可能比較實際，他簡簡單單地說，「勤」是「一個今天，勝過二個明天；今天能做完的事，就給他做完，不要留到明天」。

【12】

食一歲，學一歲。

Chia̍h chi̍t-hoè, o̍h chi̍t-hoè.

Chia̍h chit-hoè, ō chit-hoè.

終身的隨機學習。

　　這是一句很重要的俗語，舊時，老爸老母常用來提醒子女，人須要不停的學習；只要一息尚存，就應該學習。類語有「食到老，學到老。」和「食到死，學到死。」這正是古人所謂的：「學而不已，闔棺乃止。」(韓嬰《韓詩外傳》)

　　一般台灣人，幾乎都是忠實遵守先人「食一歲，學一歲」的庭訓的孝子。特別是近年來「學習潮」更形高漲，君不見，從原來嚴肅的胎兒的「子宮學習」、學齡前後的學習，高中而大學的學習，而推廣到博士後的重重疊疊的學習，而最近又推廣銀髮族的「終身學習」！

　　我們的資深公民有種種學校，形形式式的機構來提供服務，例如，淡水工商學院設有五十歲以上，學歷不拘的「長青大學」；長老教會在各縣市有「松齡大學」。有趣的是，台北市政府推出什麼「終身學習護照」，教育部要推廣什麼「終身學習卡」。看來，我國是世界唯一的「學到死」的國家了。

　　據說教育部又要制定什麼「終身教育法」(→《中央日報》1998(9.3):8)。又有八成民眾贊成這種立法。拜託咧！給少年郎和老人，給全體國民，多一些「學習」和「教育」以外的趣味和快樂吧！

【13】

死呣通學，逐項攏通學。

Sí m̄-thang ȯh, ta̍k-hāng lóng-thang ȯh.

Sí m̄-thāng ō, ta̍k-hāng long-thāng ō.

博學之？

　　舊時，老母用來教訓兒女，凡是好的，有用的知識、技藝，都應該學習。構句是，用條件句「死呣通學」，來做為「逐項攏通學」的限制。可見，本句沒有鼓勵大膽胡為的意思。

　　死：喻指一切不好的知識、技能。　…呣通，…通：呣通，不允許的、不可行的行動；反義詞是「通」。這是台語條件句的重要句型。

【14】

敢問的，見笑一時；呣敢問的，見笑一世。

Káⁿ-mōg-- ê, kiàn-siàu chi̍t-sî; m̄-káⁿ mōg-- ê,
　　kián-siàu chi̍t-sì.

Kaⁿ-mōg-- è, kén-siáu chi̍t-sî; m̄-kaⁿ mōg-- è,
　　kén-siáu chi̍t-sì.

知識vs.面子。

　　老師或家長用來鼓勵學生、子弟，有問題一定要不恥下問，錯過了，就學不到東西。這句俗語是反義對偶句式：「敢」對「唔敢」，「一時」對「一世」；腳韻對得眞好，都是[-i]。

　　敢：行動驅力的感情大於理智的制約；相對詞是「見笑」。　見笑：阻礙行動驅力的感情，害羞也。　一時：暫時。　一世：終身。

　　問問題，實在很難！傳統教育下的學生，有「敢不敢問」的問題，有「沒有問題」的問題，有不知道「要知道什麼問題」的問題。不過，時代不同了，今之老師和藹可親，學生豈只「不恥下問」？學生能問善辯的有之，「橫柴夯入灶」(→245.05)的有之，爲「興問」而問的有之，爲打殺上課的無聊而亂問的也有之。

　　現代的台灣人沒有「敢不敢」問的心理障礙。君不見，問學、問利、問政、問醫、問愛、問卜、問XYZ，不分男女老幼，好不勇敢熱問。然而可惜的是，有不少台灣人發問，就是不問根本問題，就是不選擇發問的對象。例如，台灣要是不獨立建國，將會如何？又如，不問自己是否願意建設「新而獨立的國家」，竟然去問中國、美國，看他准不准我們獨立。

　　個人和國家的幸福，盡在：問對了問題，問對了對象！

【15】

十藝，九不成。

Si̍p gē, kiú put-sêng.

Si̍p gē, kiu put-sêng.

車盤雞母，生無蛋。(→321.12)

　　用做警語。戒人學藝務必專一，不可淺嚐而止，因爲凡是值得學習的「藝」業，都不是輕易地在短期間內可以精通的。

　　十…九：十中有九，指雜多。　藝：技藝、技術、行業。　不成：派不上用場。

【16】
多藝多師藝不精，專精一藝可成名。

To-gē to-su gē put-cheng, choan-cheng it-gē khó
　　sêng-bêng.

Tō-gē tō-su gē put-cheng, choān-cheng it-gē kho
　　sēng-bêng.

右眼專科大國手。

　　用法和意思，類似上一句。

　　語見《格言諺語》。古人對於多藝不精的缺點深有警惕，如蔡邕所說的：「鼫鼠五能，不成一技。五技者，能飛不能上屋，能緣不能窮木，能泅不能渡谿，能走不能絕人，能藏不能覆身是也。」(《勸學篇》)

　　多藝多師：指雜學，拜多位師父，學多種技藝；沒有「多才多藝」的含義。　鼫鼠[se̍k-chhú]：松鼠也。

　　這句俗語淺顯可懂，尤其是現代社會，高等教育講究的是專精知識，要求的是尖端科技。於是，專門性的頂峰，產生了有如：僅曉得醫治右眼，而不能醫左眼的醫生。這樣的專業已經遠遠超過「知樹不知林」的嚴重性了；這樣的專家，豈不是專業知識的劖狗？如此專精，能不支解個人理解整体事理的心智嗎？

　　誠然，鼯鼠五技要不得，右眼大國手同樣不可思議。所謂專家，除了須要科際通識以外，更須要豐富又健全的人生常識。例如，通達人情世事，愛惜鄉土文化，關懷社會公義，追求淨明的靈性。

【17】

送伊魚，呣值著教伊掠魚。

Sàng-i hî, m̄-ta̍t-tio̍h kà-i lia̍h-hî.

Sáng-ī hî, m̄-ta̍t-tiō ká-ī liā-hî.

點金仙指人人愛。

　　斷言學得實際可用的生產、製造技術，勝過不勞而獲的供應。本句的修辭式是白描。

　　呣值著：(價值的)不如，比不上。用來構成比較級的分句；呣，這個否定詞用來表示肯定本分句的指謂，例如：「去中國做呆胞冒險來遊千島湖，呣值著來去日本箱根平安快樂浸溫泉。」 掠魚：捕魚。

【18】

拍一擺，卡贏學九館。

Phah chi̍t-paí, kah-iâⁿ o̍h kaú-koán.

Phá chi̍t-paí, kah-iāⁿ ō kaú-koán.

經驗成全理論。

　　用來強調臨場經驗的重要性。句子的意思是說，學習「九館」之久的拳腳功夫，不如實際上跟別人打「一擺」架。同義句有，「拍三擺，卡好學一步。」

　　拍：打架，也指真功夫的對打。 一擺：一次，一回。 卡贏：(效果、價值等)勝過、超過；用肯定詞來表達本分句的消極意義，例

如：「聽講，北京駛計程車的收入，卡贏北大原子物理學敎授的薪
水。」館：指舊時台灣民間學拳頭、武術的一期，叫做一館；通常
是冬季農閒期開館。館，又指學習拳頭的所在，武館也。 一步：武
術的一招。

【19】

看人擔擔，免出力。

Khoàn-lâng taⁿ-tàⁿ, bián chhut-la̍t.

Khoáⁿ-lāng tāⁿ-tàⁿ, ben chhut-la̍t.

不知輕重。

　　用法有二：一、用來提醒人，自己沒有經驗過的事，不可隨
便論斷。二、要心存憐憫，體貼勞動者。句子的譬喻是：一個沒
有挑過重擔的人，看苦力「擔擔」好像沒啥。

　　擔擔：用肩頭挑負（沈重的）擔子。第一字擔，是動詞，讀做[taⁿ
]；第二字，是名詞，音[tàⁿ]。

【20】

百聞不如一見。

Pe̍k bûn put-jû it-kiàn.

Pe̍k būn put-jū it-kèn.

原來如此！

　　用來斷言，親眼看到的，比聽到的更重要——視覺主義也！

　　（本句別解，請看233.02）

【21】

未學行，先學飛。

Boē o̍h-kiâⁿ, seng o̍h-poe.

Boē ō-kiâⁿ, sēng ō-poe.

要學做天使？

　　用指學習的進程要由淺入深，由簡而煩，不可躐等。本句修辭用的是對偶反對句式：「未」和「先」，「行」與「飛」，雙雙成對。對得眞媠哦！同時，用學習高難度的「飛」翔於先，來做爲學習比較容易的「行」走於後的反對。簡單的這六個字，可說道盡了學習的根本原理。偉哉，台灣老公媽的智慧！

【22】

未學獅，先學術。

Boē o̍h-sai, seng o̍h-su̍t.

Boē ō-sai, sēng ō-su̍t.

地基先於厝身。

　　斷言學習的原理乃在於：由根本知識和技能開始，而後循序漸進，而進入實際應用。

　　典故：本句是台灣武館訓練「弄獅」的學習原理。民間咸信弄獅有關邪的作用：獅子踏七星時，須要唸七星咒；踏八卦時，唸八卦咒。而唸咒是法「術」，因此，學「術」必須先於學習弄「獅」。

❸

　　獅：弄獅，舞獅。　　術：唸咒，咒術也。

【23】

膠，若泔咧。

Ka, ná ám-leh.

Kà, ná ám-lè.

再煮可也。

　　用來譏刺不受教訓的人。可能是舊時，老母用來責備不受老爸教訓的兒女，說他／她「朽木不可雕也！」本句用「膠」做「教」的

擬音，來表示孲子不可「敎」。膠，過份稀釋的話就像「泔」，失去
黏劑的功用——如此關聯，來說「敎」之無能爲力。

　　膠：水膠、松膠，黏劑的一種。　泔：用大鼎煮乾飯時，挹上來
的飯湯。

【24】

有眞師傅，無傳眞功夫。

Ū chin sai-hū, bô-thoân chin-kang-hu.

Ū chīn saī-hū, bō-thoân chīn-kāng-hu.

大師傅萬歲。

　　舊時，學徒用來表示沒有從師父學到眞傳的感嘆。相傳舊式
的大師傅，總是保留最厲害的功夫，不傳授給徒弟，也不傳給女
兒，頂多秘密傳給長子或媳婦。爲甚麼師傅不傳眞功夫呢？主要
的理由是師傅缺乏安全感，唯恐靑出於藍而失業。

【25】

戇的，敎巧的。

Gōng-- ê, kà khiáu-- ê.

Gōng-- è, ká khiáu-- è.

敢，快做媽！（→323.39）

　　旁觀者用來諷刺不夠格的師傅，或調侃比師傅聰明的徒弟。

　　巧的：頭腦聰明，手藝精巧的人。

【26】

牛就是牛，牽到北京嘛是牛。

Gû chiū-sī gû, khan-kaù Pak-kiaⁿ ma-sī gû.

Gû chiū-sī gû, khān-kaú Pak-kiaⁿ mā-sī gû.

牛性不改。

這句是台灣名諺。父母、老師用來責罵一再教訓無效的後生、學生——在「牛頭班」制度下，老師免用爲妥。本句含蘊一件重要的道理：人的稟性愚蠢的話，就是送來北京接受改造，照樣不能解放其原性。

爲甚麼用「北京」爲表象呢？因爲她是歷代專制帝王的大本營，外有千百年來人民的膏血建築的大城禁宮，造成難以言宣的神秘感。她內裏收籠著無數御用文人、政客，氾濫著追求權力和財利的官場文化和官僚習氣，被大力宣傳成爲人上人的理想價值的生產場地。這些錯覺積成北京連野牛都有辦法薰陶教化的印象。

但是，先人驚見，北京牛還是北京牛；美麗的憧憬破滅了，喟然感嘆：「牛就是牛，牽到北京嘛是牛！」

【27】

狗食糯米——燴變。

Kaú chiảh chủt-bí─boē piàn.

Kaú chiā chủt-bí─bē pèn.

停止進化啦！

可能是父母或長輩，用來責備小犬晚生。罵他教育、感化無效，他遭受到的失敗的殘酷教訓也沒有覺醒的效力。他，不悟、不悔，不改變，奈何？

本句是歇後語，譬喻的表象是：一隻可憐的小黑狗，消化不了「糯米」。它在腸胃裏給空轉了一趟之後，粒粒髒污原野。句裏，就是用這樣的「燴變」，來譬喻嚴大人的小公子，消化不了嚴酷的庭訓，總是如數奉還。

【28】

隱龜，燴四正。

Ún-ku, boē sì-chià".

Un-ku, bē sí-chià".

身不由己也。

　　用來譏刺行爲不端莊的人，說他的「燴四正」就如同駝背的人直不起身體來——我們應該知道，用體障的人爲譬喻是不應該的，有侵犯體障者的尊嚴的嫌疑。

　　燴四正：喻指染上了惡習，難以改正。字面義是「挺不直身軀」；四正，筆直也。

【29】

字深，人袋屎。

Jī-chhim, lâng tē-saí.

Jī-chhim, lâng tē-saí.

零EQ的學者。

　　用法有二：一、傳統的，用來譏刺受過教育的人，缺乏常識，不通人情義理。二、現代的，用以諷刺受過教育的人，僅有專業知識，但是不懂、不關心專業以外的社會和世界的重要問題。這句俗語是罵人的話，殺傷力極強，遠超過「滿腹不合時宜」的調侃，不用爲妥。但是，她不失爲個人修養的好警句。

　　字深：指學問高深；字面義是，字彙豐富。　人袋屎：因爲食古不化，心腸不通暢，肚腹積滿了黃金。

　　那麼，受過教育的人，爲了使自己不成爲「字深，人袋屎」的人，應該具備什麼樣的常識呢？我們認爲有四方面值得「字深」者考慮：

一、認識今日世界：當今世界和過去的有什麼不同？經濟、科技、人權等等人類基要的關懷，幾乎都已經納入「世界村」的系統中。因此，要有世界性的宏觀來看世界、社會、政治、文化、宗教，才不致於成為自大的夜郎，或井裏的青蛙。

二、認識自己的國家和文化：眼中要有人類世界之外，必要清楚認識我是誰？我的國家叫什麼名？對當今的台灣人而言，應該清楚認同台灣，要學習台灣話，了解台灣文化，關心台灣前途，勇敢愛惜台灣。

三、了解現代科學：科學快速地展示著無遠弗屆的威力，很容易使人成為「科盲」。所以必要了解科學工藝、工具，研究、開發等等對於人類和自然的影響；要善用工藝科學於日常生活。同時，必要用人性倫理的理想來關心科學的發展，保護她不致於墜落、毀滅。

四、親炙智慧的活動：科學工藝以外，人類的才智有音樂、藝術、文學、運動，等等的活動；人類的靈性有，哲學、宗教的追尋。這些都是應該涉獵、探究、領悟的精神活動。❹

我們喜見國人認真追求「字深」，但更樂見國內沒有滿腹「黃金」的人。

【30】

扱燈火屎。

Khioh teng-hoé-saí.

Khió tēng-hoe-saí.

拾人牙慧。

用來恥笑學問不足的人，諷刺他／她的談話、文章都是零星撿取別人見解的殘渣。類句有：「扱人屎尾。」譏刺人盲目地抄襲

了一些廢料。

　　扱：撿起(別人丟棄的物件)。　　燈火屎：油燈棉心，燃燒過後的灰燼。　　屎尾：排便後，便意未了，而又排出的，少量不成形的糞便。

【31】

教牛，呣教人。

Kà gû, m̄ kà-lâng.

Ká gû, m̄ ká-lâng.

不如牛？

　　用法有二：一、父兄、師長用來感嘆子弟不認眞讀書；就是讀了，仍然不開竅，眞是朽木不可雕也。所以，不如教牛來拖車，來犁田，比較務實。二、諷刺殖民政府的愚民政策，教育當局視人民如笨牛，以人民爲工具，何須教育。❺

　　不論如何，「教牛，呣教人」是錯誤的教育態度，用她來發洩教育的挫折感，猶可理解，如果用她做爲愚民政策的口號，就應該鳴鼓而攻之了。

【32】

女子無才，便是德。

Lú-chú bû-chaî piān-sī tek.

Lu-chú bū-chaî pēn-sī tek.

無骹爲德！

　　這是舊時，孔子媽一派的理想婦德，也是孔門的傳統庭訓；其弊害有目共睹，毋庸贅言。類句有：「查某囡仔[gin-á]無才，便是德。」

　　用學校教育來變化我國女子「無才爲德」，便成爲「才德兼備」的現代女性，其肇始者不是唐山老祖，也不是日本人，乃是一度

備受誤解、輕視的「紅毛番」：來自加拿大和英國的基督教宣教師。他／她們在台灣南北開創了二間女校：

- 1883年，加拿大宣教師馬偕博士，在淡水炮台埔，建設「淡水女學堂」。於1884年1月9日開學，有女生34名。這是全國第一間女學校。**❻**

- 1885年英國敎士會，在台南東門建設「長老敎女學」。於1887年2月14日開學，學生有18人。**❼**

雖然此二女學校的創校宗旨兼有培育教會的婦女工作者爲目的，但對於當時我國女人所做的，例如：解放纏足，識字知算，藝能訓練，基督教教育等等，對於接觸現代文明，提高婦女才德和地位，都有劃時代的意義。同時，有喚醒國人批判「女子無才，便是德」的先知性作用。這一切，在我國女子教育史上，確有其重要的貢獻和地位。

（本句另解，請看112.20）

注釋

1. 本文用「樹人威力鋼」，喻指醫治教育的「無能症」的特效藥。而「威力鋼(VIAGRA)」者，係1998年轟動世界各國，原屬醫治心臟病的藥物，誰知竟然成爲壯陽，甚至是壯陰的名藥。報載，我國有「新烏狗兄」成爲「威力鋼」族群，將之當做性趣仙丹使用。據說，藥力強猛無比，服者金光閃閃，有欲罷不能，甚至有「暴力」傾向等附作用云云。

2. 參看，林美容「與曲館武館相關的俗諺」《台灣文化與歷史的重構》

（台北：前衛出版社，1996），頁245-246。

3. 參看，上引書，頁247。

4. 我們參考了許倬雲教授「一個受過教育的人該學些什麼？」一文。但第二和四點的立場和強調點有異於許教授的第二、四個範疇：「認識自己的過去淵源」和「對人類創造能力的欣賞」。又該文是針對大學通識教育而說的，本文關注的是專業人士。參看，許倬雲《中央日報》1994(7.3):3。

5. 許成章教授指出本句有二義，其二是：「謂人民必笨如牛然後易於統治。故學校中根本有不教作文之朝代。似乎有『儒以文亂法』之恐怖存在所致也。」（許成章「台灣諺語賞析（四）」《台灣文化》（1987年4期），頁35）

6. 參看，黃武東，徐謙信編《台灣基督長老教會歷史年譜》（台灣基督長老教會總會，1982），頁49。莊永明《台灣記事》上（台北：時報文化出版社，1996），頁88-89。

7. 參看，黃武東，徐謙信編，同上引，頁57。賴永祥「長老教女學的開學」《台灣教會公報》（1995(10.15):3。

第三節　師生、師徒

本節分段：

【01】
名師，出高徒。

Bêng-su, chhut ko-tô·.

Bēng-su, chhut kō-tô·.

強將麾下無弱兵。

　　這是一句社交套語，委婉地恭維對方大有學問，極有能力。顯然，這是很社交的，稱讚了對方，也讚美了他／她的老師。可是，說者若是不認識「名師」是誰，那就未免太虛僞了。然而「名師，出高徒」的機率可能不高，因爲名師都是大忙人，給弟子親炙、授業、解惑的時間不多，何來登堂入室？當然，有幸能得名師用心指點的話，其教益是難以限量的。

　　我想，眞心稱讚對方的話，還是應該直接讚美他／她感人之處。把他／她放在名師的「蔭影」下來讚美，總覺得太間接，太敷衍！不是嗎？

【02】
桃李，滿天下。

Thô lí, boán thian-hā.

Thō lí, boan thēn-hā.

春風化雨久矣。

　　用來稱讚老師，說他／她作育英才，栽培出來的傑出門生遍滿世界各地。語見，《資治通鑑·唐紀》：「或謂仁杰曰：『天下桃李，悉在公門矣。』仁杰曰：『薦賢爲國，非爲私人也。』」

　　那麼，爲甚麼把學生譬喻做「桃仔，李仔」呢？那是把老師當做「種植果樹的人」，開花結果，當然是老師勞苦的果實了。不過，有時種下去的幼苗之中會有荊棘，這就不是老師的本意了。《韓詩外傳》這麼說：「夫春樹桃李，夏得陰其下，秋得食其實；春樹蒺黎，夏不可採其葉，秋得其刺。」

　　至於把「桃李」當做傑出門人的，卻是出於劉禹錫，有詩吟道：「一日聲名普遍天下，滿城桃李屬春官。」（《寄王侍郎放榜詩》）

【03】

恨鐵，不成鋼。

Hīn thih, put-sêng kǹg.

Hīn thih, put-sēng kǹg.

再煉可也。

　　老師或長輩，急不能忍耐地期待學生晚輩，學有所成，精進成器。語見《紅樓夢》96回：「老太太…只爲寶玉不上進，所以時常恨他。她也不過是『恨鐵不成鋼』的意思。」

　　恨：緊急期待而不如願實現的衝動。　成鋼：喻指煉成更高貴的材料。

　　要破銅爛鐵成鋼，「恨」徒傷血氣；要鐵沙成鋼，「恨」沒有用。把它丟進煉爐來鍛煉吧！

【04】

教不嚴，師之惰。

Kaù put-giâm, su chi tō.

Kaù put-giâm, su chī tō.

考99分的，打手心1下。

　　這是舊時老師的座右銘，語出《三字經》。其實，傳統的教育理念並不是全盤照「嚴」的，古賢人有言：「攻人之惡，毋太嚴；教人之善，毋太高。」(《史典·應體集》)人際關係如此，對學生的態度，也不例外吧！

　　我國教育史裏曾有極端嚴教的時期：部分小中學老師用打，用罵，用凌辱，用寫不完的作業，來實踐「嚴師」的使命。最可憐的是小學低年級學生，手指肌肉還沒有發育之前，幾乎每個晚上得寫下數百個漢字的作業；一路寫下來，指肌疼痛，心神鬱卒。又有一大堆複雜的課外作業，其難度有時連受過教育的父母也不知答案，其複雜有時往百科全書求解都不可得。又有名校，考百分者，免打，少1分的，打1下手心。

　　當然，我們的嚴老師調教出來的學生，成績之佳是有目共賞的。據說，學生回答「有解答的問題」的能力，可能世界排名第一；不過，討論「創意的問題」，則是相當不理想。為甚麼不取消某些有關政治意識形態的科目，而給我們的老師和學生較多的「時間」和「自由」呢？缺乏自由學習和思考的時間，創造的空間和可能性從何而來？

【05】

通天教主，收無好徒弟。

Thong-thian kaù-chú, siu-bô hó-tô·-tē.

Thōng-then kaú-chú, siū-bō ho-tō·-tē.

只舡敬遠，不可親炙。

　　用法有二：一、用來譏刺自以爲功夫不得了的老師傅，他態度高傲冷峻，以致後繼無人。二、用做老師的警語，古人有言：「水至清則無魚，人至察則無徒。」(《漢書・東方朔傳》)

　　通天敎主：喩指功夫卓越，地位崇高的掌門人。武俠小說，《火燒紅蓮寺》裡面的老先覺，他武功蓋世，不傳徒弟。

【06】

誤人子弟，男盜女娼。

Gō· jîn chú-tē, lâm-tō lú-chhiong.

Gō· jîn chu-tē, lām-tō lú-chhiong.

人師難爲。

　　舊時，用來罵帶壞了人家子弟的老師或師傅。

　　男盜女娼：這是很惡毒的咒詛；咒人家的男兒淪落爲強盜，女兒爲娼妓。

　　舊時代的學徒幾乎一切的知識、技術都學自師傅，其功夫如何，是否能夠獨當一面來謀生，都得仰仗師傅恩典的傳授。萬一遇到「有眞師傅，無傳眞功夫」(→12.24)的時候，將來要混一口飯吃都有問題。師傅的重要性如此，一旦學徒希望破滅，就反咬恩師一口，橫心咒罵，眞是情何以堪！

【07】

慣者，爲師。

Koàn chiá, uî su.

Koàn chià, uī su.

眞功夫在此。

舊說，技術專精者，可爲師傅；今說，技術專精者，也可爲教授。

慣者：熟練或專精於某一技術、行業的人。

這句俗語所主張的見解，到了1995年，具體地展現在我國的高等教育上面了。君不見，同年9月，教育部通過：廢止傳統大專教師「基本學歷」的限制。具有特殊造詣或成就的專業技術人員，可擔任大專教授。其範圍包括：工業、商業、農業、家事、海事水產、醫事護理、藝術、語言、體育等等專業領域。同時受聘專業技術人員可比照教師年資和聘任辦法；職務等級分爲教授、副教授，講師等等。(→《中央日報》1995(9.1):1)

【08】

三人同行，必有我師。

Sam-jîn tông-hêng, pit-iú ngó· su.

Sām-jîn tōng-hêng, pit-iú ngo· su.

各有撇步也。

斷言，和別人在一起時，其中必有在某方面能指導我的人。用來鼓勵人，隨時虛心學習。語出《論語·述而》：「三人行，必有我師焉。」這個「師」字，是廣義的用法，如荀子所說的：「非我而當者，吾師也；是我而當者，吾友也。」(《荀子·修身》)

非我而當者：正確地批評我的錯誤的人。　是我而當者：正確地指出我的「是處」的人。　撇步[phiat-pō·]：獨到的技能。

【09】

師仔師傅差三年，辛勞頭家差本錢。

Sai-á sai-hū chha saⁿ-nî, sin-lô thaû-ke chha pún-chîⁿ.

Saī-á saī-hū chhā sāⁿ-nî, sīn-lô thaū-ke chhā pun-chîⁿ.
師傅老闆，有什麼了不起？

　　這是舊時，「師仔」或「辛勞」發牢騷的話，說他的「師傅」或「頭家」沒有什麼不得了，只是他功夫多學了「三年」，只是他多了開店鋪的「本錢」罷了。——顯然，這個「師仔」、「辛勞」，學得很不耐煩，做得相當鬱卒。

　　師仔：學徒，跟著師傅學功夫、學手藝的人。　辛勞：店員也。　三年：舊時學徒學習的最底年限，又說是「三年四個月」。　本錢：經商的資本。

【10】

師傅快做，尾箍歹落。

Sai-hū khoài-choè, boé-khoˑ oh-lȯh.
Saī-hū khoái-chò, boe-khoˑ ó-lȯh.
我這個師傅，可不是蓋的哦！

　　這原是「箍桶」師傅自信心的顯露，也是他的誇口。句子的意思是，不要說我這個箍桶師容易幹，看你能不能精確地套上最後那一道「桶箍」。修辭用的是反諷句式。

　　箍桶師傅：製造、修理木桶的木匠。　桶箍：組牢桶板，鞏固桶身的金屬或藤製外圈。　尾箍歹落：最後那一道桶箍最難箍，太緊了鬆掉其餘的二圈桶箍，鬆了當然箍不牢，所以說「尾箍歹落」，很難精密地套下。

　　看到這句俗語，使我回想到國小的時候不知有多少次，走近木匠店前，仔細地看「做木師傅」或箍桶師傅，磨刀、鋸材、刨柴、鑿孔、做榫、削木釘來製作各色各樣木器的情景。他們精巧的技藝，讓我深深讚佩；我也難忘使用檜木製的水桶、浴桶、尿

桶等等木器的那份感受，特別是這些器具大部分已經被金屬桶、塑膠桶、西式衛浴器材代替的時候。

　　龔育美有「箍桶師傅——憶外公」一文，提到箍桶的事，給舊時的工藝做了很好的見證，值得一讀：

> 　　……我對外公箍桶的技術有著深刻的印象，我記得外公只用三種材料就把桶子做起來了，分別是檜木、竹釘和鋼絲。靠著墨規劃線再鋸材，用各色的刨刀來修平木材面。……那一塊塊刨好、大小相等的檜木片，靠著兩頭削尖的竹釘逐漸聯接成圓桶狀，配上底盤後；再用三股纏繞的鋼絲條在上、中、下各圍上一圈，就成了最原始的木桶了。
>
> 　　猶記得在出國前，特別跑去向阿公阿媽辭行，…還說…請阿公做一只木桶給我將來當嫁妝用，阿公笑著對我說：「三八囡仔。」(《中央日報》1998 (9.14):8)

——寄言龔小姐，您的嫁妝不是一般的「木桶」！按照我國民間婚俗，您要煩請令外公特製的，應是「屎桶」和「腰桶」哦！切記。

【11】

滿山樹，毋是師傅取無樑。

Moá-soaⁿ chhiū, m̄-sī sai-hū chhú-bô niû.

Moa-soāⁿ chhiū, m̄-sī saī-hū chhu-bō niû.

此謂之師傅！

　　斷言師傅之所以為師傅，就是他有見人所不能見，為人所不能為的專業知識和技術。本句用的是白描修辭式，意思是說：只有師傅才能從森林中，選取適用的棟樑。

【12】

行行出狀元。

Hâng-hâng chhut chiōng-goân.

Hāng-hâng chhut chiōng-goân.

我國有閹鷄狀元。

這是很通俗、很有鼓勵性的諺語，用來鼓舞從業者，必要堅忍克服困難，忠勤精進於專業，終有在本行出人頭地的機會。語見《格言諺語》：「行行出狀元，類類有高低。」

狀元：行業的領袖、第一位，原指舊時殿試第一名。

您可知道，我國有非常難得的「閹鷄狀元」。在我們的社會還是農業時期的時候，農村盛行著，閹牛、閹豬、閹鷄，等等閹畜。雖然這一行業現在已經蕭條，但是只要提起「閹」字，那麼竹東鎮的「阿元伯」無疑的是全國考第一，是本行的狀元。

阿元伯，今年74歲，但閹的經歷已經有60年。尤其是他閹鷄的技術精妙敏捷：僅須割開二公分的刀口，即能勾出睪丸，結紮生殖器；由開刀到縫合，到餵藥消炎，前後不過三分鐘。他有過一天閹200多隻鷄的記錄，而且閹鷄的存活率百分之百。啊，行行出狀元！(→《自由時報》1998(8.31):15)

【13】

有狀元學生，無狀元先生。

Ū chiōng-goân hak-seng, bô chiōng-goân sian-siⁿ.

Ū chiōng-goân hak-seng, bō chiōng-goân sēn-siⁿ.

所謂青出於藍。

這句話是老師對學生的期許和鼓勵；她不是學生的自許，雖然應該有這番努力。儘管《增廣昔時賢文》說：「青出於藍而勝於

藍，冰出於水而寒於水。」韓愈也說過：「弟子不必不如師，師不必賢於弟子。」(《師說》)但這都是長輩的一番好意的勉勵。其實，老師，不乏學行雙修的狀元！

【14】

眉先生，鬚後生，先生不及後生長。

Baî sian-si^n, chhiu aū-si^n, sian-si^n put-kı̍p aū-si^n tn̂g.

Baî sēn-si^n, chhiu aū-si^n, sēn-si^n put-kı̍p aū-si^n tn̂g.

所謂「後生可畏也！」

　　這是一句文字遊戲的俗語，要說的是「先生」不及「後生」，而以「眉先生，鬚後生」當做字障，當做譬喻來形容後生可畏！

　　爲甚麼這句俗語能解做「後生可畏」呢？原來，人的眉毛與生俱來，雖先生長，但長不過鬍鬚；鬍鬚雖是男人到了青春期才開始生長，但可能長超過先生的眉毛。如此一轉一彎，來喻指：「後生可畏，來者難誣。」(曹丕《與吳質書》)

【15】

三年四個月，則會出師。

Sa^n-nî sì-kô-goe̍h, chiah-oē chhut-sai.

Sā^n-nî sí-kó-goē, chiá-ē chhut-sai.

出師？給我學習40個月。

　　用指不論要學什麼功夫，都要有一定的時間的要求，不是隨便可成的。

　　三年四個月：傳統學習技藝、功夫的期限。　出師：學藝期間完滿，畢業了。

【16】

教會徒弟，餓死師傅。

Kà oē tôͯ-tē, gō-sí sai-hū.

Ká ē tōͯ-tē, gō-si saī-hū.

師傅的安全系統。

　　指出沒有師傅會傳受眞功夫的，否則眞的到了「先生不及後生長」(→.14)的時候，就完了。這句俗語用的是反語修辭法，故意模糊師傅不願將功夫傾囊相授。

【17】

學三冬，呣識一塊屎桶仔枋。

Óh saⁿ-tang, m̄-bat chit-tè saí-tháng-á-pang.

Ō sāⁿ-tang, m̄-bat chit-té sai-thang-á-pang.

朽木不可雕也。

　　用來諷刺人，當了三年學徒，迷迷糊糊，毫無所得。句子用的譬喻是，他連馬桶蓋子是什麼都不懂。

【18】

一日爲師，終身爲父。

It-jit uî-su, chiong-sin uî-hū.

It-jit uī-su, chiōng-sin uī-hū.

師者，父也。

　　舊時，用來宣揚尊師重道，教訓學生應該恆久敬重老師，照顧老師。語見，《注解昔時賢文》。按原注載：「孔子卒，子夏曰：『一日爲師，終身爲父。』乃營喪廬於墓側。三年而反。」

【19】

父子情輕，師尊情重。

Hū-chú chêng kheng, su-chun chêng tiōng.

Hū-chú chêng kheng, sū-chun chêng tiōng.

成我者，吾師也。

意思和用法類似上一句。

爲甚麼說「父子情輕，師尊情重」呢？因爲「生我者父母，成我者師長。」個人的一技之長，立身處世的能力，都是來自老師的教育栽培。雖然，父親是生身之父，那麼老師是培育智識和能力之父，所以應該敬重。

【20】

知子莫若父，知弟莫若師。

Ti-chú bȯk-jiȯk hū, ti-tē bȯk-jiȯk su.

Tī-chú bȯk-jiȯk hū, tī-tē bȯk-jiȯk su.

既溫暖又安全的了解。

用法類似上二句。本句的重點在於第二分句，「知弟莫若師。」誠然，老師淸楚弟子的個性和能力，如同老爸的理解他的孩子。

世上有好多「了解」帶有被「看破腳手」、被輕賤的危險。但是父親和老師的了解，可說是世界上最安全，最溫馨的，因爲盡在栽培、敎導、成全。

弟：弟子的簡詞，學生也。　看破腳手：被人看穿底細，而加以輕視。

上面好幾句俗語，都含有敎人尊敬老師的用意；先人也的確是很尊敬他／她們的老師或師傅的。也許，現代人要尊師重道可能較難，因爲「師徒制」的敎育方式消失，減少師生間的接觸，難免稀鬆了師生的感情。

雖然，敬師不能強求，但可鼓勵！就讓我們了解一下現代老師的感受吧。今年敎師節前，金車敎育基金會向國內1400多位基

層教師做了「無私眞愛教師問卷調查」，結果顯示：

表示教育有使命感者，91%

認爲教師地位已經式微者，88%

教育環境感覺不滿者，21%

三十歲以下，考慮轉業者，31%

因課程繁雜等因，而感覺教學壓力大者，71%

認爲有「教育自主權」的平均指數，55分

老師的「快樂指數」，68分

（→《自由時報》1998(9.25):14）

　　現在尊師的風氣淡薄，夫子難爲。但我們相信，用敬愛老師的心情來學習的人，他／她所能學到的不只是知識，還有奧妙的智慧的感應！

柴米油鹽衣食住

第二章

第一節 穿著、打扮

本節分段：

所謂時裝01-04 衣著重要05-08 適時穿著09-14 衣著隨便15-17

裝飾重要18-22 濃裝艷抹23-25 諷刺艷妝26-34

【01】

紅婿，烏大扮。

Âng suí, o͘ toā-pān.

Âng suí, o͘ toā-pān.

美麗又大方的色彩。

舊說，衣服顏色之美麗和大方者：紅色和黑色的。紅色，喜氣洋洋，看來非常漂亮；黑色，莊嚴大方，顯得成熟穩重。

婿：漂亮，用來稱讚女人美麗的容貌或穿著。 大扮：指大方的衣著或行動；舊時主要地用指男人的舉止，現代也用在女士身上。

【02】

烏狗，拖鹹魚。

O͘-kaú, thoa kiâm-hî.

Ō͘-kaú, thoā kiâm-hî.

烏狗兄的掃地褲。

嘲笑時髦的少年郎穿那褲腳寬闊，長過皮鞋，垂到地面。

背景：日據時代，台灣各地的大小市場或商店，不乏「鹹魚店」；販賣著日本北海道進口的鹹鱸魚、鹹白帶魚、鹹小管干等等鹹魚。某日，有一隻不安於室的烏狗，浪遊市場，力嗅著鹹魚

攤位吹來的陣陣強烈臭魚腥味。烏狗不聞猶可,一嗅,貪腥原慾大作。於是,匍匐到鹹魚攤前,挺身猛然咬住攤上一條五、六斤重的紅肉大鹹鰱魚,拖下來向市場外急奔。見者,大呼「烏狗,拖鹹魚!烏狗,拖鹹魚!」來不及截下,只見從狗嘴垂地的鹹魚揚起陣陣灰沙。

　　烏狗:*舊時指二十出頭,把自己打扮得油頭粉面,喜歡到處挑逗少女的青年郎;烏狗,原指體毛黑得發亮的台灣土產雄狗;相對詞是*「烏貓」。　**鹹魚:*重鹽醃漬的乾魚。*

　　五十年後,我國有「新烏狗兄」出現!他們不是拖鹹魚一類的烏狗,也不是愛追愛逗少女的小烏狗。他們的年齡層是30-39歲,其顯然的人格和行為特質如下:

- 他們是「機能性藥補類商品消費者」,是「威而鋼」族群。
- 他們喜愛看「鎖碼級頻道」,是色情頻道的消費人口。
- 他們的生活哲學是「四十像一尾龍」,所以重養生,重健身。
- 新烏狗兄,出手大方,重視愛情的得分和與異性相處的情況。
- 他們喜歡出入海鮮店、泡茶、閒聊;運動是保齡球第一,游泳第二。
- 他們慷慨、愛家、愛朋友、愛十足台灣味的生活風格。
- 在政治上,他們傾向於認同民進黨。
- 他們多的是血型O、已婚的群眾。❶

【03】

烏貓穿裙無穿褲,烏狗穿褲激拖土。

O͘-niau chhēng-kûn bô chhēng-khò͘, o͘-kaú
    chhēng-khò͘ kek thoa-thô͘.

Ō͘-niau chhēng-kûn bō chhēng-khò͘, ō͘-kaú
    chhēng-khò͘ kek thoā-thô͘.

烏貓和烏狗的時裝。

    舊時，嘲諷大膽的「烏貓」和「烏狗」的前衛性時裝。句裏所謂的「穿裙無穿褲」，是調侃之詞；至於「穿褲激拖土」，則顯然是「烏狗，拖鹹魚」(→.02)一派的作風。

    烏貓：打扮入時，喜歡表現青春美貌，對異性大方對待的二八佳人；原指體毛烏黑的母貓，其相對詞是「烏狗」。老婆婆之趕艷裝，趁風流者，則稱爲「老烏貓」。

【04】

食，山珍海味；穿，綾羅紡絲。

Chia̍h, san-tin haí-bī; chhēng, lêng-lô pháng-si.

Chiā, sān-tin hai-bī; chhēng, lēng-lô phang-si.

富貴人家的衣食。

    (本句詳解，請看131.59)

【05】

食於面，穿於身。

Chia̍h tī-bīn, chhēng tī-sin.

Chiā tī-bīn, chhēng tī-sin.

面紅光，身漂亮。

    指出食和衣的重要性，說食和衣的功效是不能隱藏的：吃得好，營養夠，自然面泛油脂光澤；穿得端莊，戴得華貴，氣勢自然不俗。

【06】

先重衣冠，後重人。

Sian tiōng i-koan, aū tiōng-lâng.

Sēng tiōng ī-koan, aū tiōng-lâng.

以貌取人啦！

　　用法有二：一、提醒人隨時注意自己的穿著，衣服務必清潔整齊，按不同場合穿合適的衣服，才能得到人家的尊重。二、用做警語，點出以貌取人是人的通病；觀人，務必「重人」！

　　重人：重視人本身，注意其人品，而不是名牌衣冠，等等外加的行頭。

【07】

有錢著有膽，有衫著有威。

Ū-chîⁿ tiỏh ū-táⁿ, ū-saⁿ tiỏh ū-ui.

Ū-chîⁿ tiō ū-táⁿ, ū-saⁿ tiō ū-ui.

原來是錢膽布威啊！

　　斷言富而多金和端莊的衣著的重要性。前者，助長一個人的自信心和做事的膽量，因為「無錢英雄變狗雄」；後者，幫助人順利通過「外貌取人」的社會價值的檢驗，保得住個人一定的尊嚴，因為「身裏無衣被人欺」。

【08】

身裏無衣被人欺，腹內無膏無人疑。

Sin--nih bô-i pī-jîn-khi, pak-laī bô-ko bô-lâng-gî.

Sin--nì bō-i pī-jîn-khi, pak-laī bō-ko bō-lāng-gī.

布衣示窮，礙眼；不學無形，誰管？

　　諷刺地，指出窮漢襤褸的破衣，招來侮辱；那「腹內無膏」，

但是衣著體面的人，卻沒有人懷疑他知識的淺陋。

　　本句用的是對偶式正對：「身裏」對「腹內」，「無衣」對「無膏」，「被人欺」對「無人疑」，眞是對得太好了，而腳韻也很響亮，都是[-i]。

　　身裡：身上也，不是身子裏頭。　膏：喻指學問、能力；膏，原是膏油，也指男人的精液，紅蟳的膏黃。「無膏！」是鄙夷人的常用語。

【09】

二八，亂穿衣。

Jī-pat, loān chhoan-i.

Jī-pat, loān chhoān-i.

天氣多變，冷暖宜自知。

　　這是一句很有名的氣象諺。在這些月份裏，人們用她來發洩忙亂著一下子穿夏衣，一下子換秋衣的不耐煩。類句有，「二三八九，亂穿衣。」

　　背景：二月和八月份的氣候和天氣變化無常，時熱時冷，人們也隨著天氣的變化來穿不同季節的衣服。原來在二月份，中國北方的冷空氣仍然很強，常在本月份南移，形成冷鋒侵入我國，吹來帶有雷雨的寒流。此時，人畜受寒，但暖流一過，氣溫馬上回升。

　　八月份，太平洋暖高壓給我國帶來「秋老虎」，全國馬上陷入火爐般的氣溫裡。然而，到了八月中旬以後，北方冷空氣開始增強，冷鋒面及雷雨侵入我國，東北季風帶來的雷雨一打，天氣即刻變冷。但這時太平洋副熱帶高氣壓隨時伸展到我國，即時造成難忍的悶熱。❷

　　如此寒寒熱熱變化莫測的氣候和天氣下，先人煩躁，嘀咕出
這句滿有「科學」意味的俗語。

【10】

愛媠，唔驚流鼻水。

Aì-suí, m̄-kiaⁿ laû-phīⁿ-chuí.

Aí-suí, m̄-kiāⁿ laū-phīⁿ-chuí.

愛美就沒有寒冷。

　　用來嘲笑在寒冷的天氣裏，懷春的少女爲了愛美，爲了要展
示撩人魂魄的三圍，勇敢地忍寒耐凍，穿著單薄又暴露的衣服。

　　唔驚：不怕，不在意於(某種情況的發生)。　流鼻水：喻指著了
涼，傷了風。

【11】

貪熱，無貪寒。

Tham-joa̍h, bô tham-koâⁿ.

Thām-joā, bō thām-koâⁿ.

寧可耐熱，不可受凍。

　　這是慈愛的老母，用來叮嚀冬天外出的後生或查某囝，要他
／她們多穿衣服，以免挨冷受凍。

　　貪…無貪：寧可要(甲)，而不能要(乙)；而(甲)和(乙)都不是理
想的條件。貪，在這裏沒有「貪心」的意思。

【12】

甘願做衫奴，唔通互衫誤。

Kam-goān choè saⁿ lô·, m̄-thang hō· saⁿ gō·.

Kām-goān chó saⁿ lô·, m̄-thāng hō· saⁿ gō·.

多帶衣服，可免受凍。

用法類似上一句。

這句諺語的表象很美！說什麼「甘願做衫奴」，勸人甘心樂意來當衣服的奴才；「唔通互衫誤」，提醒人不要被衣衫出賣。寧爲衣奴，不爲衣誤，絕妙好詞也！

【13】

熱，熱衆人；寒，寒家已。

Joa̍h, joa̍h chèng-lâng; koaⁿ, koaⁿ ka-kī.

Joā, joā chéng-lâng; koaⁿ, koaⁿ kā-kī.

炎熱逃不掉，寒冷就得自己消受。

用法類似上面二句。

這句俗語的「邏輯」可說是台灣人普遍的思考方式：社會的共同問題，可以不放在心上，因爲「有禍同受」，誰也不比誰好。但是，一己的利益，就應該很在意了。古今受熱禦寒如此，「走番仔反」如此，逃避中國飛彈的移民的心態也是如此！

這樣的思想，發明不了「冷氣空調」，因爲炎熱，是「熱衆人」的代誌。但是，寒冷是個人傷風感冒的敵人，此所以「鋪棉裘」[pho·-mî-hiû]早在唐山過台灣之前數千年，已經開發應市了。

【14】

也要做禮數，也要做桌布。

Iā-beh choè lé-sò·, iā-beh choè toh-pò·.

Iā-bé chó le-sò·, iā-bé chó tó-pò·.

萬用衣服。

五六十年代，阿母用來提醒從外面回家的後生或查某囝，要他／她們把外出服趕緊脫下，換上舊衣，以免糟蹋。

　　背景：在我國經濟尚未起飛的時期，平常人家要維持三餐已經不易，那有錢給孩子購買足夠的衣物。通常只有一兩件較新的衣服(大都是學生制服)，做爲外出或正式場合穿。孩子們一旦穿上這件較新的衣服，總捨不得馬上換下來，喜歡穿著去左鄰右舍找朋友玩。這時，要是給媽媽看見，她一定會說：「去換衫，則去迌迌；唔通一領衫褲『也要做禮數，也要做桌布！』」❸

　　禮數：爲客時所穿的，比較像樣的衣服；原義是禮儀、禮物、禮金。　桌布：喻指在家裏日常穿的舊衣服；桌布，抹布也。

　　附帶一則桌布的Q&A：

　　　　桌布有多髒？

　　　　一塊35公分見方的抹布，用過一週以後，其「骯髒度」是：

　　　　一般家庭所用的，有22億多個細菌

　　　　日本料理店用的，有220億個細菌

　　　　小吃街攤位用的，有300億個細菌

　　　　帶菌的種類：家庭的，多爲生菌、酵母菌，可能變成大腸菌；日本料理店和小吃街攤位用的，有國人食品中毒第三位的仙人掌桿菌。桌布，得煮沸20-30分鐘才能殺菌，且須涼乾。(→

　　　　《自由時報》1998(8.28):7)

【15】

刣牛也這身，拜佛也這身。

Thaî-gû iā chit-sin, paì-put̍ iā chit-sin.

Thaī-gû iā chit-sin, paí-put̍ iā chit-sin.

上山這身，下海也這身。

　　用來譏刺人，衣著隨便，不知禮儀，不按場合穿著合適的衣服。句裏譬喻的表象是：上三寶殿拜佛的屠牛士，不但沒有沐浴

齋戒，而且穿著那件血污斑斑的刣牛服來上香禮佛。

　　這身：是「這一套身穿的衣服」的簡省詞。

【16】

呂洞賓，顧嘴無顧身。

Lī Tōng-pin, kò͘-chhuì bô kò͘-sin.

Lī Tōng-pin, kó͘-chhuì bō kó͘-sin.

遊仙本色也。

　　諷刺人非但不以衣服邋遢，形容猥褻爲意，而且萬分照顧著口腹之慾；譬喻的表象不是別人，正是頂頂大名的呂仙師洞賓是也。其實，呂仙是得道仙人，就是在他還未入山修仙之前，也是一派端莊，力求功名富貴的士人。他怎麼會「顧嘴無顧身」呢？大人啊，冤枉啦！

　　呂洞賓：唐末道士，號純陽子(798-？)。傳說他在64歲時進士及第；後遊長安，遇鍾離權，授以「大道天遁劍法，龍虎金丹秘文。」但他把丹道之術發展成內功，劍術爲斷除貪嗔、愛欲和煩惱的智慧；對北宋的道教有重要的影響。❹我國民間宗教信仰裏，呂洞賓受到普遍的崇拜。(→326.29)

【17】

長衫疊馬褂。

Tn̂g-saⁿ tha̍h bé-koà.

Tn̄g-saⁿ thā be-koà.

不安於室的內衣。

　　恥笑人衣服不整齊，內衣沒穿進褲腰裏。長衫馬褂原是莊重的禮服，但本句的關節盡在「疊」字；長衣、長袍疊馬褂的穿法，還像個不苟言笑的老秀才嗎？

長衫馬褂：青褂藍袍也，乃是清朝時代富豪的禮服。

【18】

有妝，有縒。

Ū chng, ū choàh.

Ū chng, ū choā.

巧奪天工。

　　用來讚美人，特別是女人，化裝、打扮得非常漂亮。這句話是以褒為貶的！為甚麼？試想，句裏不是影射這個女人，「無妝，就無卡縒」嗎？

　　有縒：（美容、藥方、功夫等等）有效。

【19】

人重妝，佛重扛。

Lâng tiōng-chng, pu̍t tiōng-kng.

Lâng tiōng-chng, pu̍t tiōng-kng.

文明人的真象。

　　斷言衣著、修飾、妝扮對於人的重要性。根本理由是：人都是裝做的，人都是以貌取人，正如同佛的神威是弟子們抬舉出來的。

　　佛重扛：指民間的神道，須要人來「扛攆轎」，抬神轎，不時舉行迎神賽會，來興旺香火。這裏的「佛」是泛指民間道教的神像，不是佛陀。

【20】

三分人，七分妝。

Saⁿ-hun lâng, chhit-hun chng.

Sāⁿ-hūn lâng, chhit-hūn chng.

美化天工。

　　強調女人妝扮的重要性。面目愈是平庸，愈須要美容；可看度只有三分的，就得做七分以上的化妝工程。類句有：「三分姿娘，七分打扮。」雖然這裏所說的「妝」是指外皮外貌的功夫，但是「內在美」的培養修煉是很重要的：美貌和神韻相映交輝，才算完美，否則妝成個「三八仔婿」豈不了然。

　　姿娘[chu-niû]：小姐也。　　了然：枉費心機，被人看破腳手。

【21】

一日剃頭，三日緣投。

Chi̍t-ji̍t thih-thaû, saⁿ-ji̍t iân-taû.

Chī-ji̍t thí-thaû, sāⁿ-ji̍t ēn-taû.

頭面光鮮得很哪！

　　戲謔話。遇見剛理過髮的朋友，看他髮型整得僵固非常，油光煥發，髮腳露出了一大圈「屎桶仔箍」，心裏感動難忍，脫口秀出這俗語來調侃他。本句適用於平下輩；不宜用它來呵咾老師或長輩，以免失敬。

　　一日…三日：一回（事、行動），得到幾天（效果）。　　剃頭：純理髮也。　　緣投：→211.24

【22】

床頭睏，床尾香。

Chhn̂g-thaû khùn, chhn̂g-boé phang.

Chhn̄g-thaū khùn, chn̄g-boé phang.

所謂香閨。

　　形容閨房裏充滿了夫人刻意經營的馨香氣息。請注意！本句俗語不可隨意掛在嘴巴，以免誤觸別人的隱私。

床頭…床尾：滿床、床上，不是強調「頭尾」的；例如，「翁某床
頭拍，床尾和。」

【23】

鳥鼠，跋落灰缸。

Niáu-chhú, poảh-lỏh hoe-kng.

Niau-chhú, poā-lō hoē-kng.

濃裝艷抹的老婆婆。

　　譏刺那化妝得超過年齡甚多的老婦人。用來恥笑她的表象是
「跋落灰缸」的老鼠——可憐的老鼠撲了一身灰，白裏透黑，顯得
格外的猥褻。類句有「鳥鼠，跋落屎礐。」這二句俗語都刻薄得涉
嫌毀謗罪了，免用為妥！

【24】

七枝頭鬃，插十二蕊萬壽菊。

Chhit-ki chhaû-chang, chhah chảp-jī luí bān-siū-kiok.

Chhit-kī chhaū-chang, chhá chảp-jī luí bān-siū-kiok.

行動花瓶。

　　又是一句譏刺老婆婆的俗語。這是刺她禿光了髮的頭頂上，
招搖著好多黃橙色的「萬壽菊」。

萬壽菊：又名黃菊、金菊，是小形的菊花，色由黃至橙色；一年
生草本，花期在秋冬。

【25】

男妝必嫖，女妝必嬌。

Lâm chng pit-phiâu, lú chng pit-hiâu.

Lâm chng pit-phiâu, lú chng pit-hiâu.

老道學的幻想。

　　舊時的庭訓，用來教訓子女儀容要端莊，不可油頭粉面；衣著務要樸素，不可奇裝異服。為甚麼？老先人說是：男女喜歡裝扮，必定是「嫖」男「媱」女。這是舊時代的見解，已經不能妥當地用在現代社會了——妝，是社交禮節啊！

　　媱：→112.12

【26】

歹米厚糠，醜人厚妝。

Phaíⁿ-bí kaū khng, baí-lâng kaū chng.

Phaíⁿ-bí kaū khng, bai-lâng kaū chng.

自知之明。

　　用來譏刺濃妝艷抹的女人。這位「厚妝」的女士，不一定是「醜人」。當知，先人頗有清教徒之風，是非常勤儉樸素的人，容不得胭脂水粉。

　　本句的修辭是對偶式正對，強調點在於第二分句：用「歹米」對「醜人」，一口咬定，醜人像歹米那樣難看；然後，進一層用「厚糠」對「厚妝」，來恥笑那臉蛋塗上濃厚白粉的女士，給說成類同摻雜許多米糠的歹米。

【27】

怯儍愛照鏡，歹命愛看命。

Khiap-sì aì chiò-kiàⁿ, phaíⁿ-miā aì khoàⁿ-miā.

Khiap-sì aí chió-kiàⁿ, phaíⁿ-miā aí khoáⁿ-miā.

但求補拙。

　　用來恥笑喜歡對鏡自賞芳顏的女人。理由是，面貌難看的女人，總是要常常顧影自憐。這樣解釋時，重點是放在第一分句的；本句俗語原是強調第二分句的。

怯僫：面貌不揚，難看也，雖然五官俱全。

【28】

任你妝，也是赤嵌糖。

Jīm-lí chng, iā-sī Chhiah-khàm thn̂g.

Jīm-li chng, iā-sī Chhiá-khám thn̂g.

麗質天生。

舊時，城裏人用來恥笑從事戶外勞動的女人的化妝，說她們被太陽曬得烏黑的皮膚，已經不是化妝所能美化；她們鄉野一派的特有舉止，也不是妝扮所能掩飾的。句裏譬喻的表象是「赤嵌糖」。類句有，「卡梳也是鷄母毛，卡妝也是赤嵌糖。」

赤嵌糖：舊時高雄楠梓出產的烏糖，糖色甚赤，甜度十足，好烏糖也。　卡梳也是鷄母毛：疏落的頭髮，再怎樣梳理，也是像母鷄的羽毛一般的缺乏光澤。

【29】

少年某嫁老翁，梳妝打扮無彩工。

Siàu-liân-bó· kè laū-ang, se-chng táⁿ-pān
bô-chhaí-kang.

Siáu-lēn-bó· ké laū-ang, sē-chng taⁿ-pān
bō-chhaí-kang.

心如止水，毋免愛嬌。

這是一句謠諺。調諷老少配的太太，譏刺她艷裝無效，因爲她的「老翁」已經老到色即是空的境界了。

老翁：年紀和太太相差很多的老先生；翁，丈夫也。　無彩工：徒勞無功。

【30】

茶鈷安金，也是磁。

Tê-kó· an kim, iā-sī huî.

Tē-kó· ān kim, iā-sī huî.

反打扮主義者。

諷刺不適合身份的化妝。譬如破裂的磁茶壺，就是用黃金來鑲補，也無法改變其爲磁器的身份。

【31】

婿醜在肌骨，不在梳妝三四齣。

Suí-baí chaī ki-kut, put-chaī se-chng saⁿ-sì chhut.

Sui-baí chaī kī-kut, put-chaī sē-chng saⁿ-sí chhut.

天生麗質難自棄。

用來勸戒女人，不要花太多時間在「面子」上，有了好體態，就很漂亮了。

肌骨：主要是指骨骼、體態。　三四齣：三四次（的盛大化妝）。

看了這句俗語，難免要問：肌骨美好的女人，再塗上一層蜜絲佛陀，不是更漂亮嗎？是的，塗得好的話，一定更有可觀處。其實，古賢人早已洞察這個小秘密，說「粉黛至，則西施以加麗。」（《抱朴子·勖學》）證明著西施化了妝更加艷美動人！此所以美容術、化妝品，古今盛行不衰也。

【32】

面頂燒滾滾，下腳澇涼粉。

Bīn-téng sio-kún-kún, ē-kha laù liâng-hún.

Bīn-téng siō-kun-kún, ē-kha laú liāng-hún.

穿迷你裙的少女。

舊時，老母用來提醒時到嚴冬，猶仍喜歡穿短裙的查某囝，
要她應該往下保溫。這句修辭是對偶式反對，詼諧地「面頂」對著
「下腳」，上半身的「燒滾滾」對著下半身腳的「滂涼粉」。句裏隱含
眼睛大吃冰淇淋的想像，真是妙不可言！

滂：大量拉下，瀉下。　涼粉：用綠豆製成QQ的軟糕。吃時，
加碎冰，加糖醬，是我國極普遍的消暑聖品。

【33】

賣三區園，換無人一個愛媠。

Bē saⁿ-khu hn̂g, oāⁿ-bô lâng chi̍t-ê aì-suí.

Bē sāⁿ-khū hn̂g, oāⁿ-bō lāng chi̍t-ē aí-suí.

愛媠多費。

用來勸戒女人，不要浪費在衣服和化妝上面，因為漂亮的衣
服和高級化妝品都很昂貴。多貴？句裏用賣掉「三區園」的錢還不
夠花。

三區園：喻指一大片田園。

【34】

毋驚火燒厝，驚跋落屎礐。

M̄-kiaⁿ hoé-sio-chhù, kiaⁿ poa̍h-lo̍h saí-ha̍k.

M̄-kiāⁿ hoe-siō-chhù, kiāⁿ poā-lō sai-ha̍k.

盡在身上。

譏刺家徒四壁，穿著華麗的人。刺他／她好像是把所有的錢
都投資在這身上，如果不小心「跋落屎礐」，那就破產了。但他／
她不愁家裏「火燒厝」，因為沒有什麼好燒的。

注釋

1. 摘自總研社總經理林資敏的報導。參看，林資敏「新黑狗兄」(《自由時報》1998(9.14):11)。

2. 本句參看了氣象學者劉昭民所做有關本句的精闢解說。請看，劉昭民《台灣的氣象與氣候》(台北：常民文化出版社，1996)，頁186-187。

3. 參看，邱敏雄給這句俗語的解說。(「台灣精諺」《自由時報》)

4. 「呂洞賓」一詞，參看，任繼群主編《宗教辭典》，頁401。

第二節 飲食、料理

本節分段：

【01】

一食，二穿，三行，四用；無食無用，啥路用？

It chiảh, jī chhēng, saⁿ hêng, sì ēng; bô-chiảh bô-ēng,
 siáⁿ lō·-ēng？

It chiā, jī chhēng, saⁿ hêng, sí ēng; bō-chiā bō-ēng,
 siaⁿ lō·-ēng？

食，根本關懷也！

  斷言人生的前幾項最基本的須要和關懷。類句有：「一食，二穿。」和「一食，二穿，三清閒。」

  吃飽穿暖的重要性，勿庸贅言。但是，人所以為人，就是知道食衣以外還有其他的根本須要和關懷。就這點而言，先人意識到他／她們要：安定「清閒」的生活，自由自主的「行」動，足夠的錢使「用」！這些衣食以上的價值的追尋，大概是先人「唐山過台灣」的驅力和願望吧？他／她質疑，如犬似馬地被奴役，被畜養，「啥路用？」

  我們欣賞先人的反「一口飯吃主義」！他／她們的「不自由毋寧死！」的精神，早已養成。很不簡單也！

【02】

有食，有食的功夫。

Ū chia̍h, ū-chia̍h ê kang-hu.

Ū chia̍h, ū-chia̍h--eh kàng-huh.

提「前」來辦！

諷刺地指出「食」的暴力和腐敗：沒有給與份外的好處，就是份內事，也不願意做好，要不是偷工減料，就是敷衍搪塞。類句有，「有食，有食的功夫；無食，無食的功夫。」

背景：舊時，福州人以「三刀」，剪刀、菜刀、剃頭刀，來台灣謀生。他們不論是做裁縫、煮食、理髮、縛籠床、補雨傘、砧皮鞋，等等，都有一定的功夫；他們到處工作，或應聘爲駐店師傅，或週遊大街小巷做修補、修理器物的零工。

過年近了，台灣家家戶戶要炊粿，準備過年。某日，有一個縛籠床的福州師傅，在廟埕右邊的大榕樹下擺開攤位，陣陣招呼著：

「縛籠床啦……修理籠床哦……！」

這時有一二個婦人集合了鄰居的大大小小的破籠床來。對福州師說：

「師傅啊，這堆籠床攏互你修理。著修互𣍐漏汽則好哦！」

「…有食，有食的功夫；無食，無食的功夫！」福州師不耐煩地回她。

婦仁人一聽，目瞪口呆……

提「前」來辦：錢來也。　籠床：蒸籠。　婦仁人[hū-jîn-lâng]：婦女也。　有食：字面義，指給師傅工資外，也招待點心或正餐；引申義，譏刺腐敗官僚「食錢」，提錢來辦，則萬事OK！　無食…：

引申做無「食」錢，則沒有功夫。

【03】

食飯，皇帝大。

Chiáh-pn̄g, hông-tè toā.

Chiā-pn̄g, hōng-té toā.

老命要緊。

　　用來強調吃飯的時間必須尊重，不可打擾，不可催趕，更不可責罵。原來先人相信，吃飯的時候「飯神」臨在，不容侵犯。從今日的衛生觀點看，很有道理：從容愉快地吃飯，才不傷胃腸，很有幫助消化和吸收。

【04】

人無親，食上親。

Lâng bô-chhin, chiáh siōng-chhin.

Lâng bō-chhin, chiā siōng-chhin.

唾涎交融大家歡。

　　用來諷刺。說世上那有什麼「親」友，一旦沒有酒肉，則朋友形同路人，所以說「食上親」！

　　上：最也，極也，例如：上勢讀冊的學生、上頂顢的人。

【05】

民，以食為天。

Bîn, í sı̍t uî-thian.

Bîn, í sı̍t uī-then.

食飯皇帝大？

　　用指吃飯是生存最重要的事。從來野心家都很會利用人類這個弱點：認為能夠解決人民吃飯問題的話，就能獲得民心，控制

人民。古時劉邦就是如此，來達到獨霸天下的目的。酈食其這樣諫劉邦：「王者以民爲天，而民者以食爲天。」（班固《漢書・酈食其列傳》）

　　現代的獨裁者無不用「民，以食爲天」爲口號來進行控制。論者正確地分析：江澤民祭出「使十二億中國人吃飽就是人權」的歪論，在在將人權視爲極低層次的「生理需求」。然後，用槍桿子來維持政權，致人民於原始的暴力下。這是剝奪人民基本尊嚴和價值的。（→《自由時報》1997（10.31）:3）

【06】

食是福，做是碌。

Chia̍h sī hok, choè sī lȯk.

Chiā sī hok, chò sī lȯk.

腸胃幸甚！

　　舊說，人吃得好又吃得下，是有福氣的人；而辛苦勞動，乃是命定的勞碌，艱苦人也。類語有：「食是福，做是祿。」意指吃是福氣，尤其是「有福食外國！」（→133.10）從國人的勞動觀念而言，「做是祿」的觀念相當淡薄，一般還是相信「做是碌」！

　　無疑的，「食是福」是很普遍的一種信念，古以色列人也有，說：「義人吃得飽足，惡人肚腹缺糧。」（《聖經・箴言》13:25）

【07】

腳骨長，有食福。

Kha-kut tn̂g, ū chia̍h-hok.

Khā-kut tn̂g, ū chiā-hok.

聞香下馬也。

　　用來揶揄串門子的鄰人、朋友，或突然從外地回家的孩子，

剛好遇上家裏有「腥臊」，有佳餚可以享受。

　　背景：按照我國婦女生產的舊慣俗，嬰兒誕生後，過了三天才給他／她洗澡。然後，準備鷄酒、油飯和牲醴、香燭、金紙，敬告祖宗神明，或到註生娘娘寺廟還願。這一天敬神用的牲醴，鷄腳一定要放直(通常，鷄腳要屈入鷄腹內)，以象徵嬰孩是個「腳骨長，有食福」的人。❶

【08】

食旺，偷提衰。

Chia̍h ōng, thau-the̍h soe.

Chiā ōng, thaū-thē soe.

食腥臊鬥鬧熱。

　　平時勤儉的主人，眼看成陣入門來吃拜拜的食客，心裏憂喜參半，只好用這句「食旺」來告慰自己。

　　背景：我國民間相信，招待客人吃腥臊，可興旺家門，帶來好運，而「偷提」是衰運當頭。

　　食：請客吃飯。　旺：(家庭、事業)興盛。　偷提：失竊，被偷。　衰：運氣不好，諸事不如意。

【09】

食物是福氣，潦屎是字運。

Chia̍h-mi̍h sī hok-khì, laù-saí sī jī-ūn.

Chiā-mī sī hok-khì, laú-saí sī jī-ūn.

老饕的信條。

　　這是一句戲謔話，貪吃又黑白吃的人用來自我調侃。意思是說，自己原是個頗有「食福」的貴人，這次很不幸吃壞了肚子，騎上了HONDA 500CC的「奧多醜」(otobai)，算是難得的歹運吧！

【10】

查埔要食望人請，查某要食望生团。

Cha-po· beh-chia̍h bāng lâng-chhiáⁿ, cha-bó· beh-chia̍h
　　bāng siⁿ-kiáⁿ.

Chā-po· bé-chiā bāng lāng-chhiáⁿ, cha-bó· beh-chiā
　　bāng sīⁿ-kiáⁿ.

難圓的窮人大夢。

　　一語道盡舊時我國的窮苦人，食福缺缺的歹命慘況。

　　背景：舊時，我國一般人都甚貧窮，三餐不繼的，比比皆
是。有一口飯吃的，也不會好過蕃藷簽糜配荣脯。久而久之，燃
燒起想吃腥臊的熱烈慾望。怎麼辦？沒有辦法！心的深處只能
有：「望人請」和「望生团」。

　　要食：獲得滿足食慾的欲求。　　*望人請：寄望於被請客，去吃腥*
臊。　　*望生团：希望繫於懷孕生子，就有做月子的鷄酒可吃了。*

【11】

做伙食一頓，嘛是因緣。

Choè-hoé chia̍h chi̍t-tǹg, mā-sī in-iân.

Chó-hoé chiā chi̍t-tǹg, mā-sī īn-ên.

有緣千里共飲食。

　　餐桌上的交際語。常用在主人招待萍水相逢的人的飯局上，
表示彼此有福，因緣美妙，得有同桌共席的良機。

　　此處，我們特別要請初出社會的小姐們注意！不要隨便接受
「因緣」式的招待，否則飯飽酒醉之後，恐難應付「做伙睏一暝，
嘛是因緣」的誘惑。小心了！

【12】

牛腸，馬肚。

Gû tn̂g, bé tō͘.

Gū tn̂g, be tō͘.

貪官污吏的胃口？

　　用來譏刺，大吃的人，大貪的官。句裏用「牛腸」和「馬肚」來比擬他們強烈的貪慾，而這兩個表象是樸素的農民知之甚詳的：最大最臭的消化器官啊！

　　貪官污吏的大腸肚，應該割除，毋容贅言。我們認爲最可議的，「台灣省政府糧食處」大力舉辦「呷飯王比賽」。報載，今年第三屆，有1500人報名參加，在捷運淡水站舉行公開決賽。規則是：二十分鐘內，吃最多米飯者贏…主辦單位備妥醬菜開胃。結果，冠軍邱XX小姐吃了2.215公斤，獲得五萬元獎金。(→《自由時報》1998(6.8):8)

　　怪了！就算是「台灣省政府糧食處」沒事幹，要耍噱頭，辦比賽，也有其他千百種有意義、有價值的比賽，爲甚麼偏偏比起「牛腸，馬肚」來？難道糧食處的業務是「鼓勵大吃」？叱，省政如此，該是省行的時候了！

【13】

無掛，牛嘴籠。

Bô koà, gû-chhù-lam.

Bō koá, gū-chhuí-lam.

饞嘴的牛哥。

　　恥笑人胡亂吃了不應該吃的東西。句裏的饞嘴漢，被刺成一隻沒戴嘴籠的耕牛。可憐啊！

背景：耕牛在到處長滿著農作物的環境中工作的時候，主人一定要在牠的嘴巴戴上竹製的「牛嘴籠」，以防牠偷吃作物。這時，耕牛沒戴牛嘴籠的話，其災情之慘重不想可知。

牛嘴籠：牛鼻形，有網目的竹籠，用來套住牛嘴。同類物是「狗嘴籠」，我們不難看到狼犬上街迌迌的時候，謹慎的主人都給牠戴上「狗嘴籠」。

【14】

甜鹹淡，無嫌。

Tiⁿ kiâm chiáⁿ, bô-hiâm.

Tīⁿ kiâm chiáⁿ, bō-hiâm.

五味大同。

嘲笑人，口不擇食，無論是什麼味道的東西，都有興趣，脾胃都大開歡迎門戶，且能兼容混蓄，和平相處。

無嫌：不嫌棄、不拒絕（且含有歡迎的意味）。

【15】

有鬚食到鬃簑，無鬚食到秤錘。

Ū-chhiu chiah-kaù chang-sui, bô-chhiu chiah kaù
　　chhìn-thuî.

Ū-chhiu chiā-kah chāng-sui, bō-chhiu chiā-kah
　　chhín-thuî.

真雜食動物也。

用法有：一、譏剌人雜食，貪婪地無所不食。二、自嘲地，我們敢吃的東西多得不得了，真有食福哦！

句裏用「鬚」做標準，來說雜食的範圍之廣大：從有毛的「鬃簑」，吃到沒有毛的「秤錘」！這些表象用來隱喻「無所不吃」，真

是萬分諷刺。

　　背景：我們先祖在唐山的世代，人口多、社會窮、食物缺乏，加上常有的天災人禍，迫得上山殺絕走獸，下水網盡可得的鱗介；饑荒時爭食草根樹皮，且有易子、戮人而食的慘況。他／她們的處境遠超「飢不擇食」所能形容。長久的貧乏困境，生之本能適應出：凡是可吃的，食之；不能吃的，製而食之！例如，宰了一隻超齡老母鷄，除了鷄毛和鷄屎以外，頭脖、屁股、腸胘、足爪，等等，莫不照吃不誤。如此，千百年沈澱下來了的是「有鬚食到鬃簑，無鬚食到秤錘」的雜食文化。

　　老先人「食簑食錘」情有可原。但是，當今部分富而多金的台灣後裔，不但不改「雜食」習性，反而結合了「美食」、「巧吃」、「採補」等等名堂，藉著觀光，到泰國去吃熊掌，取熊膽；飲虎血，炮虎骨；利誘泰國人大開殺戒，現場吃下的珍禽稀獸不算，野生動物的活體乾貨，照單全收，走私回國。在國際上，已經吃出了野蠻的惡名。

　　據悉，國人最喜歡購買的泰國「產品」和價格(單位隻／張／斤／美金)是：

- 未斷奶的小熊，500元；小雲豹，1500元；長臂猿，1200元；大蜥蜴，20元；獼猴20元；
- 穿山甲肉，14元；熊掌一組四隻，100元；熊膽，70元；
- 豹皮，300元；虎鞭，100元；虎牙，70元；整副虎骨，1000元。

（→《自立周報》1994(6.17):16）

　　我們台灣人願意吃掉自己的人格和國格嗎？該是從雜食的民族性猛醒的時候了。讓我們大家來響應「拒吃！拒買！拒養！」野

生動物的運動吧！

【16】

食互死，呣通死無食。

Chiàh hō·-sí, m̄-thang sí bô-chiàh.

Chiā hō·-sí, m̄-thāng si bō-chiā.

批死吃河豚！

　　貪吃浪食者的自我解嘲，也用來詈罵飲食浪費的人。句子的
意思是說：寧願吃而死，不可不吃而死。

　　那麼，有什麼樣的美味帶有這一股致命的吸引力呢？答曰：
「河豚也！」君不聞，古諺說什麼「批死吃河豚！」據說，其肉的膠
質和甜度是獨有的，尤其是做成刺身最好吃。時序入冬，正是河
豚肥美的時候，筆者從萊茵河畔遙祝諸位饕小姐、饕先生，平安
快樂吃河豚——台北河豚套餐一客4000元！

　　*河豚[hô-tûn]：主要產於日本山口、福岡，南北韓，中國沿海。
我國北海岸也有養殖，河豚五六月產卵，隔年十二月到四月爲最佳產
期；其肝臟、血、卵有劇毒，主廚必要持有「處理河豚執照」。(→《自
由時報》1998(1.6):16)*

【17】

嘴飽，目睭枵。

Chhuì pá, bàk-chiu iau.

Chhuì pá, bàk-chiu iau.

秀色可餐？

　　用法有二：一，恥笑人，吃飽了，但是兩眼老是不離桌上的
剩菜，食慾顯然尚未滿足。二、詼諧地說主人吝嗇，招待的食物
不夠豐富。客人的嘴巴只好敷衍著說，吃飽了，但眼睛仍然期待

著有什麼食物出現。

　　目睭枵：食慾未滿也，這裏沒有「眼睛還沒有看個夠」的意思。

【18】

枵鬼，卡濟俄羅。

Iau-kuí, kah-chē gō-lô.

Iaū-kuí, ká-chē goˑ-lô.

餓鬼何其多哉！

　　舊時，鄉村大拜拜，吝嗇又沒有修養的人，用來諷刺絡繹不絕、陣陣入庄的食客。刺他／她們是「枵鬼」，其數量如「俄羅」之多。

　　枵鬼：餓鬼也。　　卡濟俄羅：按陳修的解釋是「貪吃的人比俄羅人多」，又認為「俄羅」是「餓牢」的諧音。 ❷

【19】

拍狗唔出門，親家你也來。

Phah-kaú m̄-chhut-mn̂g, chhin-ke lí iā-laî.

Phá-kaú m̄-chhut-mn̂g, chhīn-ke lí iā-laî.

勇敢的食客。

　　戲謔話。諷刺極惡劣的天氣之下，突然到來的食客。這句是，心裏有氣的親家給愛吃親家的「歡迎詞」，說：風雨大作，連家犬都趕不出門的天氣，您老親家也忙著出來！——按舊時的民間慣習，大風大雨，大寒大熱，不宜出門去打擾人家。從這個標準看，這位老親家的「常識」，有資格得到0分。

　　拍狗唔出門：是「拍狗唔出門的天氣」的省略。

【20】

講著食，爭破額。

Kóng-tio̍h chia̍h, cheng phoà-hia̍h.

Kong-tiō chiā, chēng phoá-hiā.

生存競爭？

　　用來諷刺愛吃的人。說什麼：一聞聽有人請客，何處有「好料」可吃，莫不爭先恐後。

　　講著食：一提到有吃的，有人要請客。　爭破額：擠破了頭。

【21】

菱角嘴，無食喘大喟。

Lêng-kak-chhuì, bô-chia̍h chhoán-toā-khuì.

Lēng-kak-chhuì, bō-chiā chhoan-toā-khuì.

貪吃乎？性感乎？

　　舊時相士之言，說雙唇多肉微翹，狀似菱角者，貪食之相也。我們姑妄言之，此說無據──歐美人士多以為性感美唇！

　　我國台南縣官田，盛產菱角。《中央日報》(1998(9.6):6)載，今年九月該鄉農會舉辦「菱角料理」比賽，廚師烹調出：菱湖海上鮮、採菱蟳八寶、啼鳴菱鳳凰、菱鰻思鄉情，等等，色香味俱全的菱角美食。

　　啊，好一道「菱鰻思鄉情」，恨不得人就在官田！

【22】

賣棉被，買烏魚。

Boē mî-phoe, bé o͘-hî.

Bē mī-phoe, be ō͘-hî.

吃出了滋味。

　　用來譏刺愛吃時鮮，嗜好佳餚的窮人。類似句有，「愛食烏魚，唔穿褲。」據悉，這兩句俗語都流行在舊時的鹿港沿海一

帶。句裏露骨地恥笑人，吃不起滋味鮮美的烏魚，但是貪婪牠的
滋味，只好賣棉被，省下買褲錢，買來滿足食慾。

【23】

呂洞賓，顧嘴無顧身。

Lī Tōng-pin, kò·-chhuì bô kò·-sin.

Lī Tōng-pin, kó·-chhuì bo kó·-sin.

遊仙本色。

　　用來譏刺人，儘管飲食，不修邊幅。

　　（本句別解，參看421.16）

【24】

敢食敢脹，唔驚人譬相。

Káⁿ-chiảh káⁿ-tiùⁿ, m̄-kiaⁿ lâng phì-siùⁿ.

Kaⁿ-chiā kaⁿ-tiùⁿ, m̄-kiāⁿ lang phí-siùⁿ.

疲疲食保庇？

　　舊時，忍無可忍的老某，用來責罵吃喝無度，甚至借貸買大
魚大肉來吃的老翁；說他臉皮已經非常堅厚，根本不在乎鄰人的
鄙夷輕視。

　　敢食敢脹：指超過經濟和消化能力所能負荷的飲食。　*唔驚人*：
不在乎，這裏不當做「不害怕」解釋。　*譬相*：當面或背後，用譬喻來
諷刺人。　*老某*：老牽手，老妻；相對詞是老翁，老丈夫也。

　　我們不宜只從「責備」的消極面來看這句俗語，難道先人心裏
無言的控訴，不是在要求尊嚴的吃、體面的喝嗎？此所以，古賢
拒絕「嗟，來食！」聖保羅所以訓勉基督徒，「你們無論做什麼，
或吃或喝，都要爲榮耀上帝而爲。」(《聖經·哥林多前書》10:31)

　　人一旦「食脹，互人譬相」，已經是不如動物園裏的山豬了。

【25】

戇佛，想食鷄。

Gōng pùt, siūⁿ chiàh-ke.

Gōng pùt, siūⁿ chiā-ke.

還是吃素吧！

　　舊時，窮人家的老母用來責備，吵著要吃鷄吃鴨、吃魚吃肉的小孩子。這句俗語是用「戇佛」無法消受神桌上的牲醴為譬喻。

　　背景：我國民間，每當年中節慶或是神誕節日，家家戶戶與神同桌，吃起「腥臊」來。某天，窮人家的孩子福來仔，看見隔壁錢家，用整隻紅燒鷄、二條清蒸虱目魚、一大盤炒魷魚、五碗清米飯、三杯燒酒來拜祭土地公。福來仔愈看口水愈流，跑回家，拉著老母的手，哀求：

　　「母啊，隔壁有腥臊通食呢！人阮嘛真愛齧鷄腿！」

　　老母一聽，記起嫁給一個窮漢的不幸，心內怨感，責備福來仔：

　　「戇佛，想食鷄！有一碗泔糜通飲……」阿母泣不成聲。

　　戇佛：喻指對於現實處境缺乏敏感的人，他宛如沒有知覺的神佛偶像。

　　　　(比較「戇佛，燴曉食鷄。」→.40)

【26】

揀食，揀穿。

Kéng chiàh, kéng chhēng.

Keng chiā, keng chhēng.

忘形的窮漢。

　　譏刺窮人缺乏自知之明，還敢挑剔穿什麼，吃什麼。——請

記住，傳統社會「揀食」是有錢人的專利！貧民的字彙，根本沒有「揀」字，一餐充飢，一衣蔽體已經難得，那有選擇的餘地？

　　時過境遷，大部份國人脫出貧窮之後，好像已經很「揀食，揀穿」了。但願，不致於專挑「滿漢全席」或「高熱多糖的速食」一類的；揀些可預防癌症、中風、尿酸、癡呆，等等疾病的食物來吃。如何？

【27】

狗，啢食芋皮。

Kaú, m̄-chia̍h ō·-phoê.

Kaú, m̄-chiā ō·-phoê.

挑食的小人物。

　　用法和意思類似上一句。但本句是用挑吃的家犬為譏刺的表象，來一口咬定：窮人似狗，應該識趣，應該乖乖吃「芋皮」！真是萬分刻薄啊。

【28】

歪嘴鷄仔，串食好米。

Oai-chhuì ke-á, chhoàn chia̍h hó-bí.

Oāi-chhuí ke-á, chhoán chiā ho-bí.

有食福的小孩。

　　心有慈愛和歡喜的老母，用來調侃津津有味地吃著好物的孩子、為客的小輩。——坊間有解釋做「傻人有食福」的，這是錯誤的解釋，沒有正確把握「歪嘴鷄仔」這個表象的意思和用法。

　　歪嘴鷄仔：昵愛地喻指天真純厚的小孩；沒有「傻」，也沒有「歪嘴」的殘缺涵義。

【29】

白頭殼要食米，唔食粟。

Pėh-thaû-khok beh chiáh-bí, m̄-chiáh chhek.

Pē-thaū-khok bé chiā-bí, m̄-chiā chhek.

寵壞的、挑食的小孩。

用法和意思類似上一句。——野鳥白頭殼，有「粟」可吃，已經是很有福氣的了，還敢妄想吃白米？句裏，用「白頭殼」譬喻挑食的小孩，是很可愛的想像，不是嗎？

白頭殼：白頭翁也，白頭殼是民間的俗稱，是我國常見的野鳥，除了恆春半島外，到處可見。白頭殼，形似畫眉鳥，因後頭部有一大白斑而得名。牠的體背爲欖褐色，耳羽下方有一白斑，腮、喉部，腹部都呈白色。　米⋯粟：粟是稻之穀粒；穀粒碾製去殼而成米，按碾製除糠的程度，有糙米、白米之分。

【30】

乞食身，皇帝嘴。

Khit-chiáh sin, hông-tè chhuì.

Khit-chiā sin, hōng-té chhuì.

用法和意思類似上一句。但是用上了極端的比對表象，「乞食身」和「皇帝嘴」，而形成更加強烈的譏刺效果。

乞食身：乞食的身命，只能吃「乞」來的，那能挑食？　皇帝嘴：金口也，是吃金吃銀的身命。

【31】

嘴食嘴嫌，臭酸食到生黏。

Chhuì-chiáh chhuì-hiâm, chhaù-sng chiáh-kaù sіⁿ liâm.

Chhuí-chiā chhuí-hiâm, chhaú-sng chiā-kaú sīⁿ liâm.

真「美食」也。

　　用來譏刺人沒有辨別食物好壞的眼光，但知隨意挑剔，吃得很不衛生。字面的意思是：雖說嘴巴裏的東西不好吃，卻一直吃到發酸腐敗。

　　嘴食嘴嫌：嘴巴一邊吃，一邊嫌惡（食物）。　臭酸：食物發酸。　生黏：物質腐敗，析出黏液。

【32】

清飯，當枵人。

Chhìn-pn̄g, tng iau-lâng.

Chhín-pn̄g, tng iāu-lâng.

餓時，冷飯也可口。

　　用法有二：一、斷言緊急療飢的人，不會挑剔飲食。二、清飯也當愛惜，可留給飢餓的人吃。——前者，帶有飢不擇食的意味；後者，含有愛惜物資的意思。

　　清飯：吃剩的隔餐冷飯。　當枵人：等候飢腸轆轆的人來吃。

【33】

食了，會續嘴。

Chiảh-liáu, oē soà-chhuì.

Chiā-liáu, ē soá-chhuì.

吃出了滋味。

　　用法有二：一、傳統的，形容好吃的東西，刺激食慾，令人食而不饜。二、現代的，譏刺特定的某一個黑官，接二連三地索賄吃錢。

　　食：台語的重要動詞，有好多意義，在這裏指：食物；貪污（吃錢）。　續嘴：貪愛而繼續吃同一種東西（食物、金錢）。

【34】

食飽，好物無巧。

Chiàh-pá, hó-mìh bô-khá.

Chiā-pá, ho-mī bō-khá.

飽又饜了。

串門子的人，用來婉謝主人招呼吃飯的話。意思是說，你們的腥臊一定很好吃，可惜我粗菜便飯已經吃得很飽，吃不下了。類似句有，「蕃薯食飽，芋仔無巧。」芋仔雖然比蕃薯好吃，但我吃飽蕃薯，沒有吃芋頭的食慾了。類似這種說法的，古以色列人也有：「飽足的人拒絕蜂蜜，飢餓的人連苦澀的食物也覺得甘甜。」(《聖經‧箴言》27:7)

無巧[bô-khá]：沒有刺激(食慾)的功效；這裏不含「沒有什麼稀罕」的意思。

這句「食飽，好物無巧」，所指的，假如只是因「飽」而不知什麼是「好」物的話，也就可以不論「巧」這回事了。古之美食家，對飲食有「十美」之說：

味：要讓食品各獻其性，各成其味。

色：光彩，要能淨如秋雲，艷勝琥珀，而一見動心。

潔：清潔無雜質怪味；不能有抹布味、砧板味，等等雜
　　味。

清：清鮮不淡薄，濃厚而不油膩。

時：材料要時新，火候要準時，上菜合時序，食者要及
　　時。

氣：材料自生的撲鼻清香。

搭配：材料葷素善配，清柔相配，如冬瓜配燕窩。

　　調和：調和作料，都要上品。

　　尋常：做法和取才都要尋常，不做作，不反環保。

　　美器：碗盤大小適宜而雅麗。❸

　　符合上面各項要求，才是「美食」。看來，知道美食、有美食、又有足夠的條件來享受美食的人，一定很少。難怪，食是福！

【35】

一隻蝦猴，配三碗糜。

Chı̍t-chiah hê-kaû, phoè saⁿ-oáⁿ moê.

Chı̍t-chiá hē-kaû, phoé sāⁿ-oaⁿ moê.

開脾的小海鮮。

　　形容蝦猴的可口。只要一隻，不用其他，就可配三碗糜。這裏強調的是蝦猴甘美淳厚，一丁點就可配一碗糜；坊間有釋成，蝦猴極鹹，所以一隻配得三碗糜者，非是！

　　蝦猴：又名蝦姑，我國鹿港的名產。牠體似蝦，頭像土猴，而得名。特別是有膏「仁」的，鹹蒸而食，其美味不是任何蝦類，鮭類可比。　　開脾：開胃也。

　　看到這句俗語，除了祈願鹿港沿海清淨無污，保我蝦猴無災無難之外，更是應該注意「糜」的養生價值。且別說用鷄肉、叉燒、火腿、魷魚、干貝、魚片等材料煮成的廣式「艇仔粥」，就是我國民間千百年來的「蕃藷箍糜」，就是歷代祖宗健康的珍品。

　　文醫雙修的陸游，極力推廣糜，以爲是養生妙品，他吟道：

　　世人個個學長年，

　　不悟長年在目前；

　　我得宛丘平易法，

只將食粥致神仙。 ❹

　游鍵至此，容我暫停，趕緊煮一鍋「馬鈴薯洋蔥火腿糜」來止饞，來懷念在母國同我家人親友一起食糜的日子。

【36】

一鮃，二魴，三鯧，四馬鮫。

It ngó͘, jī hang, saⁿ chhiuⁿ, sì bé-ka.

It ngó͘, jī hang, sāⁿ chhiuⁿ, sì bé-ka.

最好吃的四種海魚。

　謠諺，用來歌頌母國台灣鮮美的海產，也是美食家的菜單。

　鮃(*four-rayed threadfish*)：**鮃仔魚，鱸魚的別種**。產於近海溫水海域，魚體銀色，近頭部的腹下有四條長鬚，尾呈顯明的V形。　**魴**(*sea-bream*)：**魴仔魚，又名赤鯛，屬硬鰭魚類**，體形側扁，牙齒強銳，呈紅色，或淡紅色。　**鯧**(*butterfish*)：**屬硬鰭魚類，體形側扁**，頭口均小，鱗很細，體色黃白，尾鰭分叉如燕，骨軟多脂，肉厚質細，如白鯧、烏鯧。　**馬鮫**(*mackerel*)：**即鰆魚，青花魚，土魠魚也**。深海魚，體細長而側扁，長1-2公尺，頭頂的眼上方顯著凹下，第二脊鰭後有七枚角鰭，臀鰭後則有八枚。上下顎具銳齒，體側有兩排不明顯斑紋，背部蒼黑色，腹面灰白色。——馬鮫是否*mackerel*的音譯？

【37】

豬呣食，狗呣哺。

Ti m̄-chiàh, kaú m̄-pō͘.

Ti m̄-chiā, kaú m̄-pō͘.

人吃的嗎？

　用法有二：一、舊時，挑剔的大男人，用來責備老妻做的菜

不堪下肚。二、近年來，有錢沒有文化的人，譏刺飯店做出來的菜難吃，說是連豬狗都無法下嚥。

據說，有呆胞在中國觀光，用過這句俗語，而召來一場糾紛。呆胞理直氣壯，認爲飯店不可以賣連豬狗都不吃的食物！但店方覺得受到嚴重侮辱，說這種東西就是我們中國人吃的，難道我們是豬是狗？——請挑選信用好的飯店吧！這句俗語，免用爲幸。

【38】

人嘴，趁家風。

Lâng chhuì, thàn ke-hong.

Lāng chhuì, thán kē-hong.

一家愛吃一樣。

斷言飲食的內容，因各個家庭的經濟狀況的轉變，也因不同生活方式而異。例如，寒氏三代以來常以「鹹薑淸糜」療飢，而隔壁李富，歷代以「海參干貝粥」做宵夜。

人嘴：滋味的感覺，食物的嗜好。 趁：隨著。 家風：家庭的經濟生活水準，生活風格和方式。

【39】

三代富貴，方知飲食。

Sam-taī hù-kuì, hong-ti ím-si̍t.

Sām-taī hú-kuì, hōng-ti im-si̍t.

遺傳的美食家。

斷言，除非是三代富貴的人家，否則不知道飲食的禮儀，也不知道什麼是美食。

凡我新富族群，看到這句俗語大可不必緊張，因爲必要的

話，可能在很短期間內認識餐桌禮儀，知道一定數量的美食，看懂著名菜單，學會選酒、點菜等等常識。

但根本的問題是，我國「三代」以前的飲食觀念和態度相當傾向於「口腔性格」的吃法，太過於專注美食本身，而忽略吃的人文精神和氣氛，也甚少理會吃的健康和衛生問題。富貴，能買到昂貴的餐飲，但不一定真的「知」道飲食，更難擺脫不好的飲食習性！

美好的飲食，關聯到社會整体文明的素質，並不取決於外匯存底的豐富！何況，我們根本不是「三代富貴」的國家；大多數人，吃飽穿暖，還不夠一代哦！但願，我們對食的文化有所反省，來發展出新台灣人的文明的飲食風格。

【40】

戇佛，獪曉食鷄。

Gōng-put, boē-hiáu chiȧh ke.

Gōng-put, bē-hiau chiā ke.

不知肉味也。

恥笑人，美食排在面前而不會享受，就是吃了，也不知道是什麼滋味。句裏用來做諷刺的表象是「戇佛」。

　　(比較「戇佛，想食鷄。」→.25)

【41】

草地胡蠅，嘸曾食著縣口香餅。

Chhaú-tē hô·-sîn, m̄-bat chiȧh-tiȯh koān-khaú phang-piáⁿ.

Chhau-tē hō·-sîn, m̄-bat chiā-tiō koān-khaú phāng-piáⁿ.

好奇城外人。

舊時，府城人用來譏刺草地人入城，津津有味地吃著城裏的

名產「縣口香餅」。

　　草地胡蠅：鄉下的蒼蠅，鄙視地指鄉下人。　　縣口：清朝，台灣縣衙門附近的縣口街，在赤嵌樓前，有數家著名的糕餅店。

【42】

蕃藷，救人無義。

Han-chî, kiù-lâng bô-gī.

Hān-chî, kiú-lâng bō-gī.

貧民的恩物。

　　舊時，老母用來教訓子女，鼓勵他／她們吃吃蕃藷，因爲它是貧困的祖先救命的糧食。顯然，這句俗語是把蕃藷人格化（personification），然後說它有救貧解困的功勞。

　　蕃藷：1550年，由葡萄牙人從南美引進來東南亞，在康熙年間成爲閩粤貧民的主要食糧。唐山祖來台灣之前，原住民已經遍種蕃藷了。蕃藷不擇土壤，四季可種，產期5-6個月，根葉全部可食，含有豐富的維生素C、A（由其中的紅葉素（beta-carotene）轉化），是很好的糧食，也可飼養牲畜，可製澱粉、酒精等等，是高經濟價值的雜作。

【43】

三日小宴，五日大宴。

Saⁿ-ji̍t sió-iàn, gō·-ji̍t toā-iàn.

Sāⁿ-ji̍t sio-èn, gō·-ji̍t toā-èn.

大小飯局，殷勤招待。

　　用法有二：舊時，形容週到地招待以豐盛的筵席；現代，說交際應酬繁多，暴飲暴食，人不堪其苦。

　　典故：關公投降曹操之後，曹操爲要收買他，以客禮對待關公。贈以金銀綾錦和美女，等等；又用三日一小宴，五日一大

宴，來招待他。（詳見，《三國演義》25回）

　　我國首都台北，餐廳規模之大，數量之多，世界各式料理之
齊全，老中青少成群大吃大喝之頻繁，堪稱世界第一。其他都市
鄉鎮，餐廳處處，地方的傳統美食，吸引著來自南北二路的食
客。這些情景，豈非集體的「三日小宴，五日大宴」嗎？

　　當知，曹操用三小五大是要買關公的老命的；商人政客三小
五大是要金權交易的。那麼，一般國民養成三小五大的飲食習
慣，有何意義？請看，衛生署公報了歷年來規模最大的營養調
查，向全體國民提出嚴肅警告，「五大富貴病侵蝕國人健康」：

　　　　五個台灣人，有一個患高尿酸，日後可能引發痛風。

　　　　七個台灣人，有一個是胖子。

　　　　八個台灣人，有一個患高血壓和高血脂。

　　　　25個台灣人，有一個患高血糖，隱糖尿病危機。

　　　　（→《自由時報》1998(4.30):7）

　　國人富貴，應該恭喜，但富貴病纏身，要如何是好？昔時關
公掛印封金，奪門以拋棄三小五大，應該對於後人的「食」字，也
有所啓迪才是！

【44】

三餐五味，四砒一碗湯。

Sam-chhang ngó·-bī, sì-phiat chi̍t-oáⁿ thng.

Sām-chhang ngo·-bī, sí-phet chi̍t-oaⁿ thng.

餐食豐富。

　　形容日常三餐吃得好，菜色有「五味」，桌上排著四菜一湯。

　　*五味：喻指五種或葷或素的菜餚；原義是辛酸甘苦鹹等五種味
道。　砒：淺盤也，坊間有用同義詞「碟」、「鉢」[poat]，和借音字*

「撇」〔phiat〕的；我們採用陳修的「砎」字。❺

【45】

食，山珍海味；穿，綾羅紡絲。

Chiảh, san-tin haí-bī; chhēng, lêng-lô pháng-si.

Chiā, sān-tin hai-bī; chhēng, lēng-lô phang-si.

吃好穿好。

　　形容富貴人家，衣食之珍貴華美。

　　富人奢侈的生活，窮人看在眼裏有什麼感想？能否像宋人，張掄那麼瀟灑？他說：「百味甘香，一身清淨，吾生可保長無病。八珍五鼎不須貪，葷羶濁亂人情性。」（張掄《踏莎行·山居》）

　　八珍：傳統所謂極稀罕的八種珍品：龍肝、鳳髓、豹胎、鯉尾、鴞灸、猩唇、熊掌、酥酪蟬等。❻　五鼎：喻指仙丹妙藥；五鼎，係外丹燒煉的器皿，因鼎質之不同有：金鼎、銀鼎、銅鼎、鐵鼎、土鼎，等五種。❼

　　　　（本句詳解，請看131.59）

【46】

敢食，敢使。

Káⁿ chiảh, káⁿ saí.

Káⁿ chiā, kaⁿ saí.

食，不計血本

　　譏刺沒有什麼錢的人，卻捨得花錢來吃，交際應酬，也很海派。

　　敢：捨得（花錢於…）。　使：使用也。

【47】

土猴，損五穀。

Tō·-kaû, sún ngó·-kok.

Tō·-kaû, sun ngo·-kok.

暴殄天物。

舊時，父母用來責備沒有吃完飯菜，或糟蹋食物的孩子。句裏把糟蹋五穀的孩子譬喻做土猴，可否？

土猴：→324.26

【48】

有錢食鮸，無錢免食。

Ū-chîⁿ chiàh bián, bô-chîⁿ bián-chiàh.

Ū-chîⁿ chiā bén, bō-chîⁿ ben-chiā.

浪費製造貧乏。

用做警語。勸人不可浪費錢買「鮸」魚來吃，否則錢花光了，什麼都「免」吃。這句俗語的修辭用了對偶式反對：「有錢」對「無錢」，「食鮸」對「免食」。特別是用「食鮸」來做「免食」的伏詞，在音義上玩了很生動可愛的雙關法。

鮸：硬鰭魚類，體色淡灰，有花紋的花鮸，銀白色的白鮸。她是我國春季最佳，最貴的魚鮮之一。

【49】

富家一餐食，貧家三年糧。

Hù-ka it-chhan sìt, pîn-ka saⁿ-nî niû.

Hú-ka it-chhan sìt, pīn-ka saⁿ-nî niû.

清算之，如何？

傳統的，用做警語，勸人不可浪費錢財於飲食。語見，《格言諺語》；馮夢龍說過類似的話：「富家一席酒，窮漢半年糧。」（《醒世恆言》）

可養活窮家三年的錢，把它一餐花掉，非仁者所敢爲也。世界的資源有限，如何用來建設公義和幸福的生活，是富人窮人都要反省，都要關心的問題。

當我們舉行節慶宴會時，可否節省一道菜之值來救助飢餓的人？像世界展望會在饑荒地區鑿井(每口5000美元，供2000人用二年)，都須要仁人富者鼎助。

【50】

趕人生，趕人死，趕人食，無天理。

Koáⁿ lâng-siⁿ, koáⁿ lâng-sí, koáⁿ lâng-chiảh, bô thiⁿ-lí.

Koaⁿ lāng-siⁿ, koaⁿ lāng-sí, koaⁿ lāng-chiā, bō thiⁿ-lí.

尊重「食神」嗎？

主張給人從容的吃飯時間，不可加以催趕。本句提出三項「無天理」的代誌：干涉人的生、死和吃飯。

假如我們請教老先輩：爲甚麼不可以催促人吃飯呢？可能答曰：「食飯，皇帝大。」(→.03)再問，爲甚麼吃飯如此偉大？答曰：「食神在焉。」這是傳統的信念。假如，我們把「食神」脫神話化，了解做：吃飯是人權，是人格尊嚴的展現，是身體健康所必要的。怎樣？

【51】

騎馬坐，挽弓食。

Khiâ-bé chē, bán-keng chiảh.

Khiā-be chē, ban-kēng chiā.

衝鋒前的加油。

母親用來教導子女餐桌的禮儀，提醒他／她們吃飯時應該嚴禁「騎馬」和「挽弓」二種姿態。

　　騎馬坐：跨坐餐椅，雙腿展開，伸到鄰座。　挽弓食：吃飯時，
雙手展開，如同開弓。

【52】
做人碗就嘴，牲生嘴就碗。

Choè-lâng oáⁿ chiū-chhuì, cheng-siⁿ chhuì chiū-oáⁿ.

Chó-lâng oáⁿ chiū-chhuì, chēng-siⁿ chhuì chiū-oáⁿ.

人獸之別？

　　用法類似上一句。本句是說：吃飯時，當左手端起飯碗，用
右手攑箸夾飯菜，送進嘴裏。嘴巴湊在飯碗上把飯，千萬不可。
為甚麼？先人說，前者是人的吃相，後者是牛犬的。

　　就：(人、體)移近、接觸。　牲生：家畜也。

【53】
相尊，食有剩。

Sio chûn, chiȧh ū-chhun.

Siō chûn, chiā ū-chhun.

會餐的禮貌。

　　用法類似上面兩句。意思是：同桌共餐，食物有限，應該客
客氣氣地讓別人先挾菜，先添飯，不可爭先恐後；大家相尊的
話，四個親家吃不了五粒肉粽。本句有帶第二分句的：「相尊食
有剩，相搶食無份。」

　　相尊：互相禮讓(吃、喝、首席等等)。

【54】
一嘴飯，一尾鮭到。

Chiȧt-chhuì pn̄g, chiȧt-boe kê kaù.

Chiȧt-chhuí pn̄g, chiȧt-boe kê kaù.

吃飯配某！

　　舊時，老母用來敎導子女，吃飯不可以一口飯配一口菜；吃菜配飯，當然不行。句裏暗示，一二尾魚鮭或蝦鮭，就得配一大碗蕃諸箍糜。

　　關於，諷刺人吃相難看，有這一則可愛的童謠：

　　　　一塊即入肚［Chi̍t-tè chiah ji̍p-tō·］，
　　　　一塊嘴那哺［chi̍t-tè chhuì ná-pō͘ⁿ］，
　　　　一塊在半路［chi̍t-tè tī poàⁿ-lō·］，也閣
　　　　一塊在盤仔得顧［chi̍t-tè tī poâⁿ-á teh kò·］。

　　鮭：這種鹽漬小海產，曾是先人主要的佐餐物，味鹹而甘，十足開胃。有不少俗語提到「鮭」，例如：「餲鮭，無除盉。」(235.10)「餲鹹魚假沙西米…。」(333.25)等等。

【55】

食飯，配話。

Chiah-pn̄g, phoè-oē.

Chiā-pn̄g, phoé-oē.

另類餐會。

　　老母用來責備不專心吃飯的孩子，說他／她一邊吃飯，一邊認眞說話。這是媽媽的愛心和智慧：飯菜冷了，滋味盡失，有礙食慾；含飯說話，沒有禮貌又沒有衛生。類語有，「桌頂，食到桌腳。」這個孩子吃飯配遊戲，一個鐘頭吃不了半碗稀飯，就溜下桌腳玩耍去了。

　　禁止小孩「食飯，配話」是餐桌規儀訓練，似有必要；成人的「飯話」是普遍的社交現象。有趣的是，今年228，下午2:28，台北萬華有李老闆開的飯店，以斗大的字「台獨飯店仔，食飯開講」

做招牌。老闆推銷的是：食飯，配台獨！(→《自由時報》1998(4.23)：13)

【56】

食，若武松拍虎；做，若桃花過渡。

Chia̍h, ná Bú-siông phah-hó͘; choè, ná Thô-hoe koè-tō͘.

Chiā, na Bu-siông phá-hó͘; chò, na Thō-hoe koé-tō͘.

工作異於吃飯的秘密。

　　譏刺人吃飯狼吞虎嚥，猛烈萬分，宛如剛出地獄門的餓鬼。句裏用來做對比的是「桃花過渡」和「武松拍虎」。類似句有「食飯三戰呂布；做工課桃花過渡。」

　　桃花過渡：我國民間家喻戶曉的車鼓短劇，唱出風流的撐渡伯和開放的桃花小姐的打情罵俏。❽　武松拍虎：見，「景陽崗武松打虎」(《水滸傳》23回)。

【57】

食要走番仔反。

Chia̍h beh-chaú hoan-á-hoán.

Chiā bé-chaú hoān-a-hoán.

逃難前最後一餐。

　　修養不足的老母，用來責備傾倒飯菜入肚的孩子。這不像吃飯，寧可說是「走反」逃命的填充飯囊。

　　走…反：逃避造反(民變、內亂、外敵)的災難。　番仔反：外敵入侵的戰亂；番，可能指荷蘭人、西班牙人或日本人；古今大漢主義者的人觀是：非我族類者，番也。嗚呼！

【58】

貪俗，食破家。

Tham-siȯk, chiȧh phoà-ke.

Thām-siȯk, chiā phoá-ke.

吃先了家產。

　　用做警語。提醒人不可貪圖某種食物便宜而不加以節制，這將導至貧窮。類似句有「貪俗，食破碗。」──貪便宜，而買到瑕疵的磁碗。

【59】

紅布袋仔，無底。

Âng pò·-tē-á, bô té.

Âng pó·-tē-á, bō té.

食慾無止境！

　　用做警語。警告人不要浪費金錢於飲食，因為「紅布袋仔」是無底洞啊。古賢人也說過類似的話：「鼻之所喜不可任也，口之所嗜不可隨也。」(《抱朴子·酒戒》)

　　紅布袋仔：喻指嘴巴、嘴孔[chhui-khang]。　無底：食物入嘴巴而通胃腸，再通五穀輪迴所，那有底止？

【60】

寧塞無底坑，難塞鼻下橫。

Lêng that bô-té-khiⁿ, lân-that phīⁿ-ē hoêⁿ.

Lēng that bō-te-khiⁿ, lān-that phīⁿ-ē hoêⁿ.

食不知饜，難矣！

　　用法和意思類似上一句。語見《注解昔時賢文》。

　　典故：劉伶嗜酒，妻泣諫曰：「君欲太過，非養生之計。」伶曰：「善，當祝神立誓斷酒，可具酒肉。」妻從之，劉伶祝曰：「天生劉伶，以酒為名；一飲一斛，五斗解醒；婦人之言，慎不

可聽。」仍引酒食肉，頹然復醉。妻曰：「何為其然也？」伶曰：「寧塞無底坑，難塞鼻下橫。」(見，《賢文》古注)

　　鼻下橫：喻指飲食的欲望；具體地指鼻下一橫的嘴巴。

【61】

食到有扁擔，無布袋。

Chia̍h-kaù ū-pin-taⁿ, bô pò·-tē.

Chiā-ká ū-pin-taⁿ, bō pó·-tē.

開了了啦！

　　譏刺人只知揮霍，不事生產，終於窮困潦倒，除了一枝「扁擔」以外，身無餘物。

　　有扁擔：勞動者最原始的謀生工具。　　無布袋：喻指傾家蕩產，家裏沒有可儲存在麻布袋的餘物。

【62】

食肥，走瘦。

Chia̍h puî, chaú sán.

Chiā puî, chau sán.

遠來的食客。

　　用法有二：一、揶揄人為了吃一頓飯，不惜遠途跋涉，吸收的熱卡，不足應付走路的須要。二、自嘲，雖然大吃大喝了一頓，但回來卻和廁所鬧戀愛。這都含有勸人節制飲食的用意。

【63】

嘴，食互尻川坐數。

Chhuì, chia̍h-hō· kha-chhng chhē-siàu.

Chhuì, chiā-hō· khā-chhng chhē-siàu.

無辜受害的屁股！

用來諷刺嘴饞的人，暴飲暴食，終於吃壞了肚子，迫使「尻川」負起最後的責任。

坐數：負起全責。

【64】

貪食無補所，潦屎著艱苦。

Tham-chiảh bô pó·-só·, laú-saí tiỏh kan-khó·.

Thām-chiā bō po·-só·, laú-saí tiō kan-khó·.

用法和意思類似上一句。古以色列賢人也有相似的教訓：「別吃過量的蜂蜜，多吃使你嘔吐。」（《聖經·箴言》25:16）──「潦屎」比「嘔吐」，如何？

無補所：（對身體、事情）沒有益處。

【65】

少食卡滋味，濟食無趣味。

Chió-chiảh khah chū-bī, chē-chiảh bô chhù-bī.

Chio-chiā khá chū-bī, chē-chiā bō chhú-bī.

多吃無味。

斷言好東西不宜多吃，少吃才能體會出「滋味」來，而多吃就沒有什麼意思了。

這句俗語是很工整的對偶式反對句：雖然「少食」對「濟食」無奇，但是「卡滋味」對「無趣味」卻對得相當活潑生動。

【66】

一頓久久，二頓相抵。

Chit-tǹg kú-kú, nn̄g-tǹg sio-tú.

Chit-tǹg ku-kú, nn̄g-tǹg siō-tú.

不按時吃飯。

　　老母用來關心三餐沒有按時吃飯的兒女。告訴他／她們，「二頓相抵」是不合衛生的。

　　相抵：(人、物、事)相碰，重疊，在一起。

【67】

一日食五頓，一暝餓到光。

Chi̍t-ji̍t chia̍h gō͘-tǹg, chi̍t-mî gō kaù-kng.

Chi̍t-ji̍t chiā gō͘-tǹg, chi̍t-mî gō kaú-kng.

吃得飽，才睡得好。

　　舊說，三餐宜飽食，以免長夜飢餓，難以安眠。記得先慈常說，不宜飽餐而眠，積食而睡是不衛生的。

　　看到了「餓」字，頗有感觸！眼前浮現：無物可吃的非洲餓殍和吃出了富貴大病的台灣老饕。也許除了勞動業者以外，大多數台灣人都值得考慮來個「淨餓修養」。筆者有限的禁食經驗是：

　　感覺出胃腸活潑蠕動的快樂；

　　聽到了大腸小腸的歡呼，心肝向她們說謝謝；

　　意識到眼光變得深邃，靈性純淨，貪癡「暫時」遠遁；

　　激發著強烈的人飢己飢的同情，冥想有無、枵飽之間的奧祕。

　　浮現巫術的，靈性驕傲的試探；

　　讓主耶穌保持「禁食四十日夜」的記錄。

【68】

大北門外，祭無頭鬼。

Toā Pak-mn̂g goā, chè bô-thaû-kuí.

Toā Pak-mn̄g goā, ché bō-thaū-kuí.

普施無頭餓鬼。

　　不甘白吃的店主人，用來譏刺常來白吃白喝的無賴漢。比擬這些人的表象是「祭無頭鬼」。

　　背景：清代，台南市大北門外（今台南二中）是執行死刑犯的刑場。那時，處決是用斬首的，死者的魂神被稱為「無頭鬼」。民間咸信，若祭祀不週，無頭鬼將出來四處作祟索食，所以除了中元大祭餓鬼以外，弟子惶恐得隨機祭拜。

【69】
食魚食肉，也著菜合。

Chia̍h-hî chia̍h-bah, iā-tio̍h chhaì-kah.

Chiā-hî chiā-bah, iā-tiō chhaí-kah.

一定要吃蔬菜嗎？

　　老母用來教導偏愛肉食的兒女，要他／她們大魚大肉，還得菜根咬！

　　食魚食肉：喻指山珍海味，高膽固醇一類的食物。　也著菜合：必要配合適量的蔬菜來吃。　合：合在一起；坊間有用「甲」者，同音而歧義。

　　人一定要吃蔬菜嗎？老先人和營養師異口同聲說：「一定要！」特別是當代國人油葷腥臊吃過量，極須要蔬菜來救命。蔬菜的維生素和礦物質為人體所須要，有降低膽固醇，促進通便等等作用，真是上帝賜人健康的禮物。

　　我總覺得住在台灣，有豐富的蔬菜可吃，是萬分福氣的！我國的菜色多，又美又廉。比較而言，本地的，種類少，鮮度低，價錢貴。超市的蔬菜很不可愛，例如：外葉佬佬的包心白菜、硬厚如石的高麗菜、粗粕的茄、堅固如樹根的紅蘿蔔、無汁的空心大菜頭、疲軟花謝的花椰菜、灰斑濃厚的蔥和大蒜蒜，等等。

啊，怎能不思念母國色澤青翠，體態嬌美，自甘卑微的：蕃薯、芋仔；壅菜、豆菜、芥藍仔菜；苦瓜、菜瓜、金瓜、多瓜；竹筍、蘆筍、茭白筍；雨連豆、皇帝豆、肉豆；蔥頭、蒜頭、韭菜花……？

【70】

吞落三寸喉，變屎。

Thun-lȯh saⁿ-chhùn-aû, piàn-saí.

Thūn-lō saⁿ-chhún-aû, pén-saí.

輪迴所皆平等。

可能是久不知肉味者，心裏怨嘆難禁，用這句話來譏刺列鼎而食的人吧。本句意思淺顯：吃什麼山珍海味？一旦下肚，還不都是化成水肥！以此自慰，可憐呀！

吞落：吞嚥（食物）入喉。　三寸喉：古人認爲，喉長三寸，故名。

【71】

好也一頓，歹也一頓。

Hó iā chȧt-tṅg, phaíⁿ iā chȧt-tṅg.

Hó iā chȧt-tṅg, phaíⁿ iā chȧt-tṅg.

有通食道好！

老母用來教導子女，不要重食，不要挑食，有東西吃，就應該感謝！

有通[thang]食道好：有吃的，就好。

【72】

有人點燈照路，無人點燈照肚。

Ū lâng tiám-teng chiò-lō·, bô lâng tiám-teng chiò-tō·.

Ū lâng tiam-teng chió-lō·, bo lâng tiam-teng chió-tō·.

誰管你肚裝啥貨？

　　用法類似上一句。意思是說：點燈照明道路者，有之；點燈觀看尊肚裝啥者，無之！所以，先人安然下結論，說：襯採吃啦！無人管你食啥。

　　這句俗語的造句奇妙，對偶反對式的修辭嚴謹。應該大加欣賞的是：用「點燈照路」來對「點燈照肚」，真是天下絕「對」。那裏來的靈感啊？一流婿的文學也！

【73】

有魚，呣食頭。

Ū hî, m̄-chia̍h thaû.

Ū hî, m̄-chiā thaû.

毋折福！

　　老母用來教導兒女，不可暴殄天物。雖有足夠的魚肉吃，魚頭還是要吃的。

　　句裏所說的「呣食頭」，指的可能是「餿鹹魚頭」吧！試想，台南市「石舂臼」的虱目魚頭，慢來是「食無份」的，有時甚至要排隊恭候！——十年前，漢堡「北海海產料理店」的鮪魚頭，任君索取；十年後，鮪魚頭一個2.5馬克(約台幣100元)。

　　誰說「呣食頭」？吃我家四姊做的「沙鍋紅燒草魚頭」吧，保證您捲舌不止；就是小弟亂搞的「碎煎豆油糖鮪魚頭」也曾博得德友們不絕的"Das schmeckt sehr gut！…schmeckt gut！guuutt！"——滋味非常非常讚也！

【74】

食眠，無分寸。

Chia̍h-khùn, bô hun-chhùn.

Chiā-khùn, bō hun-chhùn.

食和睡，必要節制。

　　用做警語。類句有，「食眠，嘸通無分寸！」加上禁戒詞「嘸通」，來加強語氣。

　　分寸：(欲望的)節制；(行動的)制約；(支出的)限度。

【75】

食飯，無相趁。

Chia̍h-pn̄g, bô sio-thàn.

Chiā-pn̄g, bō siō-thàn.

盡量用啦！

　　慷慨的主人，用來招呼客人，請他／她繼續吃，不要跟著先吃飽的人而停箸。

　　無相趁：各爲自己的腸胃服務要緊；字義是，不必學別人的樣子。

【76】

佐料夠，嘸是新婦勢。

Chó-liāu kaù, m̄-sī sin-pū gaû.

Chō-liāu kaù, m̄-sī sīn-pū gaû.

巧婦難爲無米之炊。

　　下廚者的客氣話。用來回答客人讚美她／他的料理色香味好得不得了。——誠然，沒有材料是沒有辦法料理的，古賢有言：「班翟不能削石做芒針，歐冶不能鑄鉛錫做干將。」(《意林‧抱朴子》)

新婦：媳婦也。 勢：(手藝、學問，等等)能力很好。 班翟：魯班和墨翟，古時候有名的發明家和木匠的祖師，他們技能雖精巧，但無法用石材來做縫針。 歐冶：古代的鑄劍家，也不能用鉛和錫來做削鐵如泥的干將。 干將：古代名劍。

舊時的「勢新婦」比較容易做，菜炒得色香味俱全就是名廚了。現代的可不簡單哦！傳統的廚藝以外，她還得有料理的醫學和營養學的知識，例如，不用「調味料」又能做出自然又可口的菜；能妥當地做出營養豐富的菜色；能做給小孩子愛吃的含鐵含鈣的食物；能做預防富貴病的長命菜餚，等等。

【77】

無閒無工，弄鼎弄灶。

Bô-êng bô-kang, lōng-tiáⁿ lōng-chaù.

Bō-ēng bō-kang, lōng-tiaⁿ lōng-chaù.

打擾啦！

客氣話。客人向接待自己而忙於下廚的主婦致意的話。請注意，招待下午茶，不宜用這句俗語，以免誤會索求晚餐，或是諷刺主人吝嗇的嫌疑。句裏，成功地用疊詞來發揮「無閒工」和「弄鼎灶」強烈語氣的效果。

無閒無工：非常忙碌。 弄鼎弄灶：下廚料理，字面是搬弄鼎灶。

【78】

無閒閃閃，煠蟳炒蟶，焖鷄燖鱉。

Bô-êng chhih-chhih, sa̍h-chîm chhá-chhih, o-ke tīm-pih.

Bō-ēng chhí-chhih, sā-chîm chhá-chhī, ō-ke tīm-pih.

用法和意思類似上一句。

　煤：用沸騰的水，短時間煮熟，如煤蟳、煤小管、煤鷄蛋，等等。　炆：用中火，將二項以上的食物混合煨熟，如三杯鷄。　燖：(肉、鱉、藥材)置於內鍋，用漫火煮到熟透，如當歸鴨、四物鷄等等。

　　這句俗語顯示著昔日招待貴賓的忙碌狀，主婦的廚藝表現在煤、炒、炆、燖的技術上面；而材料是水陸兩界的高貴食物。我們可以想像，她從廚房端出來的菜都是清鮮可愛，氣味和諧，刺激食慾的好菜——這是傳統食譜的規範。

　　然而，時代不同了，誰有那麼多美國時間來「無閒閃閃」呢？雖然不愁買蟳蟻鷄鱉的錢。同時，我國家庭主婦已經有新的見解，由傳統規模複雜的料理，轉向簡單、方便、健康、好吃、情趣的廚藝了。❾

【79】

刣椅仔，煤木屐。

Thaî í-á, sa̍h ba̍k-kiah.

Thaī i-á, sā ba̍k-kiā.

真是打擾了！

　　這是一句很詼諧的俗語。主婦用來自我調侃，說自己笨手笨腳，煮了一小電鍋飯，做了一二小道的便菜，就忙得顛三倒四。——真是忙得亂七八糟，「椅仔」和「木屐」那裏是「刣」的、「煤」的對象？

　　既然忙不過來，怎不買幾塊披薩回來配礦泉水？

【80】

三日無火薰，餓𣍐死伙頭軍。

San-ji̍t bô hoé-hun, gō boē-sí hoé-thaû-kun.

Sāⁿ-jı̍t bō hoe-hun, gō boē-si hoe-thaū-kun.
洽楞專家。

　　斷言下廚做飯的人，不致於挨餓。

　　背景：舊時，忙著煮腥臊的媳婦，都要等到客人吃飽後，才
敢坐下來吃飯。要是有過意不去的長輩，請她來一起吃飯，她很
可能用這句話來回答。

　　無火薰：斷炊了。　伙頭軍：掌廚的人，字面是伙食班的軍人；
伙頭，伙食，廚房的代誌。

【81】

大坩飯，細鼎菜。

Toā-khaⁿ pn̄g, sè-tiáⁿ chhaì.

Toā-khāⁿ pn̄g, sé-tiáⁿ chhaì.

好吃的飯菜。

　　大鍋飯較香，細鼎菜較精緻。

　　為甚麼？吃「大鍋飯」一定是人多，人一多就「搶槽」，誰管飯
是臭火焦香？煮「細鼎菜」，不能不小心，用心煮的菜，好食的機
率較高。

　　搶槽：爭先恐後地吃；原指餵豬的時候，小豬們搶著挨近食槽。

【82】

一粒田螺，九碗湯。

Chı̍t-liȧp chhân-lê, kaú-oáⁿ thng.

Chı̍t-liȧp chhān-lê, kau-oaⁿ thng.

無料又無聊。

　　用來譏刺主人吝嗇，沒有什麼「好料」來招待客人。譬喻是一
粒小田螺，煮了一大鼎的湯，其乏味，不想可知。

俗語說:「誠意食水甜!」假如主人真的貧窮,有湯無料,為客的也會感謝心領。不過,先人的世代,只要主人有誠意,一定能夠給您做一大盤「九層塔炒田螺」的,因為竹圍附近的小溝、水田,田螺多而易得,九層塔也是厝前厝後隨手可摘的。

那麼,假如在我國餐廳,您叫一道「筍片翁螺湯」,而端出來的竟然是「一粒田螺,九碗湯!」您會有什麼反應?一笑置之嗎?似此,在我們生活的各個層面,「九碗湯」的欺騙處處。例如,這次市長和立委的選舉(12.5),若有候選人泡製在「九碗湯」裏面來膨脹自己,以謀求權力來做台奸,圖謀富貴。您有什麼意見?選他/她嗎?

注釋

1. 參看,林明峪《台灣民間禁忌》(台北:聯亞出版社,1981),頁165。

2. 見,陳修《台灣話大字典》頁,738。

3. 黃永武「飲食十美」《中央日報》1997(4.14):5)介紹了明末張蓋的飲食十美,以及袁枚的解釋。原文詳細,我們僅做題目式的摘舉。

4. 有關「糜」,請看波藍「中國清粥和美國胖子」《中央日報》(1994(1.29):4)。陸游的這一首詩,也是轉引自該文。

5. 許成章認為[phiat]的相當字有「缽」等字。參看,許著《台灣漢語大字典》,頁1875;陳修《台灣話大辭典》,頁1462。

6. 參看,中國道教協會等編《道教大辭典》(北京:華夏出版社,1994),頁214。

7. 胡樸安等編《俗語典》(上海:上海書店,1983),寅集,頁10。此一

「八珍」和補藥「八珍」不同。

8. 歌詞詼諧，有十二節，由一月開始相褒到十二月。參看，林二等編
　　《台灣民俗歌謠》(台北：正文圖書公司，1979)，頁66-67。

9. 參看，葉玉靜「品嘗食譜」《中央日報》1998(8.13):5。

第三節　住處、本地

本節分段：

住處住宅01-07　　住所環境08-13　　本地本家14-22

【01】

福人，居福厝。

Hok-jîn, ki hok-tē.

Hok-jîn, kí hok-tē.

好鳥造福巢。

　　風水厝場的俗語。斷言，善人的住處，必定是庇蔭闔家平安，事事蒙福的吉宅。

　　福人：修己行善，積有陰功的大善人；字面是，有福氣的人。

福厝：大吉利的住宅也，這是台灣民間的俗信，也是風水仙對於厝場吉凶的說法。

　　今年(1998)幾次颱風，揭發出山崩地陷，洪水氾濫，泥石流滾滾肆虐的原兇，竟然是貪婪又無知的一大群人的集體破壞！山林濫墾，河床濫挖，地下水濫用，廢土糞堆濫塞。這樣的「惡人」那能居住在什麼「福地福厝」？

　　記得幾年前，曾有洋人根據「環保聯盟」和專家報告，指出我國的「大風水」至差，說：「歷經四十年的經濟成長後，台灣越來越像一坐垃圾場……1993年，首次平均壽命降低，罹患癌症比例急遽上升，顯示備受讚譽的遠東經濟奇蹟已留下前所未有之生態災難及解體之社會秩序。」❶

　　但願這是「報憂」的舊聞，更願愛惜母國台灣的人，來建造美麗有福的「大風水」，那是：

> 巒峰巍峨鬱鬱蒼蒼，飛鳥走獸蟲豸活潑歡喜
> 碧野連綿綠綠花花，五穀六畜男女生氣盎然
> 溪海暢流清清淨淨，魚蝦貝殼珊瑚齊來爭艷
> 空氣新鮮甜甜甘甘，眾生和樂繁榮永續蓬萊

【02】

福地，福人居。

Hok-tē, hok-jîn ki.

Hok-tē, hok-jīn ki.

福林樓好鳥。

　　又是一句源自風水厝場的俗語，但頗有時代的警惕的意義：善人才能居住吉地。易言之，就是所謂的「龍穴」，若為惡人所得，難逃因其人性異化的惡果，人成為毒蟲的淵藪，何福之有？

　　雖然「豬住泥淖，鳳棲梧桐」是進化的奧祕和無可奈何的生命法則，但是不少以古文明自傲的國家，為什麼淪為髒亂不堪的大垃圾場呢？這應該是我們應該警惕省思的問題。

【03】

頭前魚池，後壁果子。

Thaû-chêng hî-tî, aū-piah koé-chí.

Thaū-chêng hī-tî, aū-piah koe-chí.

理想的老農家。

　　舊時農民的美夢，U字形紅磚蓋黑瓦的大厝，正面有大埕，埕外有魚池；而厝面後有數排果樹。當時，要擁有這種理想的住宅，必定是個富有的大農戶；貧民有茅舍來避風雨，已經是很幸

運的了。

　　果子：果樹園的省詞，爲了要和諧「池」[*tî*]和「子」[*chí*]的音韻。

【04】

庭栽棲鳳竹，池養化龍魚。

Tiâⁿ chai chhe-hōng tek, tî ióng hoà-liông hî.

Tiâⁿ chāi chhē-hōng tek, tî ióng hoá-lēng hî.

出頭天的農莊。

　　舊時，用來讚美幽雅的農莊；可能是有文化氣息的主人，對他的住宅的自許和希望：竹圍鳳來棲息，魚池龍來戲水。

　　從台灣人的移民背景看來，這個農莊大概是錢大農戶出了一位秀才之後興建的吧。看！錢秀才志氣高，希望大：將那棲息白鴿絲的刺竹圍，命名爲「棲鳳竹」；庭前飼養胡鰡、吳郭魚，兼洗屎桶仔的養魚池，賜名做「化龍池」！難怪，錢秀才天未光就出門巡田水，狗未吠還在喝墨水，默唸著什麼「天青青地靈，地靈靈人傑！」

【05】

寧可食無肉，不可居無竹。

Lêng-khó si̍t bû-bah, put-khó ki bû-tek.

Lēng-kho si̍t bū-bah, put-kho ki bū-tek.

君子的居所。

　　舊時風雅之士的自我期許，表示對於居住環境的重視，勝過供養腸胃的欲求：竹必要，肉可免。君子也！

　　竹：傳統文人寓「竹」以豐富的象徵意義，例如：君子堅貞的志節，磨難無損的勇氣，潔身自愛的品性，等等。居不可無竹，含有「庭院清幽，保我健康長命」以上的道德意義。

這句俗語顯得那麼古樸，大有不合時宜之嫌，雖然頗能反映文化史的意義。對照看來，現代台灣人要求的，吃不但要「食魚食肉，也著菜合」(→22.69)，住的條件更是設想週到，摩登萬分。用一則全版廣告爲例：

版中央，有個在玩電腦的赤裸小嬰孩，其下有二寸大的鉛字：「3歲會電腦！4歲會說英語！」旁邊有個著迷的老爸喃喃自語："INTERNET...ABCDE?...? COMPUTER?"這是現代的售屋廣告。底下一公分大的字，說：

- 光纖網路規劃，小孩個個會玩電腦，人人會上網路
- 社區有雙語幼稚園，培育寶寶成爲未來資優的領袖
- 有5重門禁，居者安心，改寫台灣治安的歷史
- 內外皆美，動靜皆宜的花園俱樂部，250萬起買3房2廳

有誰在意居有竹，居無德的？電腦、英語、門禁、安全爲要。啊！

【06】

細間厝，佔會富。

Sè-keng chhù, tiàm oē-pù.

Sé-kēng chhù, tiám ē-pù.

富來小舍。

住在草茅寒舍的人，用來自我安慰鼓勵的話。說：居小房屋，將來會興旺富有。顯然，他要忍受目前小寒舍的不便，克服寒酸的自卑，發憤圖強，認眞發財。

佔：居住在(屋裏，地方)；「住」的音訓字。

【07】

滯矮厝，卡有補。

Toà é-chhù, khah-ū pó͘.

Toá e-chhù, khá-ū pó͘.

有補小屋。

　　用做警語。提醒住在「矮厝」的人務須發奮圖強，希望將來發財，來喬遷大廈。今日國人好像大多脫離小屋的生活，經濟大有改善，但這句俗語仍然有警惕作用：甘願奮鬥吃苦，矮厝可能變大廈；反之，大廈成廢墟，就真艱苦啦！

　　滯：居住也。　矮厝：竹管仔厝、土角厝，一類的小平屋。　卡有補：比較有益。

【08】

鳥鼠孔，擺八仙桌。

Niáu-chhú-khang, paî pat-sian-toh.

Niau-chhu-khang, paī pat-sēn-toh.

客廳vs.倉庫。

　　用來譏刺人，喜歡裝門面，擺派頭，把狹窄的客廳，或房間塞滿了大小傢俱，以致於出入得像老鼠穿梭小洞。真是刻薄的諷刺啊！不過，對現代住小公寓的人，頗有警惕意義。

　　鳥鼠孔：諷刺地喻指狹小的房間；原義是鼠洞。　八仙桌：八個成人坐的方桌，是傳統形式的傢俱，總是置於大廳的神座前。

【09】

近海，食貴魚。

Kīn haí, chia̍h kuì-hî.

Kīn haí, chia kuí-hî.

地利何在？

指出，同一種產品，原產地的人買，反而比分銷地的貴。句子是用海港附近的人，反而買到價格較貴的魚爲譬喻。

（本句詳解，請看326.27）

【10】

武松，歇唔著店。

Bú-siông, hioh m̄-tio̍h tiàm.

Bu-siông, hió m̄-tiō tiàm.

誤投黑店！

用來調侃人，所住的地方不好。本句借喻武松飲酒於十字坡，一間專門謀財害命，割人肉做肉包的黑店，而險遭殺害的故事。見，《水滸傳》27回。

武松：《水滸傳》裏替哥哥申冤殺人，而投梁山泊的草莽英雄，是景陽崗打虎的猛漢。俗語有「做若桃花過渡，食若武松拍虎。」(→22. 56) 歇…店：投宿於旅舍；休息於(飲食)店。 唔著：錯誤地(做了)。

【11】

居必擇鄰，交必擇友。

Ki pit te̍k-lîn, kau pit te̍k-iú.

Ki pit te̍k-lîn, kau pit te̍k-iú.

隨緣，可乎？

用做警語。提醒人注意選擇良好的居住環境，和正派的朋友交遊。荀子有言：「君子居必擇鄰，遊必就士，所以防邪僻而近中正也。」(《荀子·勸學》)

【12】

危邦不入，亂邦不居。

Guî-pang put ji̍p, loān-pang put ki.

Guī-pang put ji̍p, loān-pang put ki.

大膽西進？

　　用做警語。勸人不要到貪官污吏處處、謀財害命層出不窮的地方去觀光旅行，或經商，或居住。源自，《論語‧泰伯》：「篤信好學，死守善道，危邦不入，亂邦不居。」

　　先人這句箴言，對今日的台灣人，應是當頭棒喝！君不見，台商在中國被謀財害命，被綁架勒贖，被公安勒索的；團體或個人在中國觀光而遭受到劫財害命，詐騙失財的，據海基會最保守的統計，自1991以來的刑事案件有423件。(→《自由時報》1998(4.17): 3)——為甚麼台商要冒死「西進」呢？為甚麼台灣人要捨平安的旅遊而去「冒險」呢？

【13】

庄頭有親，隔壁有情。

Chng-thaû ū chhin, keh-piah ū chêng.

Chng-thaû ū chhin, ké-piah ū chêng.

我甜美的故鄉！

　　形容舊時母國台灣，敦厚溫馨的農村社會。意思是：「庄頭」有的是患難相扶持的親戚；「隔壁」住的是親切交誼的鄰人。

　　庄頭：由大馬路，或都市進入本庄入口的地段。　有親：有親戚，或親情的朋友。　隔壁：鄰居也。　有情：互相照顧扶持的感情。

　　親人朋友和睦相親，住在同一個村裏，是多麼美好的事啊！

古以色列人有一首讚揚兄弟愛的詩：

> 弟兄和睦相處
> 是多麼幸福，多麼快樂！
> 這好比珍貴的香水，
> 從亞倫頭上流到鬍鬚，
> 又流到他的衣襟。
> 這好比黑門山的甘露，
> 降落在錫安的群山上。
> 在那裏上主應許賜福——
> 賜下永恆的生命！❷

【14】

一位佔，一位熟。

Chi̍t-uī tiàm, chi̍t-uī se̍k.

Chi̍t-uī tiàm, chi̍t-uī se̍k.

第二故鄉？

舊時的新移民用來自我安慰。說，既來之，則安之也；新居地，將成為我安住的地方。

一位…一位：*到處，處處*。 熟：*(人、物、環境)熟悉、理解，適應*。

這句俗語，對現代移民到世界各地的台灣人有話要說：別想讓地主國的人先來歡迎您，而是先去「學習」適應他／她們，欣賞他／她們的文化優點，理解他／她們社會的種種；有錢有力的，盡量貢獻當地社會，認同當地。有朝一日，當您在德國的火車上吃自製的午餐時，也啃起幾顆乒乓球大小的紅菜頭，吃起二三片吉士全麥麵包，喝幾口礦泉水的時候，表示您適應得差不多

了。——至於，帶肉粽，嚙鴨爪，喀瓜子，喝燒酒的，則應該趕緊退還護照！

先人賢良萬分，他／她們「一位佔，一位熟！」善與人同地入境隨俗。

【15】

本地香，繪芳。

Pún-tē hiuⁿ, boē phang.

Pun-tē hiuⁿ, bē phang.

MIT如何？

舊時，台灣人發現本地製品，材質欠佳；驚嘆外國大小製品都好。譬喻是：進口香，馨香強度遠超過本地的。

香：指宗教儀禮用的線香或爐香。印、阿、中，等等，古老的民族都普遍用「香」；分為焚香、化裝、調味等類。焚香或撒香的宗教意義豐富：表示神聖的臨在；對死者的撫慰；祈禱的象徵；污穢的淨化（purification）；神佛的迎送等等。❸

但願這句俗語是理性的反省，迎頭趕上的自覺，而不是自卑的發洩或嘲笑。不過，時過境遷，我們喜見MIT，台灣製的品牌，飄香國際，不論是電子產品、運動用具，或是學者專家。

【16】

在厝賤，出厝貴。

Chaī-chhù chēn, chhut-chhù kuì.

Chaī-chhú chēn, chhut-chhú kuì.

產地較粗俗。

斷言，農產品，或是一般手工藝品，在原產地的價格，都比外地分銷的價格賤。其主要原因在於「賤」字：俯拾皆是，有誰稀

罕？徹底了解，沒啥價值！一旦美化包裝、高價輸出，須要的消費者自然認價購買，何賤之有。

先人說，物「在厝賤，出厝貴」；但是，人「在厝貴，出厝賤」。理由是：在家，可能養尊處優；出外，大小事都得自己動手——可能是沙文主義者的鬱卒。

在厝：（人、物）在本地、本國。　出厝：（人、物）輸出到外地、外國。

【17】

在厝朽刺桐，出厝奇楠香。

Chaī-chhù aù chhì-tông, chhut-chhù kî-lâm hiuⁿ.

Chaī-chhù aú chhí-tông, chhut-chhù kī-lām hiuⁿ.

用法和意思類似上一句。

本句用對偶反對式的修辭法，來表現出人、物「在厝」和「出厝」的身價的差別；其價值有天淵之差：「朽刺桐」對「奇楠香」！前者，路旁野生雜木；後者，善男信女敬神的香料。

刺桐：又名山芙蓉，高大喬木，高達20公尺，樹皮灰棕色，枝淡黃色至棕色，密被灰色絨毛，有黑色圓錐狀刺。野生的，種植做行道樹。❹　奇楠香：香料。❺

上面二句俗語，對「物」而言，頗有道理；對「人」來說，頗不可能，因爲「牛就是牛，牽到北京嘛是牛！」(→12.26)北京牛，牽來我國台灣，嘛是牛。孔聖人說得更入骨：「朽木不可雕也！」（《論語‧公冶長》）也許，只有在涅槃和天國，戀人、賤人、罪人，才有超脫、得救的可能性——現實的人間貴賤分明，有什麼辦法？

【18】

人知，厝識。

Lâng chai, chhù bat.

Lāng-chai, chhú-bat.

老鄉親也。

　　用來自稱，在同一個地方住了很久，是本地的男女老少所認識的人；當然，也認識本地的一家一戶、一草一木。這樣說，乃是委婉地表示他／她一向為人正派，信用好，有夠力，黑白兩道都很吃得開。這句俗語還可攜帶彈頭，發射出：不像某某人之「惡名昭彰」！本句，用的是倒裝句法，動詞「知」、「識」在後，受詞「人」、「厝」在前。

　　人知：知道他／她是誰。　厝識：認識他／她住的地方。

　　誠然，「人知，厝識」有其溫暖的一面，特別是對於一個老人來說。廟埕有走棋畫仙的老伴；菜市仔口，賒幾碗「蚵仔麵線」來吃，沒啥；醫生館看病，還不是年底來結賬的！反正，都是熟人嘛。

　　然而，「人知，厝識」有其缺點：一種嚴重的，有時甚至是無情的，社會控制啊！言行舉止都得套入看不見的傳統模式；中規中矩還好，稍有差池，那就很難贖回了──說什麼：「對面街那個小流氓，現在也當選什麼議長啦！」「曾幾何時，挑扁擔跑大路的YY，也煞出了NN財團的總理！」──好像，人只能活在「過去」，新的可能性和自由都不存在的樣子！

　　幸或不幸？住在都市的人，就是同一棟公寓，鄰人老死不相往來；火燒厝之外，互不敢，不願「驚動」對方──「屍臭」報喪，時有所聞！自從萬物之靈「進化」到人類動物園以來，「人知，厝識」已經是古早古早的代誌了。我們不知道，圓山的大小猢猻有什麼感想？

【19】

有庄，佔到無竹圍。

Ū chng, tiàm-kaù bô tek-uî.

Ū chng, tiám-ká bō tek-uî.

遷居公寓的老人。

　　老人委婉地說，自己是本庄的長老，從古早古早用「竹圍」衛護的小庄，一直住到現在庄庄相連，沒有竹、沒有圍的大社區。

　　竹圍：舊時小農庄四週用刺竹圍住，以別內外，以便守衛。　　**無竹圍：**人口增加，庄擴展成比較大的社區，舊竹圍自然拆毀。

　　看到這句俗語，悲如泉湧。這位親身經驗著竹圍消失的庄社老人，心內的震撼和痛苦，豈是大資本家、政治人物、白領階級人士所能體會的。竹圍消失了，竹管厝、土角厝拆掉了；浮現出東一區「長命毒化九廠」，西一座「富貴製癌核電站」；他／她老人家傾家動產，被迫來貸款一小間工場旁邊的「海沙輻射公寓」。

　　竹圍砍掉了，亮起了毀壞自然環境的紅燈！看，我們美麗的母國不再：

　　　　高山破壞了，森林消失了，河川死亡了。

　　　　海洋破壞了，魚蝦消失了，珊瑚死亡了。

　　　　社會破壞了，愛心消失了，道德淪喪了。❻

　　要用多大愛心，多少金錢，多久的時間才能贖回她們呢？啊，深願蹂躪大地，謀殺眾生，財迷心竅的黑官、奸人……

【20】

在厝日日好，出厝朝朝難。

Chaī-chhù ji̍t-ji̍t hó, chhut-chhù tiau-tiau-lân.

Chaī-chhù ji̍t-ji̍t hó, chhut-chhù tiāu-tiāu-lân.

四海爲家！

舊時，遊子的告白。感慨出門在外的艱難，不比在家裏的方便舒適。這句諺語流行廣泛，有多種的形式：《格言諺語》作「在家千日好，出門事事難／一時難」，其他章回小說有作「在家千日好，出門片時難／出外一朝難」的。

現代人的運命是「出厝」、「出門」嗎？難道四海眞的能夠爲家嗎？有多少人有充分的能力來處處爲家？耶穌基督說過一則「遊子的故事」：

> 有一個少爺，變賣父親分給他的產業，就到遠方去了。他在外地過著放蕩的生活，花盡了所有的錢財。禍不單行，遇到該地大饑荒，連乞食豬的飼料來充飢也不可得。
>
> 這時，他忽然醒悟過來，對他自己說：「難道我要餓死在這裏嗎？我要起來，回家去！」
>
> ……

　　（→《聖經・路加福音》15:10-31）

家，是遊子的歸依；地球村，是要人和富豪的社交大廳（lobby）！──鍵下了這幾句話之後，恍惚看到一隻展翅東飛的白頭翁。

【21】

豬岫唔值著狗岫穩，狗岫燒滾滾。

Ti-siū m̄-ta̍t-tio̍h kaú-siū ún, kaú-siū sio-kún-kún.
Tī-siū m̄-ta̍t-tiō kau-siū ún, kau-siū siō-kun-kún.

溫暖的寒舍！

可能是做客後，回到家裏的感觸吧。意思是：還是自己的家，住起來比較溫暖，雖然富貴人家的房間豪華。──本句的

「豬岫」或「狗岫」不能直解，它須要在「岫」這個寓意的表象來了
解。類句有，「綢岫唔值草岫穩，草岫燒滾滾。」綢緞做的被窩雖
然高貴，是別人的；草鋪雖是粗陋，卻是自己的安樂窩。

　　本句，漢學家許成章寫成「豬宿不達到狗宿穩。」他解釋說：
「喻保守者無見異思遷心態。蓋狗窩比豬窩乾燥又乾淨。可以穩
住，穩睡也。但以狗窩做為住生活之滿足標準，無乃太低乎？罵
得過且過之人，其語言功力入木三分。」❼──我們認爲這句俗
語原無罵人的意思，自嘲的成分比較多。

　　豬岫：豬睡覺的所在。　唔值：不如。　狗岫：狗窩。　燒滾
滾：形容非常溫暖。

【22】

當庄土治，當庄聖。

Tong-chng thó·-tī, tong-chng siàⁿ.

Tōng-chñg tho·-tī, tōng-chñg siàⁿ.

管區大人也。

　　喻指本地的長老或是有力人士，袒護的還是本地人。所用的
表象是「土治」，祂是一方的小神祇，職責是護祐其管區裏的人
民、牲畜、五穀等等。

　　當庄：本庄。　土治：土治公也。　聖：神威顯赫。

　　(參看，「得失土地公，飼無鷄。」337.05)

注釋

1. 德國《明鏡週刊》(1995.2.6)根據我國「新環境基金會」報告等資料，
   報導：「1994年初台灣資源亮起警訊，數十年之濫墾後，現在大地
   向人反撲，18%自來水無法飲用；90%河川受到重金屬污染，50%
   耕地已受損⋯台灣人生活在豬舍裏，無遠見的成長政策與貪污腐化
   使得這島變成一座城市煉獄，再也無法恢復舊觀。」(見，林子銘引
   用，在「政府的決策資訊」《自由時報》(1998(1.16):11)。按「環保團
   體估計，至少需4000億美元才能消除環境污染，正是台灣引以為傲
   的外匯存底的五倍。」(見，《中央日報》1995(2.10):7)。
2. 見，《聖經‧詩篇》133篇。這是一首讚揚兄弟愛的詩歌。詩人用大祭
   司祝聖的四處飄散的香水，青山綠野所承受的珍珠般的甘露，來喻
   指兄弟姊妹的愛是上帝所賜福的，永遠的生命。詩人呼籲用這樣的
   感情來重建猶太人從被俘之地回來的社團。詩的作成年代可能在公
   元前第四世紀初之後不久。有幾個名詞，簡注於下：
   亞倫：以色列祭司族的祖先，此詞後來成為以色列祭司的代名
   詞。　黑門山［Hek-bûn-san, Mt. Hermon］：在敘利亞境內，高
   3030公尺，是北巴勒斯坦的最高峰，頂峰終年積雪，山水流通約旦
   河。　錫安山：以色列國的小丘，耶路撒冷聖城建造於此，標高
   200公尺。她是猶太教、基督教和伊斯蘭教的聖地。
3. 參看，小口偉一等編《宗教學辭典》(東京：東京大學出版社，
   1974)，頁141, 192–193。
4. 參看，「刺桐皮」《中藥大辭典》，頁1941。
5. 參看，「奇楠香」陳修《台灣話大詞典》，頁855。
6. 高榮祥「我們的高山與海洋⋯」《自由時報》1997(12.17):11。
7. 許成章「台灣諺語賞析(四)」《台灣文化》(1987年第四期)，頁33。

第四節　外出、外地

本節分段：

外出旅途01-11　他鄉外里12-17　旅人外人18-20　搬家遷徙21-25

【01】

盤山，過嶺。

Poâⁿ soaⁿ, koè niá.

Poāⁿ soaⁿ, koé niá.

翻山越嶺。

　　形容旅途艱難，所經過的地方必須穿越高山峻嶺。顯然，這不是踏青郊遊，也不是登山活動，很可能是先人渡海來台之後，要從西部到東部謀生，經過台灣中央山脈的素描。

　　盤山：攀旋以翻越山脈。　過嶺：穿越山嶺。

【02】

路頭，車起抵天。

Lō·-thaû, chhia-khí tú-thiⁿ.

Lō·-thaû, chhiā-khí tu-thiⁿ.

目的地遠在天邊。

　　旅人到達目的地的時候，回顧經過的遙遠路程，所發出來的感慨。意思是：路途之遙遠和艱難，如同登天。

　　路頭：路程也，從路的這個起頭，到那個盡頭。　車起：奔騰也，字面義是「翻動」；陳修《台灣話大詞典》將此詞好像當做「講起來」用。 ❶

【03】

行到會呼鶏，艙歕火。

Kiâⁿ-kaù oē khoˊ-ke, boē pûn-hoé.

Kiāⁿ-ká ē khōˊ-ke, bē pūn-hoé.

「走死」人了！

　　用法類似上一句。說，累死人了，走到有氣出，無氣進！這是整天不停地「盤山，過嶺」，體力透支淨盡，所發出的疲倦又無奈的怨嘆。

　　行到：路走到(身體不支)的程度；到[kah]，表程度，不表抵達(某地點)。　會呼鶏：喩指軟弱無力，只能吐氣。　艙歕火：吹熄不了燭火，因爲已經沒有力量呼吸了。

【04】

無錢，行無路。

Bô-chîⁿ, kiâⁿ bô-lōˑ.

Bō-chîⁿ, kiāⁿ bō-lōˑ.

門外盡皆錢路。

　　用來自嘲。寸步難行，閑懶在家，原因無他，阮囊羞澀也。

　　行無路：喩指無能在外交際應酬，或其他活動。

【05】

乞食，過溪行李濟。

Khit-chiȧh, koè-khe hêng-lí chē.

Khit-chiā, koé-khe hēng-lí chē.

行李累累贅贅。

　　用法有二：一、比較常用的，自嘲或調侃人，只是一二天的外出，拉拉雜雜的東西帶了一包又一包。二、罕用的，看到別人

搬家，譏笑他／她傢俱雖多，但沒有一件是有價值的東西。句裏的譬喻表象是：帶了大一堆零零碎碎的東西，來轉換「營地」的乞丐。先人把乞友所攜帶的大小破茭織美化做「行李」，眞是刻薄；把他們的流浪說成「過溪」，也眞是欺人太甚！

過溪：喻指短距離外出；字面義是從溪的這邊涉水到溪的對岸。 **茭織**［ka-chì］：鹹草織成的袋子，是乞友起碼的裝備，台灣俗語有：「做乞食，也著一腳茭織本。」

【06】

有路，唔搭船。

Ū-lō͘, m̄ tah-chûn.

Ū-lō͘, m̄ tá-chûn.

交通安全第一。

舊說，儘量走陸路，認爲車馬的運輸比水路的船舟安全。先人的時代，「搭船」是危險的，是不得已的冒險。因爲造船技術和氣象預測都不發達，又有無數海盜；唐山蛇頭，都敢把偷渡來台灣的人「放生」、「種芋」！

談到陸路，姑不論舊時的「山東響馬」(→235.15)，現在的陸上交通又如何呢？電影導演林淸介，拍下我國隨時可見的街頭記錄片：

- 一個頂著大肚子的主婦一手提菜籃，一手牽著小孩。從馬路的這一頭要穿到對面的菜市場……主婦和小孩在車陣中穿梭，並且從臨時架設的分割島中間空隙，低頭彎腰穿過。
- 路旁停放著一輛雪白嶄新的進口車，另一輛車經過，車窗搖下來的同時，有一個人探頭對著雪白渾圓的車屁股，吐

了一大口鮮紅黏稠的檳榔汁，然後揚長而去。

- 在高速公路上，一個酒醉又疲勞過度的駕駛人，造成五死十二傷的大車禍。一位因爲價碼談不攏的吊車司機，冷眼看著二位受害人被壓在大卡車下，然後掉頭離去。(《自由時報》1997(12.19):11)

雖然，我們已經不必爲出門「搭船」的安全操心，但我國的交通安全，則仍須大大掛心哦！深願大家嚴守交通規則，快樂出門，平安回家。心之虔誠祈願也！

【07】

路於嘴內，問著知。

Lō· tī chhuì-laī, mn̄g tiȯh-chai.

Lō· tī chhuí-laī, mn̄g tiō-chai.

所謂活地圖。

舊時，父母用來教導兒女，當不能確定何處是目的地，或是迷路的時候，可用問路來解決困難。

新新人類，比較不習慣問路的樣子，他／她們可能比較喜歡「地圖」或「旅遊便覽」一類的物件。上一代的人，不論是台灣人，美國人，「路於嘴內」是個普遍的信念吧！而且都是相當「不恥下問」的。筆者出入於萊茵河畔美麗的M市，就時常遇到問路的各國觀光客。

(參看，「好嘴好斗，去問著一個啞口。」318.19
　　　　「無名無姓，問鋤頭柄。」319.20)

【08】

紅燈停，綠燈行。

Âng-teng thêng, lėk-teng hêng.

Āng-teng thêng, lėk-teng hêng.

大人在此！

台灣的新俗語也。用法有二：一、用來教育新時代的人，遵守交通號誌，以保行的安全。二、村老看到交通燈「法力」無邊的驚嘆：小小紅綠燈，眞是權威高高在上，就是日本大人都自嘆不如！

【09】

散厝，無散路。

Sàn chhù, bô-sàn lō˙.

Sán chhù, bō-sán lō˙.

多帶些錢吧。

　舊時，小孩要出遠門，或是出外辦事，父母兄姊總是給他／她多帶些錢，以備不時之需。這是很有智慧和慈愛的做法，因爲古今相同：「出門一時難」，出門步步要錢啊！

　散厝：在家可以不帶錢，字義是「在家裏窮」。 　*無散路：出門則須要足夠的錢才方便，字面義是「路上不窮」。*

【10】

有錢無錢，也著腹肚圓。

Ū-chîⁿ bô-chîⁿ, iā-tiȯh pak-tó˙ îⁿ.

Ū-chīⁿ bō-chîⁿ, iā-tiō pat-tó˙ îⁿ.

阿母的叮嚀！。

　舊時，兒女出外謀生，父母總是再三吩咐：不論賺多賺少，一定要好好照顧身體，要吃飽，穿暖。句裏可愛的圖像是「腹肚圓」，一個吃得好飽的男生！啊，眞是戀父母，沒賺，那有圓肚

的可能呢？不過，愛心總帶些傻氣。

　　還有，「腹肚圓」表示認眞工作，生活正常，三餐飽足的可能報酬。當今小姐出外打拼，幾乎處處都有「上班」的機會，要賺個「腹肚圓」還不容易。但請小心哦！人家阿母說的是：「查某囝，有錢無錢，無要緊；『腹肚圓』，大麻煩也！」

【11】

在厝日日好，出厝朝朝難。

Chaī-chhù ji̍t-ji̍t hó, chhut-chhù tiau-tiau-lân.

Chaī-chhù ji̍t-ji̍t hó, chhut-chhù tiāu-tiāu-lân.

所以不敢遠遊也！

　　舊時，遊子的感慨。在家裏方便舒適，出門在外隨時可能遇到艱難。

　　　（本句另解，請看23.20）

【12】

過爐香，卡芳。

Koè-lô͘ hiuⁿ, khah phang.

Koé-lō͘ hiuⁿ, khá phang.

其來有自！

　　用來讚嘆，也被用來諷刺，外來物品比本地的好，大受歡迎。譬如是：香一旦「過爐」，則香氣強烈度增加千百倍──割香客如此說道。

　　過爐：子廟、小廟往母廟或名廟進香，神像和香料通過該廟香煙裊裊的香爐，來感受其神威的儀式 ──宛如電池之充電也。　卡芳：比較（原香）芳香。

　　　（請參看，「過鹹水的。」233.04）

【13】

豬仔，過槽香。

Ti-á, koè-chô phang.

Tī-á, koé-chō phang.

全盤西化！

　　用來諷刺人盲目崇拜外來一切的產品、物件，認爲都比本地、本國產的優良。本句的譬喻是：本稠的小豬，衝進別稠的豬槽猛吞飼料，誤以爲別槽的食物較香。

　　過槽：（豬由本槽）衝到別的飼料槽（搶食）。

【14】

別人的屎，卡芳。

Pa̍t-lâng ê saí, khah phang.

Pa̍t-lāng ē saí, khá phang.

　　意思和用法類似上一句。

　　但是，本句表現著一股強烈排外的情緒，頗有本世紀一二十年代，中國傳統文人反對西化的那種語氣。從修辭上看，這是反諷句式；酸刻又缺乏自信地說，別人的，都是臭屎。類句有「外國月亮，卡圓。」

【15】

在厝賤，出厝貴。

Chaī-chhù chēn, chhut-chhù kuì.

Chaī-chhù chēn, chhut-chhù kuì.

洋貨也。

　　斷言，外地或外國產品，其品質好，其價格自然賣得比較高

的價位。這樣解釋是把第二分句當做強調點。反義句有，「在厝貴，出厝賤。」請注意，這句俗語談的是「物件」，不是「人」。請比較「物離鄉貴，人出鄉賤。」(→.20)

(本句別解，請看23.16)

【16】

在厝朽刺桐，出厝奇楠香。

Chaī-chhù aù chhì-tông, chhut-chhù kî-lâm hiuⁿ.

Chaī-chhù aú chhí-tông, chhut-chhù kī lām hiuⁿ.

用法和意思類似上一句。

這句俗語對盲目崇拜外來的人物者，頗有提醒作用。「朽刺桐」不論送到如何先進的國家製作，或是如何美化包裝，是不可能變成「奇楠香」的。不過，妄想或是諷刺「朽刺桐」變「奇楠香」，也是不健康的心理。急須做的，該是趕快整地栽培，使「草地，發靈芝」！

(本句別解，請看23.17)

【17】

休戀故鄉生處好，受恩深處便爲家。

Hiu loân kò˙-hiong seng-chhù hó, siū-un chhim chhù
　　piān uî-ka.

Hiū loân kó˙-hiong sēng-chhù hó, siū-un chhīm chhù
　　pēn uī-ka.

遊子尋家。

描寫一個離鄉背井的人，一面懷念記憶猶深的回不去的家鄉，一面體會目前溫馨有愛的環境，好像讓他／她感恩地認同爲老家。語見，吳瀛濤集《格言》。

　　《韓詩外傳》有言：「代馬依北風，飛鳥棲故曹。」北馬，聞朔風的呼喚而要奔回北地的原野；候鳥，隨著溫情的感動而要飛歸老窩。有福了，有值得思念的故鄉的人！

　　人各有不同的「理由」或「沒有理由」離開故鄉，像李商隱的「乘運應須宅八方，男兒安在戀池隍。」(《題漢祖廟》)太「崇高」了，可能不是現代人所願意了解或認同的。

　　這句俗語所強調的「受恩深處便爲家！」乃是天經地義！不以受恩之處爲家，要以什麼爲家？要以從未喝過一口水，吃過一粒米的「中華祖國」爲家嗎？君不見，那些從中國移民到南洋諸國有數百年的「明國人」「清國人」，早已落籍爲別國之民，但大多還堅持著「中國人」的霸氣，視當地人爲「野番」。他們勾結權貴黑官，佔據本地大部份資源，但知一家暴富，不願回饋社會。反華殺華慘案，豈無作孽的惡因？

　　然而，爲甚麼有些人情願一生，或是一段年日，獻身原無恩無情於他／她的台灣、中國、世界各地，來從事醫療、傳道、敎育、社會服務呢？單要愛惜有恩於己的國家社會已經很難，何況是別人的！

　　先人這句話，對於以利爲義，缺乏世界觀、人類愛的人民，有話要說！

【18】

流水，燴臭。

Laû chuí, boē chhaù.

Laū chuí, bē chhaù.

沒有發臭的時間吧？

　　斷言到本地來謀生的外地人無害，他／她們好像暢流的水，

不會發臭。類似句有，「流水無毒，流人艙惡。」

啊，善良單純的台灣祖先，您們眞是「唔知天地幾斤重！」（→231.23）您可知道，戰後一幫「流人」，如何凌辱、搶奪、殺害您的後裔！不信的話，請看前衛出版社刊行，George Kerr著，陳榮成譯的《被出賣的台灣》吧！

對不起，我無法同意您這句俗語，請您收回，以免誤導後世！「流水」，必要看是什麼樣的流水，其源流是什麼，水質又是什麼？又毒又臭的流水，豈有「艙臭」的道理？流經之處，眾生遭殃，慘受污染腐化！

據說，您們從唐山侵入台灣的時候，也是硬軟兼施，用搶，用騙，用殺害，來對待原住民兄姊。您們也曾是有毒的流水呀！您們宛如從黃河，從長江，從珠江氾濫而來的洪水！爲甚麼製造這句謊言來欺騙我們呢？

但願，母國台灣永遠流暢著甘泉活水，來滋潤蓬萊仙島！

【19】

孤鳥，插人群。

Ko·-chiáu, chhah lâng-kûn.

Ko·-chiáu, chhá lāng-kûn.

遊子的實況。

用來形容孤獨的出外人，進入陌生的社會的感受。譬喻是：孤單的失群飛鳥，無力繼續飛行，只好迫降到「人群」之中。當知，人類社會複雜得很：有收養的，有醫治的，有送交鳥園的，也有賣給「烘鳥仔枝」的！其前途坎坷危險，盡在不言之中。可憐！

烘鳥仔枝：在炭火上紅燒，烤得香氣遠飄。台南市某街有三代祖

傳的「燒鳥」，據說烤的是害鳥麻雀。

　　——「離鄉背井的人，正像鳥兒離巢遠飛。」(《聖經‧箴言》27:8)

【20】

物離鄉貴，人出鄉賤。

Bu̍t lī-hiong kuì, jîn chhut-hiong chiān.

Bu̍t lī-hiong kuì, jîn chhut-hiong chēn.

遠來和尚會念經？

　　舊說，人一旦到了他鄉外里，沒有人認識他／她，隨即成為陌生人，招來當地人的輕視。本句俗語重點是「人」，強調出外被輕「賤」。請比較談「物」的俗語：「在厝賤，出厝貴。」(→.15)

　　但是，當今台灣社會，卻很相信「遠來和尚會念經」。這不是反諷哦。君不見，不論佛教、道教、基督教，舉行大型法會，醮祭，佈道，都是「遠來」的所謂大高僧、大天師、大佈道家來主持的；學術界也沒有例外也。

　　另一方面，據說美國IMB個人電腦的重要器官好多是MIT的！物如此，人如何？難道出鄉非得變成賤人？當然不能一概論人，但多數台灣移民好像並不很如意哦！美國「華僑」明兮在「…『走』未必上策」一文寫道：

　　　　朋友當中，有的是在台灣退出聯合國時來的，有的是在中美斷交時來的，不論先來後到，每個移民都有一段辛酸史，回顧來時路，都不勝噓唏。

　　　　當初耽心台灣…危在旦夕…。當初為了兒女的教育而效孟母三遷，結果兒女變得不中不西，好的沒學到，惡習全染上。

　　　　…不論移民動機如何，心裏一定要有「得了天空，卻失去大地」的準備……(《中央日報》1997(4.8):7)

　　移民到自由文明的國家，頗可能「得了天空，卻失去大地！」
若落地於相當落伍的國家，要如何是好啊？

【21】

貓，徙岫。

Niau, soá siū.

Niau, soa siū.

搬家專門。

　　用來諷刺人，動不動就搬家，如同剛生產的母貓知道窩被人
看見時，就咬著幼小搬家。──貓爲了「安全顧慮」而徙岫，人搬
家不能沒有理由吧？可是，多搬幾次的話，豈只是熟人閒談的
「貓母」，而已經是「走路」的嫌犯了。

　　徙岫：搬（貓）窩；岫，禽獸的巢穴也。不能說：「毛先生，怎什
麼時要徙岫？」因爲，人搬厝，毛先生喬遷，而貓嫂狗兄才是徙岫
的。

【22】

鳥鼠仔，搬生薑。

Niáu-chhí-á, poaⁿ chhiⁿ-kiuⁿ.

Niau-chhi-á, poāⁿ chhīⁿ-kiuⁿ.

　　意思和用法類似上一句。

　　這是先人豐富的想像所產生的一幅極富「漫畫」色彩的圖像。
老鼠有咬物屯積的習性，但薑非其食物，棄之有違天性，所以每
次搬岫，只好運薑壯行了。

【23】

徙岫鷄母，生無卵。

Soá siū ke-bú, siⁿ-bô nn̄g.

Soa siū kē-bú, sīⁿ-bō nn̄g.

人不定性事難成。

舊時，老母用來責備查某囝「無篤定」，毛毛噪噪，不能專心讀書或是做工，終會一事無成。罵她像「不安於室」的母鷄，生不了蛋——可能像阿母，很會生囝哦！

無篤定[bô-tek-tiāⁿ]：心性不定，身體動靜失調。

【24】

三日徙東，三日徙西。

Saⁿ-ji̍t soá tang, saⁿ-ji̍t soá sai.

Sāⁿ-ji̍t soa tang, saⁿ-ji̍t soa sai.

另類浮游生物。

指人居無定所，常常遷來搬去。本句含有負面的意思，暗指他是一個羅漢腳，「戶口枋仔，吊於電火柱」(→132.41)之徒。

三日…三日：常常，短時間內。　徙東…徙西：到處遷徙。

【25】

大甲溪放草魚——一去不回。

Tāi-kah-khe pàng chhaú-hî——it-khì put-hoê.

Tāi-ká-khe páng chhau-hî——it-khì put-hoê.

失落的遊子。

傷心、失望地指出某人已經離開故鄉久矣！音訊全無，生死不明，宛如「草魚」游進「大甲溪」，一眼都不願回顧地，遂波流入台灣海峽。這句是歇後語，用解釋句「一去不回」來說明草魚入大甲溪的可能後果。

大甲溪：我國第四大溪，全長140公里，流域面積1,236平方公

里。發源於中央山脈的雪山及南湖大山。洪水時流量驚人，每秒10,600立方公尺。❷ 草魚：我國的淡水魚也，嬌生慣養地長成在食物豐盛的池塘裏。因爲她喜歡吃靑翠的草，主人乾脆就叫她做草魚（*grass carp*），魚博士認爲好魚應有好名，於是給她一個莊嚴的戶口名：*Ctenopharyngodon idellus*。

阿達(Aki)出身於大甲附近，然後搬家上台北，飛黃騰達於日本，再飛去US。留日時期某日，他發見日本鱒魚(Salmon 鮭魚)，出溪下海去奮發，「大尾」又「飽肚」以後，不論離家多遠，到時候都游回來日本故鄉傳宗接代，歸根落葉。

阿達正在感動得流鼻水的時候，忽然驚覺咱台灣人所愛惜的「草魚」，大大不同於日本鱒魚，大多一進入大甲溪，就誓死不還，從台灣海峽一直游到天涯海角。

於是，阿達立下弘願，一定要回國服務，貢獻他的能力。您可知道阿達怎樣準備回國呢？他說：「今仔日，我有福氣tī美國tú著『台文通訊』這個飲水思源的團體，練習用台文來寫作，對我來講是心靈上準備欲轉去我ê故鄉大甲溪。」❸

據悉，台灣養育鱒魚的大事業也已經相當成功了，且不讓日本鱒魚專美於前哦！根據社會學者蕭新煌的研究，台灣雖有潛在的移民潮，但是，他說：

> ……近年來出現了移民回流的和轉向的趨勢。不但在數量上增加，在性質上也趨向以高級商業與技術人才爲回流的主力。這包括高學歷，在海外已有若干成就基礎的專技人才，如工程師、航太人才、律師、以及有豐富商場經驗的投資人才，他們帶回來的也是專業經驗、關係和資本。(《中央日報》1995(3.26):7)

母國台灣，代有賢能，人才濟濟，紛紛歸來。嘉哉！然而，

永續美麗仙島尤須「本地的」教育、政治、宗敎、文學、藝術，等等專家的參與哦！

注釋

1. 陳修解釋做：「路途講起來有抵達天那麼遠。」陳著《台灣話大詞典》，頁384。
2. 參看，陳正祥《台灣地名辭典》(台北：南天書局，1993)，頁38。
3. 本句釋義的例證，改寫自，阿遠的「大甲溪放草魚」。見，《台文通訊》No. 53.1998(6.1):5。

第五節　戲曲、遊玩

本節分段：

演戲看戲01-14　歌曲吹奏15-18　棋藝遊戲19-24　遊玩覽勝25-28

【01】

一口道盡千秋事，十指弄成百萬兵。

It-khaú tō-chīn chhian-chhiu-sū, si̍p-chí lōng-sêng
　　pah-bān-peng.

It-khaú tō-chīn chhēn-chhiū-sū, si̍p-chí lōng-sēng
　　pá-bān-peng.

布袋大明星也。

　　一語道盡演布袋戲的主要方法：「一口」說故事，「十指」演戲齣。這句在修詞上極具誇張之美，把布袋戲主要演出的稗官野史，民間故事，說是「千秋事」；二三只布偶，說成「百萬兵」！

　　千秋事：古早古早的故事也，字面義是「千年事」。

　　掌中班的表演者，口才都是一流的，把「無魂有體」的布尪演活，演得觀眾入迷。尤其是他們的台灣話，文白融貫，詩詞交輝，自成一格；談情說理感人，嘲諷咒罵則叫人氣憤！陳明章、黃靜雅的「掌中歲月」，可窺見布袋戲台詞之一斑：

　　　　行過坎坷一生［Kiâⁿ-koè kham-khiat it-seng］

　　　　天地戲人［thian tē hì lâng］

　　　　走過柴屐人生［kiâⁿ-koè chhâ-kiah jîn-seng］

　　　　戲衣無情［hì-i bû-chêng］

富貴啊浮雲[hù-kuì-ah phû-hûn]

人生亦宛然[jîn-seng iā oán-jiân]

美夢無了時[bí-bāng bô-liáu-sî]

掌中找無你[chiáng-tiong chhoē-bô lí]

（口白）

無情現實待時機[bô-chêng hiān-si̍t thaī sî-ki]

漂泊心稀微[phiau-phek sim hi-bî]

誰人為我講是非[suî-jîn uî goá kóng sī-hui]

誰者有正義[suî-chiá iú chèng-gī]

悠悠風吹透暝日[iu-iu hong-choe thaù mî-ji̍t]

超脫悟真理[chhiau-thoat ngō͘ chin-lí]

眾嘍囉啊！[chèng chhe-lô ah]

噓[hì]——

有事報吾知情[iú-sū pò ngó͘ ti-chêng]

無事退下[bô-sū thè-hā]

是[sī]——❶

【02】

劍光三錢，掌心雷二錢。

Kiàm-kong saⁿ-chî, chiáng-sim-luî nñg-chî.

Kiám-kong sāⁿ-chî, chiang-sīm-luî nñg-chî.

醫生也瘋狂！

　　諷刺地，形容布袋戲迷人之深，連華陀也為之開出千古未有的奇方，清楚反映著民間普遍喜愛布袋戲的情形。同時，本句巧妙地用戲藝和醫藥詞彙，構成極幽默的暗喻。

　　背景：昔日，鹿港有一位名醫是標準布袋戲迷。某晨還在夢

見昨夜觀賞的「火燒紅蓮寺」，正邪二派大仙「劍光」和「掌心雷」的激鬥高潮。忽有病患叩門求診。醫生稍爲聞聲切脈之後，開了處方給藥店辛勞合藥。辛勞一看，驚駭萬分，但見藥單上面用濃墨寫道：「劍光三錢，掌心雷二錢，甘草……」

劍光：布袋戲劇中老劍仙所發射的飛劍也。　掌心雷：布袋英雄徒手施放，威力無限雷彈。　錢：3.75gm, 1/10兩（漢藥、黃金等微量物資的重量單位）。

談到布袋戲，應該知道我國布袋戲的大師李天祿。李老先生在今年813病逝於台北縣三芝鄉，享壽90歲。他演完82載布袋戲，桃李滿天下，名揚國際。大師一生榮獲國內外多項藝術大獎，有教育部的「民族藝術薪傳獎」，法國文化部的「文化騎士勳章」等等。告別式有各界名人前來追悼，極盡哀榮。

但願，這是一個契機，刺激布袋戲這個頗有台灣本地文化意味的戲藝的發展，創造出演技、劇本、語言、配樂，等等，更高度的精緻化、藝術化，來和中國的京劇、歐洲的歌劇平駕齊驅。

【03】

一暝看到天光，呣知皮猴一目。

Chit-mî khoàⁿ-kaù thiⁿ-kng, m̄-chai phoê-kaû chit-bảk.
Chit-mî khoáⁿ-kah thiⁿ-kng, m̄-chaī phoē-kaû chit-bảk.
皮猴「誤」目。

點出皮猴戲的主角，皮猴的眞面目。又用來譏刺覺識遲鈍，對於顯然的事物視而不見的人。

（本句詳解，請看233.16）

【04】

七腳戲，報萬兵。

Chhit-kha hì, pò bān-peng.

Chhit-khā hì, pó bān-peng.

天兵天將？

　　指出民間劇藝的原始規模和演技特色：搭一個野台，一個紅關公，一個周倉，一個黑卒仔，就可以代表千軍萬馬，來公演「三國演義」了——當然，專業化以後的規模大了不少。本句又可用來譏刺好吹大牛皮的人。

　　七腳戲：七個人表演的戲劇，字面義是「七個角色」；七腳戲，這個名稱可能源自梨園的「七子班」。　報萬兵：說成百萬雄師。

【05】

千里路途三五步，百萬軍兵六七人。

Chhian-lí lō·-tô· saⁿ-gō·-pō·, pah-bān kun-peng
　　　lȧk-chhit-lâng.

Chhēn-lí lō·-tô· sāⁿ-gō·-pō·, pá-bān kūn-peng
　　　lȧk-chhit-lâng.

騰雲駕霧，口令成兵。

　　指出演大戲的實況。本句的修辭，用的是同義對偶式：「千里路途」對「百萬軍兵」，「三五步」對「六七人」，實在是很厲害的勻水兼膨脹法。

　　勻水：龜縮，縮水也。

【06】

子弟一下興，西裝褲穿顛倒旁。

Chú-tē chȧt-ē hèng, se-chong-khò· chhēng tian-tò-pêng.

Chú-tē chȧt-ē hèng, sē-chōng-khò· chhēng ten-tó-pêng.

大家來搬子弟戲。

用來形容昔時台灣民間不少男女，熱衷操演「子弟戲」的一斑。本句是說：學戲的子弟興緻高昂，趕著表演，以致於穿反了西裝褲。

　　子弟：子弟戲班的演員；子弟戲，有大戲或子弟歌仔戲，是職業歌仔戲前期的民間業餘戲藝活動。

【07】

文戲金，武戲土。

Bûn-hì kim, bú-hì thô͘.

Būn-hì kim, bu-hì thô͘.

老戲迷也。

斷言，內行人愛看「文戲」，而輕視「武戲」。本句是對偶反義修辭式，簡潔地評定了文武戲的觀感。

　　文戲…武戲：言情或武打為主的戲齣。　金…土：價值貴如金，或賤似土。

【08】

肚臍開花，蜘蛛吐絲。

Tō͘-chaî khui-hoe, ti-tu thò͘-si.

Tō͘-chaî khuī-hoe, tī-tu thó͘-si.

一決雌雄，功夫如此！

用來形容競爭劇烈，無所不用其極。這是流傳在鹿港一帶的俗語，句子由一項絕活拚成的。

　　背景：昔日，在我國文化重鎮鹿港，有二個戲班拚戲；武功接近，久久難分勝負。最後，地方長老出面協議，用比賽來解決。在大廟埕中央，豎起一根數丈高的竹竿為道具，來表演功夫，困難度較高者勝。

時間一到，甲班代表猿猴似的爬上竹竿表演輕功：用肚臍眼抵住身體，四肢伸開，如風車般地急速旋轉了起來。好功夫也，觀衆喝采不止。表演者驕傲地滑下竹篙，宣告說：「少林寺的肚臍開花！」

繼之，乙班代表爬上竹竿，毫不驚人地耍著小技。啊，差了一大截，觀衆大開汽水。但見，演員失手！離地三尺之時，雙手忽然抱住竹篙。觀衆驚魂未定，他已上竿再演。未及演完，班主大聲宣傳：「武當山祖傳的蜘蛛吐絲！」

衆意難犯，心知肚明的裁判，宣告吐絲的蜘蛛人得勝！❷

【09】

棚頂婿，棚下鬼。

Pîⁿ-téng suí, pîⁿ-kha kuí.

Pīⁿ-téng suí, pīⁿ-kha kuí.

明星的原貌。

斷言，女主角不都是漂亮的。句子的意思是：戲台上艷麗無比的她，卸妝下台一看，難看得像「鬼」！這是反義對偶句式，同一個戲台，只是「上下」不同，就有仙女夜叉之別。

【10】

父母無捨施，送囝去學戲。

Pē-bú bô-sià-sì, sàng kiáⁿ khì-o̍h-hì.

Pē-bú bō-sia-sì, sáng kiáⁿ khí-ō-hì.

學唱戲？不淂已也！

指出，送孩子去學「做戲」，是窮苦的父母萬分無可奈何的事。舊時極大部分演劇人員的生活都很困苦，四處流動來討生活，在社會上又常受到輕視。

無捨施：不忍心(看到別人遭遇困苦、不幸等)。　　學戲：學唱戲。

【11】

搬戲悾，看戲戇。

Poaⁿ-hì khong, khoàⁿ-hì gōng.

Poāⁿ-hí khong, khoáⁿ-hí gōng.

臭味相投。

　　用來勸戒戲迷，也是戲迷的自嘲。本句的重點在於第二分句「看戲戇」；意思是說，眞笨，花錢花時間去看演戲的在裝瘋賣傻。

　　悾：瘋，癲。　　戇：呆，愚。

　　什麼是「搬戲悾，看戲戇」呢？我們認爲上面所說的花錢啦，裝瘋啦，都算是小戇。嚴重的反而是台灣歌仔戲的形式和內容，淪爲宣揚封建思想、沾污人心的工具之後，混混沌沌地著迷。按陳淸風的分析，得出二大「戇」點：

　　一、二三十年代，日本政府開放中國的戲劇來台，隨之使歌仔戲失去了台灣主題的原有特色。在形式上，腔調、音樂、排場、台步、服裝、化裝等等失去台灣風格，而模仿中國戲。在思想方面，中國沙文主義本質的忠孝節義的價值觀念，成爲劇情題材，污染台灣純樸表達自然人性和情感的歌仔戲。例如，「吳漢殺妻」和「嘉慶君遊台灣」等等。

　　二、戰後，台灣全國有歌仔戲五百多班。當時國民黨政府的「歌仔戲改進會」編導「女匪幹」和「延平王復國」等等劇本，交配二百多班同時演出。如此，台灣歌仔戲再受另一層污染，做了政治謊言「反共抗俄」的宣傳工具。❸

　　其實，「搬戲」的，沒有「悾」，有其不能自主發展的苦衷。

「看戲」的，不一定要成為「戀」人，應該做批判的選擇，甚至用抵制來刺激改革。

【12】

陳三磨鏡，英台哭兄，孟姜女哭倒萬里長城。

Tân-saⁿ boâ kiàⁿ, Eng-taî khaù hiaⁿ, Bēng-kiuⁿ-lú

　khaù-tó bān-lí tîg-siâⁿ.

Tān-saⁿ boā kiàⁿ, Eng-taî khaú hiaⁿ, Bēng-kiūⁿ-lú

　khaú-tó bān-li tng-siâⁿ.

民間三大名劇。

　　舊時我國歌仔戲的票房記錄的前三名。這句俗語的構造非常特別，是組合三齣戲劇的名稱而成的：「陳三磨鏡」，「英台哭兄」和「孟姜女哭倒萬里長城」；同時，「鏡」、「兄」、「城」都是[-aⁿ]韻。

　　陳三磨鏡：陳三五娘的戀愛故事。　英台哭兄：梁山泊祝英台的悲戀。　孟姜女：參看，「卡慘孟姜女，哭倒萬里長城。」(214.14)。

　　看了這句俗語，不禁懷念我的阿母和阿姨。五十年代那幾年，只要戲院公演「山泊英台病相思」一類的歌仔戲，阿母就派三四姊和我，走五六公里的牛車路到三省庄請阿姨來看戲。

　　六十多歲的她是標準戲迷，眼花耳靈，喜歡坐在第一排來觀賞。……只要英台哭得死去活來，阿姨就如中了摧淚彈的傷兵。小孩不愛「哭調仔」，潛入後台窺探比較真實的世界：看到了吊兒郎當、幾乎裸體的演員；端詳散形的、有氣無力的北管吹打手。

　　雖然全家「信主」，拜拜時阿母與鄰同樂，煮腥臊來請阿姨看野台戲、看布袋戲。我總給她帶一架「圓椅頭仔」坐在棚前。……阿姨的庄頭，拜拜頻繁，阿母和我也就下鄉頻頻了。在阿姨的

家，她兩忙在一邊說話，我卻迷住了乩童破童、過火、跳神……

【13】

頭日香，尾日戲。

Thaû-ji̍t hiuⁿ, boé-ji̍t hì.

Thaū-ji̍t hiuⁿ, boe-ji̍t hì.

精彩有時！

　　點出我國民間大拜拜、迎神賽會時，首日的「香陣」和最後一天的「戲劇」是最精彩的：前者，香料清新，芬芳郁烈；後者，金牌賞金在望，怎不功夫盡展？

【14】

日時搬布袋戲、暗時唱歌仔戲。

Ji̍t-sî poaⁿ pò·-tē-hì, àm-sî chhiùⁿ koa-á-hì.

Ji̍t-sì poāⁿ pó·-tē-hì, ám-sî chhiúⁿ koā-a-hì.

武俠情戲，各有其時。

　　指出舊時，我國民間大眾娛樂的二大類別：下午的布袋戲，晚間的歌仔戲。布袋戲的特色是「戰鬥」，劍光對掌心雷，英雄死傷慘重；歌仔戲則是「愛戀」，才子佳人，眉目傳情，也褒也惜。

　　有趣的是這句俗語的實際應用：朋友、親人用來調侃習慣性吵架的夫妻。是說：好了，白天不妨演習一下「布袋戲」，但願夜裏，賢伉儷多多表演「歌仔戲」吧！

【15】

狗聲，乞食喉。

Kaú siaⁿ, khit-chia̍h aû.

Kau siaⁿ, khit-chiā-aû.

噪音污染。

　　用來譏刺音色粗噪、有聲無樂的「唱曲」票友。譏刺的表像是：狗的吹螺和乞友的「乞食調」。類似句有：「牛聲，馬喉。」

【16】

一聲蔭九才，無聲呣免來。

Chi̍t-siaⁿ ìm kaú-chaî, bô-siaⁿ m̄-bián-laî.

Chi̍t-siaⁿ ím kau-chaî, bō-siaⁿ m̄-ben-laî.

不是卡拉OK！

　　斷言美好的聲音是「唱曲」的票友必要的條件，「聲」好才能表現唱者的才藝；聲音不好的，根本別想學唱曲。今之卡拉OK，有聲則可，唱腔、音階、咬字，都可隨興而為了。

　　　蔭：成全也，字義是「庇蔭」。　九才：多才多藝。

【17】

有歌有曲心頭鬆，無歌無曲成戇人。

Ū-koa ū-khek sim-thaû sang, bô-koa bô-khek chiāⁿ
　　　gōng-lâng.

Ū-koa ū-khek sīm-thaû sang, bō-koa bō-khek chiāⁿ
　　　gōng-lâng.

哀出苦悶，唱出靈精。

　　形容唱歌唱曲在日常生活上的重要性：帶來輕鬆的心情，造出活潑的一日。類似句有：「唱歌唱曲，解心悶。」

　　母國的「台語歌曲」能解心悶嗎？有人說：「困難也！」按1988，亞洲之聲「你我好時光」節目，針對五年間，九十首台語歌曲詞做分析，其中「情場失意」一類的，有38.89%；「藉酒解愁」一類的，佔50%。結論是：台灣語歌曲大多頹靡不振，無能解心

悶。

　　母國的「台語歌曲」能解憂愁嗎？我們說：「無問題！」鐵證如山，僅舉其一：1987年，「國際特赦組織」年會在荷蘭舉行，呂秀蓮向大會推薦邱垂貞演唱。他演唱了「牛犁歌」、「一隻鳥仔哮救救」、「望春風」、「望你早歸」等等。每一首都贏得了滿堂彩聲；外國人聽了，異口同聲讚美：「台灣民謠如此溫柔浪漫……」紛紛索取樂譜。❹

　　實際上，台語歌曲，詞曲皆美的多的是！舉台語影片《恨命莫怨天》的插曲，周添旺的「春風歌聲」為證：

　　　東平日出黎明時〔Tang-pêng jit-chhut lê-bêng sî〕，
　　　清風吹來笑微微〔chheg-hong chhoe laî chhiò-bî-bî〕；
　　　風光美景滿人意〔hong-kong bí-kéng moá lâng-ì〕，
　　　可愛小鳥吟歌詩〔khó-aì siáu-niáu gîm koa-si〕。
　　　啊！花開樹葉青〔Ah！ Hoe-khui chhiū-hioh chhi^n〕，
　　　暖和天氣〔loán-hô thi^n-khì〕，
　　　日照江邊〔jit-chiò kang-pi^n〕，
　　　春風歌聲〔chhun-hong koa-sia^n〕，
　　　賞讚快樂好春天〔sióng-chàn khoài-lok hó chhun-thi^n〕。❺

　　其實，一定要批判的是製造悲劇的外來政權。它加之人民的災難痛苦，台灣人怎麼能不作哀歌，不唱哭調呢？盡唱高調的，還不是統治階級及其幫傭！當知，沒有哀歌的民族，也就沒有應付歷史大災難的能力；不會唱哀歌的人民，無能建國！——《哀歌》，以色列的世界不朽名著也。

【18】

年簫、月品、萬世絃。

Nî siau, goe̍h phín, bān-sì hiân.

Nī siau, goē phín, bān-sí hên.

功夫不同。

　　用指要學好吹奏簫、品、絃，所須要的時間。說是，學吹笛最快，學吹簫須要數年，學拉絃則非萬年不成。另有關吹奏樂器的時間的俗語：「枵簫飽品，淸心絃。」是說，空腹吹簫笛，心情好拉絃。

　　年…月…萬世：喻指所須要的時間的長短。　簫：洞簫。　品：竹笛。　絃：胡琴。

【19】

君子，無贏頭盤棋。

Kun-chú, bô-iâⁿ thaû-poâⁿ-kî.

Kūn-chú, bō-iāⁿ thaū-poāⁿ-kî.

來，放馬過來！

　　交際語也。贏棋的一方，禮貌地說，承讓了！然而，也有輸不起的人，用這句俗語來臉上貼金，說，鄙君子，先讓你一盤；下一盤起，小人無情，將殺得你兵卒全滅。

【20】

棋中不語眞君子，起手無回大丈夫。

Kî-tiong put-gú chin-kun-chú, khí-chhiú bû-hoê
　　taī-tiōng-hu.

Kī-tiong put-gú chīn-kūn-chú, khi-chhiú bū-hoê
　　taī-tiōng-hu.

關說、亂來者衆，奈何！

　　社會遊戲的重要規則也。這句俗語常常刻印在棋盤中的「台

灣海峽」，用來提醒君子絕交不出惡聲，交惡不可毛手毛腳，打飛彈更不行。

棋中不語眞君子：觀棋的高手或低手不要從旁「指導」。 *起手無回大丈夫：棋子一走動，就不准再改變。*

世事如棋，社會上一切嚴肅的利害輸贏，應該公平競爭才對。奈何我國不少政治人物、民意代表，卻以「關說」爲職責，勾結奸商以「亂來」爲工作。社會上的遊戲規則成爲具文，治安怎麼會不紊亂？人民對於政治人物、民意代表怎麼會有信心？

【21】

王見王──死期。

Ông kiàn ông—sí-kî.

Ông kén ông—sí-kî.

談判的禁忌。

用指一切事務的談判、交涉，最主要的人物不好隨即出現，要先讓馬前卒去撕殺，去犧牲，好讓將帥有環轉，有轉進，有逃命海外的時間，有偷生的可能性。因爲，底牌一翻，大元帥一死，什麼都完了！本句是厥後語，用象棋的終局「死棋」來譬喻「死期」。

死期：死棋也，走不下去了！「死棋」和「死期」諧音。

【22】

九月風箏，滿天飛。

Kaú-goėh hong-chhoe, moá-thiⁿ poe.

Kau-goē hōng-chhoe, moa-thīⁿ poe.

大家來放風箏！

形容放風箏是我國民間九月份的主要戶外活動。處處放風

箏，空中滿是風箏。然而，其盛況不再，到了十月份不再放風箏了；俗語說，「十月十，風箏落屎礐。」

談到風箏，我們應該不要忘記「多山國小」和「多山風箏館」有很豐富的收藏。在展視群英會，上千風箏之中有許多精心傑作，例如：有大至上百公尺的「祥龍」，有小僅四、五公分的迷你「小燕」，有無價之寶的「快速帆船」，有按精密航空力學設計的圓形大洞「四不像」。這些風箏都是能升空飛翔的。（→《自由時報》1998(7. 21):15)

【23】

風箏斷落土，搶到爛糊糊。

Hong-chhoe tng lo̍h-thô·, chhiúⁿ-kaù noā-kô·-kô·.

Hōng-chhoe tng lō-thô·, chhiuⁿ-kah noā-kō·-kô·.

無情的搶救。

描寫在野外放風箏的兒童，爭相拾起栽下來的風箏，要看個究竟，要試著再使它飛翔高空。誰知，熱心過頭，以致於搶破了風箏。本句修辭式是白描，真能勾畫出一幅快樂兒童的玩樂圖。

諸位，當您看到這一句俗語，您會聯想到什麼？……飛安事件吧！我國前一陣子頻傳飛安不安，造成國人嚴重的「恐機症候群」——飛機栽落土，碎到爛糊糊。好可怕啊！正在恐機症的壓抑下，中台灣廣播電台台長柯任俊臨檢出數條馬路消息：

- 為增強民眾信心，蕭萬長院長要求交通部長親自「押機」，來展現與乘客共生死的決心。
- 有民眾要求：機上增派和尚、神父各一名，以服務乘客「死到臨頭」的需要。
- 有旅客建議：飛機降落前的那一段廣播改做：「各位旅

客！天國近了！墜機的人有福了！」

・有鄉下的小孩子，把「造飛機」改編做：

坐飛機　坐飛機　坐到海裏去

掉下去　掉下去　掉在你家裏

蹲下去　蹲下去　快去找屍體

彎著腰　彎著腰　有人要墜機

飛上去　飛上去　飛到天國裏

（→《自由時報》1998(4.4.):11）

　　僅摘引上面幾條來做「闢邪」。虔誠爲我的鄉親父老兄弟姊
妹、全體機師機員來祈禱：上主保佑，空旅飛行如天使，平安快
樂，尊嚴又榮耀地飛來飛去！

　　（比較，「風箏斷了線，家伙去一半。」132.04

　　　　「十二月風箏——猾到無尾。」321.04）

【24】

一樟，二欉，三埔姜，四苦楝，拔仔柴無路用。

It chiuⁿ, jī-khêng, saⁿ poˑ-kiuⁿ, sì khóˑ-lēng,

　　pa̍t-á-chhâ bô-lōˑ-ēng.

It chiuⁿ, jī-khēng, sāⁿ pōˑ-kiuⁿ, sí khóˑ-lēng,

　　pa̍t-a-chhâ bō-lōˑ-ēng.

研轆好料排行榜。

　　相傳樟、欉、埔姜、苦楝等，是刻研轆前四種最好的木材，
而「拔仔柴」是不管用的。本句的修辭式是鑲嵌，用序數來引導一
連串相關的名詞。類句有：「樟勢哮，欉勢走，那拔仔柴車糞
斗。」

樟：樟木也，木質堅硬，是我國雕刻佛像最常用的木材；在化學合成樟腦發明以前的樟腦的主要來源。　欉：樹木名，高大如樟，但葉細，有籽。欉是借音自造字；筆者查了許成章《台灣漢語辭典》等等多本抒辭書，未得其正字，有待方家指教。　埔姜：一種灌木，昔日遍生於四處荒埔。　苦楝：一種落葉喬木，其籽名「金苓子」。　拔仔柴無路用：據說，用那拔的木材刻成的矸轆，打起來比較容易「金龜翱[kim-ku gô]」，打橫倒著旋轉。　樟勢哮[gaû-haú]：樟木刻成的矸轆，旋轉起來的聲音最響亮。　欉勢走：欉的矸轆，轉離中心的半徑最大。　車糞斗[chhia-pùn-taú]：矸轆釘向上，倒立旋轉。

樟木，不只是刻矸轆的良材！先人來台，發見苗栗、新竹一帶巨樟處處，就利用它來做上等傢俱、手工藝品，提煉「樟腦」。光緒年間，生產樟腦量已有六、七十萬斤，給寶島賺來無數外匯。

日本據台以後，日人大量砍伐樟林，以致於採樟熬腦大量減少。近年來，樟木來源少，樟腦工場所剩無幾。舊時飄散在苗栗、新竹空中馨香的樟腦之氣散盡了，只留下山間點點的破爛「腦寮」，任風憑弔。（→《中央日報》1994(12.7):6）

【25】

遊山，玩水。

Iû san, oán-suí.

Iū san, oan-suí.

純觀光也！

舊時，退休或是假期中的人，悠游自在地上山下水，四處覽勝。七十年代以前，國人流行「採購觀光」；近來，有「性觀光」，有「吃野生動物觀光」等等。

【26】

遊山食山，遊水食水。

Iû soaⁿ chiảh soaⁿ, iû-chuí chiảh chuí.

Iū soaⁿ chiā soaⁿ, iū-chuí chiā chuí.

吃山吃水。

　　指出旅遊的人，食盡各地特產名菜。比較來講，國人出來觀光的，可能比德國人「重吃」，據悉，來南德觀光的，幾乎都要吃吃「德國豬腳」，喝喝啤酒。而德國人對於吃，不但普遍沒有嘗新的勇氣，而且是相當「節儉」的。這句俗語能夠充分顯示國人的一種習性：遊覽看光景，到處吃「好料的」——單純的德國人，比較集中在「眼福」，好像沒有兼顧「口福」的習慣。

【27】

正月猖查埔，二月猖查某。

Chiaⁿ-goẻh siáu cha-poˑ, jī-goẻh siáu cha-bóˑ.

Chiaⁿ-goè siau chā-poˑ, jī-goè siau chā-bóˑ.

男女郊遊的好時光。

　　舊時，青年男女在農曆一二月份農閒期，熱烈玩耍，認眞交陪迌迌的情形。本句的機關盡在「猖」字，她道盡這時青年男女交誼的色彩和強烈度。

　　正月…二月：正二月，農閒期也；此間有好多年節，是名正言順的迌迌月份。　猖：熱衷於(追求男女朋友的活動)，例如，「日猖雞，暝猖狗。」(→224.17)；此處沒有「起猖」，神經病的意思。

【28】

上山嘛一日，落海嘛一日。

Chiūⁿ-soaⁿ mā chi̍t-ji̍t, lo̍h-haí mā chi̍t-ji̍t.
Chiūⁿ-soaⁿ mā chi̍t-ji̍t, lō-haí mā chi̍t-ji̍t.

安啦，玩個痛快！

　　用法有二：一、用來勸誘遊伴，好好的玩，何必急著趕回家給老翁煮晚飯。二、主人用來留客，請他／她留下來，甚至明天回去也不遲。意思是：難得出門，既已出來了，同樣都是花一天的時間。句裏，用「上山」和「下海」爲表象來譬喻出門遊山玩水，眞是親切又生動。

　　舊時代的台灣人，眞是「對死裏拚倒轉來！」一禮拜工作七工，每天十六小時。說「休假」，只有等待年節或生病；說「迌迌」，那是「迌迌人」的專利哦！不過，時代不同了，台灣人一方面工作勤勉，一方面也玩得相當忙碌：休閒活動，觀光遊覽，聯誼郊遊，一般和「超一般的」娛樂一籮筐。

　　行政院主計處有關國人1993年「純旅遊」的統計數字，顯示新時代的台灣人算是比較喜歡上山下海去做多日遊的：

> 出國觀光花掉75.8億美金
>
> 國內旅遊用了28億美元
>
> 國內旅遊次數4700萬人次
>
> 每人每次旅費1535元
>
> 每次行程大約2天1夜
>
> 同遊人數約2.25人
>
> 旅遊旺季二、十、十二月
>
> （→《中國時報》1994(9.16):4）

注釋

1. 陳明章、黃靜雅「掌中歲月」《CD》新力音樂，1995。
2. 筆者小時，從來鹿港的好鄰居川仔兄，王錫銓先生聽到這一則傳說。
3. 參看，陳清風「歌仔戲的封建沙文本質」《台文通訊》No. 50 (1997.7 :5-7。
4. 參看，莊永明「台語歌曲」《自立週報》1994(6.3):14。
5. 引自，莊永明「春風歌聲」《中央日報》1995(2.22):8。

第六節 檳榔烟、燒酒茶

本節分段:

檳榔烟01-04 燒酒茶05-20 嗜好多21-24

【01】

食檳榔,吐血。

Chiàh pin-nñg, thò͘-hoeh.

Chiā pīn-nñg, thó͘-hoeh.

台灣在淌血!

用法有二:一、傳統的,表示對紅唇族街頭巷尾,隨時公開「嘔血」的厭惡和諷刺。二、現代的,用來警告:不要吃檳榔!它是嘴爛,「血吐」的特效藥!

幾年前,美國有線電視新聞「亞洲報導」,說:檳榔是台灣人的口香糖;全台灣吃檳榔人口有300萬。畫面先映出「檳榔西施」,穿超小胸衣,超迷短裙,濃妝艷抹的妙齡小姐在馬路旁賣檳榔。然後播出,蕭條的檳榔老店,老闆頻頻搖頭,嘆息世風日下,生意拚不過「西施」。(→"Inside Asia." CNN. 1996.7.6, 19:50)

檳榔何只不是口香糖,不是「西施」,專家指出,檳榔是口腔癌的元兇!吃檳榔兼烟酒者,患口腔癌的危險是沒吃檳榔的123倍。每年有2000人罹患,奪走約1000人命;死亡率是男人十大癌症的第五位,其惡化速度飛快,是所有癌症的第二名。(→《自由時報》1997(11.26):5)

啊,「食檳榔,吐血!」已經是嚴肅的警告,救命的呼喚。

【02】

食烟無彩嘴， 食檳榔咯咯呸。

Chia̍h-hun bô-chhai-chhuì, chia̍h pin-nn̂g kho̍k-kho̍k-phuì.

Chiā-hun bō-chhai-chhuì, chiā pīn-nn̂g kho̍k-kho̍k-phuì.

綠色做鑽石？

舊時，勇敢的主婦用來勸阻老翁或後生，戒抽烟，戒吃檳榔。句裏用「無彩嘴」和「咯咯呸」做爲規勸的理由。

無彩嘴：徒勞的咀嚼(不能吃的，或吃不了的東西)。 咯咯呸：(從嘴巴)不停地吐出(痰、涎、血，等等)。

這句俗語指出吃「檳榔烟」是浪費又不衛生的。僅以檳榔而言，它已經超越插甘蔗，成爲我國第二大農作物，共有56,581公頃種植(1996)，年產值130億，造成300萬的紅唇族，一年吃掉一條高速公路(1000億)。

檳榔根淺，沒有水土保持的作用，以致於每年流失54億噸的水；每公頃沖蝕262公頓土壤。種一年檳榔，須要13年的水土保持才能回復；二年內，因爲種檳榔，使地下水下降20公尺。——近年來的土石流，是爲警訊！(→《自由時報》1998(4.9):11)

檳榔是「綠色鑽石」嗎？不！仔細一看各方面的報告，檳榔好像強烈颱風地震，愛滋鼠疫！甚至，中國要消滅我國無須兵卒飛彈，只要發揮「種、賣、吃」檳榔的統戰就夠了。

讀世界史，還沒有看過「檳榔亡國」的！想到此事，心生悲憫，爲我3,000,000紅唇族的健康憂慮，敬請戒絕檳榔來自救吧。啊，檳榔亡國！天大的諷刺。

【03】

第一悾， 食烟吮風。

Tē-it khong, chiah-hun suh hong.

Tē-it khong, chiā-hun sú hong.

另類灶烟公也！

　　舊時，用來嘲諷抽烟的人，笑他眞傻，爲甚麼如此努力吸氣。

　　吮：（用嘴巴）吸取（水、乳、空氣等等）。　灶烟公［*chaù-hun kong*］：灶君也，我國民間的稱呼。

吮烟點滴

　　·1492年哥倫布水手，從古巴帶烟草回西班牙吸食。鄰居見其鼻嘴吐烟，認爲是魔鬼纏身。被宗教裁判所判罪，下獄數月。

　　·紙捲烟枝發明人是十六世紀西班牙Seville港的乞丐。原來他們拾取富人丢棄的雪加烟頭，用紙捲成烟枝來吸食。

　　·紙捲烟（cigarette），原是西班牙乞友抽的「小雪加」（cigarrillos），小烟蒂也。經過二世紀，人忘其淵源而流行於上流社會。

　　·Winston香烟廣告，飾西部壯健、帥氣的牛郎大明星鮑嘉，死於嗜烟者常患的喉癌，時57歲而已。

　　·1947，美國最熱門的歌曲是「抽烟！抽烟！我已抽了一輩子烟，現在還沒有死！」

　　·1966，美國香烟盒開始註明：「注意，抽烟有害健康！」

　　·1986，發現「二手烟」極有害健康；世人開始拒絕。

　　·1996，85%的肺癌和抽烟有關。❶

【04】

博繳是討債，點烟是應世。

Poa̍h-kiáu sī thó-chè, tiám-hun sī èng-sè.

Poā-kiáu sī tho-chè, tiam-hun sī éng-sè.

點烟文化的根據。

　　舊時，抽烟者用來合理化「食烟」，說是處世爲人、社交應酬所必要。這也是普遍爲民間所接受的「信條」。君不見，坐下來談話之前，先「噗一枝」再說。至於「博繳」，則已經是屬於「暗路惡行」一類的了。（→342.01-32）

【05】

有趁無趁，嘛著飲淡薄仔！

Ū-thàn bô-thàn, mā-tio̍h lim tām-po̍h--ah.

Ū-thàn bō-thàn, mā-tiō lim tām-pō--à.

先飲再說，飲啦！

　　酒仙的幽默，用來自嘲。意思是：不論有沒有收入，還是先飲它幾杯要緊。

　　趁：趁錢，賺錢也。　　**嘛著：**也該*(是讓步詞，表示原「不應該」，但姑且爲之)*。例如，「要偷食，嘛著會曉拭嘴。」　　**淡薄仔：**小飲幾杯。

【06】

三頓飲，當衫飲。

Saⁿ-tǹg lim, tǹg-saⁿ lim.

Sāⁿ-tńg lim, tńg-sāⁿ lim.

燒酒爲衣服。

　　用做警語。要人警醒不可常常飲酒，三餐飲酒一定會貧窮，甚至典當東西買酒來喝。本句構造奇巧得很，在[saⁿ-tǹg]和

[tǐng-saⁿ]的前後字音，玩著「三頓飲」和「當衫飲」，詼諧中有嚴肅的戒酒意義。

戒嗜酒是普世的智訓，以色列的老智者有言：「孩子啊，聽我的話，你要明智，要謹慎自己的生活。不要結交好酒貪吃的人。好酒貪吃的人一定窮困。」(《聖經·箴言》23:18-21)

【07】

有錢三頓飲，無錢當衫飲。

Ū-chîⁿ saⁿ-tǐng lim, bô-chîⁿ tǐng-saⁿ lim.

Ū-chîⁿ sā-tǐg lim, bō-chîⁿ tǐg-sāⁿ lim.

用法和意思類似上一句。

看到了「無錢當衫飲」，也許會聯想到中國的詩仙李白，他是完全執行著這句俗語的！李詩仙一旦飲得興起，賓主不分，錢財不計，一心一意就是飲酒。在其著名的詩作「將進酒」吟道：

……

主人何爲言少錢，

徑須沽取對君酌；

五花馬，千金裘，

呼兒將出換美酒，

與君同銷萬古愁。

爲了和酒友「同銷萬古愁」，他不計毛色做五花紋的良駒「五花馬」和價值連城的「千金裘」，都可換酒來大喝一場。

【08】

飲燒酒穿破裘，無飲燒酒嘛穿破裘。

Lim sio-chiú chhēng phoà-hiû, bô līm sio-chiú mā chhēng phoà-hiû.

Līm siō-chiú chhēng phoá-hiû, bō līm siō-chiú mā chhēng phoá-hiû.

穿破裘的燒酒仙！

　　有二種可能的用法：一，酒仙的獨白。用來支持努力繼續飲酒的理由，因爲飲酒或不飲酒都是「穿破裘」，爲甚麼不大飲一場呢？——這是按字面義來解釋的。二，勸善的良言。用來勸人不要酗酒。飲酒成習的話，就會「穿破裘」，雖然第二分句說「無飲燒酒嘛穿破裘。」——這是從台灣人的生活情景來理解，而把她的修辭式了解做反諷。現實上，在同樣的經濟條件下，不酗酒的人「穿破裘」的機率低於醉漢。

　　穿破裘：喻指丟臉的、落魄的人生。先人說這句俗語的時代，可能還不甚清楚酒精中毒、肝硬化一類的酒病，也沒有酒後開車失事的「酒禍」，所以用「穿破裘」做表象來勸人戒酒。

【09】

酒搭歸矸，油搭零散。

Chiú tah kui-kan, iû tah lan-san.

Chiú tá kuī-kan, iû tá lān-san.

飲啦！管他油鹽柴米。

　　用來譏刺醉漢，他只關心自己喝的酒，不理家庭的三餐。句裏用「歸矸」和「零散」來表現酒仙中心的消費方式，家庭伙食是不放在心上的。同時，「搭」字透露出這個酒仙的經濟狀況的秘密。

　　搭：零散地買(酒、油，等等液體物質；常常自備空瓶來裝)。　歸矸：整瓶；矸，瓶也。　零散：零買(大概半矸以下)。

【10】

三杯通大道，一醉解千愁。

Sam-poe thong taī-tō, it-chuì kaí chhian-chhiû.

Sām-poe thōng taī-tō, it-chuì kai chhen-chhiû.

借酒澆愁？算了！

流行在酒友間的名言。古今好像不少人相信酒可解愁。這句俗語的意思是：三杯燒酒下肚，心神開朗宛如得道的天仙；只要一場大醉，千般愁苦馬上解決。語見，《增廣昔時賢文》。

雖然藉酒醉來解憂愁是相當普遍的想法和做法，但是也有拒絕麻醉憂愁的，認為酒與愁是兩碼子事。陸游在「春愁」就有這種態度，他吟道：

> 客來勸我飛觥籌，
>
> 我笑為客君罷休；
>
> 醉自醉倒愁自愁，
>
> 愁與酒是風馬牛。

【11】

藥會醫假病，酒燴解眞愁。

Ioh oē-i ké-pīⁿ, chiú boē-kaí chin-chhiû.

Iō ē-ī ke-pīⁿ, chiú bē-kai chīn-chhiû.

醉酒vs.醉愁。

用做警言，要人不可依賴藥物或酒來治病澆愁，因為藥和酒只是對假病假愁有效。語見，《增廣昔時賢文》。

對於酒仙來說，這句「酒燴解眞愁」眞是掃興！飲酒是「多采多姿」的心身活動，為甚麼一定要眞的會「解愁」呢？大部分買醉的人，還不是抱著「今朝有酒今朝醉，明日憂來明日愁」的心理？

【12】

君子，無贏頭拳。

Kun-chú, bô-iâ^{n} thaû-kûn.

Kūn-chú, bō-iā^{n} thaū-kûn.

先讓你一步！

酒桌上喝酒行令的交際語。拳猜輸了，飲下「罰酒」前的一句門面話。

無贏：有贏的實力，但不要贏，讓也。

【13】

捾瓶的，蔭三分。

Koā^{n}-pân--ê, ìm sa^{n}-hun.

Koā^{n}-pân--è, ím sā^{n}-hun.

可以偷工減料。

原是酒桌類語。意思是說，負責執瓶斟酒的人，對自己有三分便宜，可給自己少洒些酒，以免自己先醉倒。

捾瓶的：執瓶斟酒的人。捾，以手提物。　蔭：對(人、事)有利。

交際飲酒難免，但應該有避免影響健康的共識。來個「酒國三不」協定如何？——不勸酒！不拚酒！不酒醉！

【14】

薄薄酒，食會醉。

Po̍h-po̍h chiú, chia̍h-ē chuì.

Pō-pō chiú, chiā-ē chuì.

在多少，不在厚薄。

用做警語。勸人少飲酒，就是薄酒，喝多了，照樣醉人的。

薄薄酒：酒精分少的酒，如啤酒、紹興酒等等。

【15】

酒醉心頭定。

Chiú-chuì sim-thaû tiāⁿ.

Chiu-chuì sīm-thaū tiāⁿ.

孋給我假猲！

　　用來警告，想要借酒裝瘋的人。意思是：不要亂來，你喝了那幾杯燒酒，頭腦應該清楚。一旦心思紛亂而「起猲」，就完了！因為先人有言：「酒醉心頭定，酒猲無性命。」「酒醉心頭定，拍人無性命。」不得假猲也！

　　心頭定：頭腦、心裏清楚。　　酒猲[chiú-siáu]：酒醉引起人格異常，情緒、言行反常。　　拍人[phah-lâng]：攻擊別人。　　孋給我假猲[mai kā-goá ké-siáu]：甭給我裝瘋。

　　真的「酒醉心頭定」嗎？難說！要看血液中酒精濃度而定，就是「醉死」都是可能的哦。有法務部調查局的「酒精濃度和酒醉程度表」為證：

血液酒精濃度	相當紹興酒量	酒醉程度	症　狀
0.45%以上	2500cc	死亡	呼吸麻痺，心機不全
0.35-0.45%	2000cc	泥醉	意識完全消失
0.25-0.35%	1500cc	深醉	噁心、嘔吐，意識紛亂
0.15-0.25%	1000cc	茫醉	言語不清，運動失調
0.10-0.15%	500cc	輕醉	解抑制，多辯，決斷快
0.05-0.10%	300cc	微醉	顏面紅，血壓升

　　(→《自由時報》1998(1.31):8)

【16】

酒醉，誤江山。

Chiú-chuì, gō· kang-san.

Chiu-chuì, gō· kāng-san.

遲了，毋忘在莒！

　　極言酒醉的弊害，有致國的危險。古以色列的智慧人有言：「君王不可喝酒，不可貪杯。他們喝了酒就忘記國法，忽略窮苦人的權益。」(《聖經‧箴言》)

　　雖然「酒醉，誤江山」是酒害誇張的說法，但是小自一店的老闆，大至一國的總統，天天醉的話，倒店可期，彈劾難免。就是古文人重酒的傳統下，仍能看到戒酒的規勸。第三世紀西晉秘書丞嵇紹，給大富翁石崇的詩吟道：

　　　　事故誠多端，未若酒之賊；

　　　　內以損生命，煩詞傷軌則。

　　　　屢飲致疲怠，清和自否塞；

　　　　陽堅敗楚軍，長夜傾宗國。

　　　　(嵇紹《贈石季倫詩》)

【17】

千草寮土治——酒鬼。

Chhian-chhaú-liâu thó·-tī—chiú-kuí.

Chhēn-chhau-liâu tho·-tī—chiu-kuí.

醉土治也。

　　用來譏刺不飲酒就不能生活的人。這是一句厥後語，譬喻句是「千草寮土治」；祂的職責是「守鬼」[chiú-kuí]；先人給「土治」開了大玩笑，說祂是「酒鬼」。可愛啊！老土治變成老醉漢。

　　然而，真正的酒鬼是既不可愛，又復可悲的，有戒酒箴為證：

誰酗酒，

誰遍嚐各色美酒，

誰就過悲慘的生活：

爲自己哀嘆，

常常有紛爭，

不斷地埋怨。

不要貪戀酒杯呀！

酒在杯中閃爍發紅，

你可以看見杯中的你；

多麼誘人啊。

但第二天你要覺得像被毒蛇咬了，

你眼中出現怪異的景象；

你失掉了思想和說話的能力。

你好像漂蕩在海洋中，

躺臥在桅桿上。

《聖經‧箴言》23:29–34）

——驚死我！躺在桅桿上搖晃的醉漢。

【18】

君子，避醉人。

Kun-chú, pī chuì-jîn.

Kūn-chú, pī chuí-jîn.

烏龍茶vs.米酒頭。

　　用做警語。提醒人不要理會「醉人」，因爲多數醉人言語顛三倒四，是非不分，義理不顧，避之爲吉。

　　醉人：舊時，專指「醉漢」；現代，應該包含「醉女」了。

【19】

少飲是人參，加飲誤了身。

Chió-lim sī jîn-som, ke-lim gō·-liáu sin.

Chio-lim sī jīn-som, kē-lim gō·-liau sin.

難以控制的補酒。

　　用來提醒人，節制飲酒。酒，少飲滋補如人參，多飲殺身誤事，大大有害！

【20】

眞茶無色，眞人無激。

Chin-tê bô-sek, chin-lâng bô-kek.

Chīn-tê bō-sek, chīn-lâng bō-kek.

所謂好茶。

　　斷言上等茶，不會是顏色如紅酒的；誠實君子，舒坦自然，不會嬌柔做作。

　　眞茶：茶葉泡出來的茶水。　　無色：茶水的顏色不濃厚。　　眞人：眞誠的人；不是道教的「眞人」。　　無激：不會「激派頭」，自然可敬的情態。

　　這句俗語將喝茶和人生修養相提並論，很有意思！記得林淸陽的「茶與人生」一文，從喝茶來闡發人生修養，頗有禪味。拼湊數句於下，以助品茗的歡喜：

　　龍井茶，顧名思義，便是飛龍在天，泉湧如井。人人喝上龍井茶，眞可媲美遨遊於雲霄與神殿的天龍。這時候心情可說是意氣風發，內心愉快。鐵觀音，聞人間之苦與悲而尋聲救苦，所到之處總是以一道道慈悲喜捨的甘露與光芒來普度衆生。這乃是鐵觀音茶的象徵。

　　人生那裏會天天如沐春風？喝了太多的龍井與鐵觀音之後，總在不知不覺中，漸漸迷失本性。這時候就要飲上一杯烏龍茶。烏龍茶，表示我不是一條得意的天龍，我只不過是一個凡夫俗子，但願意和大家分享成功的喜悅，也甘心承擔彼此失敗的痛苦。

　　包種武夷是兩種迥然不同的生活形態：包種茶，意味著步步高升，升官發財總是如願以償。有一種芬芳情趣，喝完口齒留香。武夷茶，其人生哲學是謙虛、禮讓、和諧的人生觀。武夷的精神是不願意暴露自己的鋒芒。還有較少流行於國內的普洱茶，她在高山峻谷生長，吸取自然的精華，並與塵土同腐，其高風亮節的品德眞是令人欽佩。

　　人生的喜悅與尊嚴竟然毋需外求，儘在熱騰騰的茶香裏！❷

【21】

檳榔烟，燒酒茶，開博迌。

Pin-nng hun, sio-chiú tê, khai poa̍h thit.

Pīn-nng hun, siō-chiu tê, khaī poā thit.

若干惡習。

　　用來譏刺，一身染成全方位的壞習慣的人──酒和茶，只要不癡迷上癮，適量飲用是好的。

　　開：傳統所謂的「開查某」也；現代，應包含「開查埔」在內。

博：賭博也。　迌：特種迌迌，不務正業，留連於花街柳巷，遊盪於暗路。

【22】

有人興燒酒，有人興豆腐。

Ū-lâng hèng sio-chiú, ū-lâng hèng taū-hū.

Ū-lāng héng siō-chiú, ū-lāng héng taū-hū.

人各有志也。

　　眼看朋友或熟人，做出自己頗不以爲然的行爲的感嘆。表示：人各有不同的興趣、關注、做法，不能求同，也不能一律。句子是說，人人嗜好不同，如「興燒酒」或「興豆腐」——有用來譬喻，好酒或好色的。

【23】

狗蟻食蜜，胡蠅食臭臊。

Kao-hiā chiàh bìt, hô·-sîn chiàh chhaù-chho.

Kau-hiā chiā bìt, hō·-sîn chiā chhaú-chho.

　　用法和意思類似上一句。

　　狗蟻：螞蟻。　　胡蠅：蒼蠅。　　臭臊：腥臭味也，不一定「發臭」，重點在「臊」，在「腥」；腐臭，台語是說「臭」或「餲臭」[aù-chhaù]。

【24】

土豆甘蔗，食飽燴饜。

Thô·-taū kam-chià, chiàh-pá boē ià.

Thō·-taū kām-chià, chiā-pá bē ià.

好人緣的零食。

　　指出，不論飢飽，土豆和甘蔗，照吃不誤。這是誇張的說法，因爲「飽」和「饜」通常是有因果關係的。但因爲這二項零食是那麼好吃，所以推翻了飽饜感，重建愛食王國。

　　燴饜：有食欲吃(食物)。

　　甘蔗是我國第三大農產品(第一水稻，第二檳榔)，民間稱之爲「竹蔗」，乃是1896年從夏威夷引進我國者。1913年日本人在台

灣開始甘蔗雜交試驗。其後，我國萬丹有非常好的甘蔗育種場，供糖業研究所從事育種，迄今已育成550多個品種，有一百多種是採自本國的野生蔗和芒。

　　甘蔗是隨著我台灣人生長的作物，雖然其重要性大不如前，但我們應該謝謝甘蔗，感謝默默育種的專家，多謝勞苦功高的蔗農。

　　大熱天，飲一杯冰涼的甘蔗汁，賴好你敢知［loā-hó lí kám-chai］？

注釋

1. 我們參考了：“tobacco.” *Encyclopaedia Britannica*.；華菩，「烟草傳奇史」《中央日報》1995(11.10):4；《中央日報》1997(3.21):4，等資料。

2. 林清陽「茶與人生」《中央日報》1995(8.7):4)。林先生原文優雅，內容豐富，從道家哲學來談品茗，論人生，處處禪機。筆者只能跳摘引用，諸君若能一讀原文，多好！

第七節　經濟生活

本節分段：

【01】

頭，卡大身。

Thaû, khah toā-sin.

Thaû, khá toā-sin.

支出不合理。

　　表現二種感嘆：一、經濟上，喻指雜支的名堂繁多，遠超過主要的開支，眞是「利不及費」。二、生活上，遭遇到相當麻煩的事，令人覺得頭大！

【02】

樹大，影大。

Chhiū-toā, iáⁿ-toā.

Chhiū-toā, iáⁿ-toā.

好看頭。

　　用來形容舊時的大農戶、大家庭，或是現代規模大的公司行號，雖然看起來門庭若市，但維持費、營業費、交際費，一切支出也是相對的多，以致於盈餘有限。大樹大影的譬喻是雙重的：樹雖高大，但所要庇蔭的範圍相對增廣，究竟是有「影」無實啊！

【03】

鴨稠，無隔暝卵。

Ah-tiâu, bô keh-mê nn̂g.

Á-tiâu, bō ké-mē nn̂g.

留不得也。

　　喻指現賺現用，現收現支，沒有盈餘。——原來「鴨稠」裏鴨下的蛋，當天晚上就被撿走，以便明天一大早賣出去。類似句有：「鴨稠內，無隔暝土蚓。」因為「土蚓」是用來餵鴨子的，不是擺在稠裏當標本的。

　　鴨稠：鴨母寮也。全群都是母鴨，唯一的目的是生產鴨蛋。　隔暝：隔夜，今夜到明晨這段時間。　土蚓：坵蚓。

【04】

錢，無腳會行路。

Chîⁿ, bô-kha oē kiâⁿ-lō͘.

Chîⁿ, bō-kha ē kiâⁿ-lō͘.

用飛的啦！

　　用法有二：一、斷言，身上一旦有錢，就想要買東買西；雖然錢是賺了些，但是馬上就被花掉。二、用指金錢可以打通關節，替人開前門，走後路。

【05】

米粉筒──百百孔。

Bí-hún tâng, pah-pah khang.

Bi-hun tâng, pá-pá khang.

事事要錢，問題多多。

　　用指：一、付不完的賬，必須花錢的事，接二連三而來。

二、問題複雜，麻煩何其多也。這句歇後語，用「米粉筒」來喻指費用繁多，千瘡百孔。

米粉筒：製造米粉的器具。圓形鐵筒，其底部安上圓帽形無數小孔的鐵片，粉沘放入此筒擠壓，通過那個鐵片而擠壓出線條狀的米粉。

看了這句俗語，我不禁想像窮苦又有「米紛筒」一般的困難的個人、家庭、國家。這時，古賢人的「量入以爲出」(《禮記‧王制》)的寶訓，顯得多麼軟弱無助，多麼不合時宜。必要支付的款項，必要處理的問題，豈是可以量入爲出的？怎麼辦？

按筆者所看到的，先人苦難的經驗豐富，在旣無國際銀行可以貸款，也無聯合國可以求援之絕地，摸索出了一套「非常時期條款」來莊敬自強，來硬撐場面，那是：

第一、「軟限，卡贏硬挽」策略。(→.31)

第二、「煌先撮嘴齒」辦法。(→.30)

第三、「剪內裾，補尻脊」方案。(→.38)

第四、「掠生，塞死」措施。(→.37)

第五、「水蛙，含水過三冬」運動。(→.45)

第六、「人肉鹹鹹」綱領。(→.47)

偉哉先人！您們在慘不忍睹、血跡斑斑的鬥獸場上磨出了這套求生的智慧。但願，您的後代永無效法您們這套圖存策略的日子。

【06】

前手接錢，後手空。

Chêng-chhiú chih-chîⁿ, aū-chhiú khang.

Chēng-chhiú chí-chîⁿ, aū-chhiú khang.

錢弟兄接力。

是說，生活急迫，或浪費成性，一接到錢，很快就花光了。類語有：「正手入，倒手出。」

倒手[tò-chhiú]：左手也。

【07】

硤甘蔗，前頭入，後頭出粕。

Kheh kam-chià, chêng-thaû jip, aū-thaû chhut phoh.

Khé kām-chià, chēng-thaū jip, aū-thaū chhut phoh.

出出入入，沒有盈餘。

用指努力做工，難得溫飽；生意不錯，賺錢沒有。譬喻是用舊式的「硤甘蔗」：一邊推入原料甘蔗，另一邊排出蔗渣，來比擬經過一番勞苦，所得的只是「甘蔗粕」。為甚麼？還不被「萬萬稅」剝光了。

硤甘蔗：清朝時代的糖廍，製糖工場，用牛拉動糖車，即是兩座圓形大石輪，原料甘蔗送入輪間壓榨甘蔗汁來煉糖。但見原料甘蔗從石輪的這一頭送進，由那一頭退出來時，已經成為甘蔗粕了。 硤：用器物壓榨（甘蔗、土豆、菜籽，等等以取其汁、油）。 粕：喻指沒有利益；字面義是殘渣，如「甘蔗粕」、「話粕」。

【08】

有去路，無來路。

Ū khì-lō͘, bô laî-lō͘.

Ū khí-lō͘, bō laī-lō͘.

有出無入。

指個人或家庭的經濟狀態不好，天天必要支出，卻沒有任何收入。

【09】

鐵樹開花。

Thih-chhiū khui-hoe.

Thí-chhiū khuī-hoe.

錢花爭艷。

　　喻指：一、財星高照，錢財滾滾而來。二、稀罕或是不可能發生的事。

　　鐵樹：屬蘇鐵科，形似棕櫚，但樹欉矮胖，葉尖細呈深綠色，爲我國常見的庭園觀賞植物。

【10】

未窮，出窮屍。

Boē kêng, chhut kêng-si.

Boē kêng, chhut kēng-si.

了尾仔囝。

　　舊時，老母或妻子用來責備罵浪費無度的孩子或丈夫。意思是說：家裏雖還有些錢，但你如此放蕩，一定被你搞得財散人亡。用來譏刺的表象是「窮屍」。

　　窮屍：不事生產的行屍走肉，窮鬼也。

【11】

趁了了，食了了。

Thàn liáu-liáu, chiảh liáu-liáu.

Thán liau-liáu, chiā liau-liáu.

盡賺盡開。

　　家長用來責備浪費無度的兒女；也有用來恥笑毫無積蓄、花盡一切收入的人。

趁：賺錢，收入。　食：花費，用錢。　了了：全部，一切；也讀做「liú-liú」。

【12】

濛濛仔雨，落久也會霑。

Mi-mi-á hō·, lȯh-kú iā-ē tâm.

Mi-mī-a hō·, lō-kú iā-ē tâm.

小錢不堪多支。

用做警語。指出一項容易忽略的事實，就是每次花費的錢雖然不多，但是次數多了，終究是一筆大錢。

濛濛仔雨：毛毛雨。　落久：長時間下雨。　霑：濕透。

【13】

開錢，恰若開水咧。

Khai-chîⁿ, kah-ná khai-chuí--leh.

Khaī-chîⁿ, ká-ná khaī-chuí--lè.

水銀入地也。

用來責備子弟或批評熟人，說他／她不知節制，隨便花錢。

恰若：宛如。　咧：用來加強語氣的虛詞。

【14】

有錢三頓，無錢衫當。

Ū-chîⁿ saⁿ-tǹg, bô-chîⁿ saⁿ-tǹg.

Ū-chîⁿ sāⁿ-tǹg, bō-chîⁿ saⁿ-tǹg.

燒酒為衣服。

用做警語。鼓勵節儉，不要浪費錢於飲酒，那是會招致貧窮的。

舊時「衫」可典當，今日如何？除非是高級和特別的，像李白

的「千金裘」，或像美國李文斯基(M. Lewinsky)小姐「有關」柯林頓
(B. Clinton)總統的那件藍色洋裝。顯然，窮人的最佳策略是不要
喝酒，那件老破裘是沒有人要的。

　　（本句別解，請看26.07）

【15】

有，做一站；無，虎撐頷。

Ū, choè-chi̍t-chām; bô, hó͘-thèⁿ-ām.

Ū, chó-chi̍t-chām; bô, ho͘-théⁿ-ām.

平均使用資源。

　　用做警語。勸人在金錢或物資豐富的時候，不可盡用，以免
缺乏的艱苦。句裏是用老虎獵獲犧牲，只知飽食一餐，到了飢餓
的時候，只好趴在地上，撐著下頷來挨餓，來幻想血腥的大餐。
類似句：「有，做虎吃；無，做虎架。」「有趁虎吞，無趁虎睏。」
這三句俗語都是用老虎的不知平均使用資源為譬喻的。

　　*做一站：一下子做了(某一件事，或行動)。　虎撐頷：老虎撐著
下頷。　虎架[hó͘-kè]：老虎趴在地上的姿態。*

　　看了這句俗語，我聯想到儒家有名的「人禽之辨」。孟子認為
人之異於禽獸者，主要是在於明人倫，踐禮義！似此，我台灣滿
有智慧的先人也有人禽之辨。他／她們是用「吃的方式」來做判斷
的，即是「有，做一站」者，老虎也，禽獸也。此說頗有道理，人
不能自制地狼吞虎嚥，不知飽饜；黑官的無限貪婪，吸取民脂民
膏，何異於禽獸？

【16】

無錢，閣要做大哥。

Bô-chîⁿ, koh-beh choè toā-ko.

Bō-chîⁿ, kó-bé chó toā-ko.

錢大哥來也。

　　用來諷刺人，說他／她沒有錢就該安份些，不可裝闊。

　　大哥：用錢來撐場面；這裏跟「長兄」無關。

【17】

豬肚煮湯，嫌無菜；土豆擘旁，你著知！

Ti-tō͘ chú thng, hiâm bô-chhaì; thô͘-tau peh-pêng,
　　lí tióh-chai.

Tī-tō͘ chu thng, hiām bō-chhaì; thō͘-tau pé-pêng,
　　lí tiō-chai.

嗜美食招窮苦。

　　警語。父母用來教訓兒女，不可貪嗜美食；浪費金錢於飲食的，必招致貧窮。譬喻是，一個不知足的挑食者，他竟然嫌棄「豬肚煮湯」，以為不夠好。從修辭上言，用「…嫌無菜；…你著知！」來做對偶反對式，表現得非常可愛，腳韻［-ai］也真響亮。

　　背景：有「豬肚煮湯」可吃，能說是「無菜」嗎？不能！我國一般家庭的飲食，主餐來一大碗「青菜豆腐湯」雖不稀罕，但能夠吃「豬肚湯」的，頗不常有。豬肚湯算是「腥臊」的料理，就是殷富的家庭也不常享受。昔日的豬肚少又貴，那麼幾個豬肚早就被飲食店買斷，去做「四神豬肚湯」或「肚片筍絲湯」了。

　　什麼是「土豆擘旁」呢？舊時貧民吃「泔糜」的時候，捨不得一次配一粒花生仁，而是分成兩半來配泔糜的。當然，從吃「豬肚湯」猶嫌不足，陷落到僅有半粒花生米配稀飯的人，其痛苦不言可知。

【18】

庄腳趁，市內食，三年做乞食；市內趁，庄腳食，三年著好額。

Chng-kha thàn, chhī-laī chiảh, saⁿ-nî choè khit-chiảh;
　　chhī-laī thàn, chng-kha chiảh, saⁿ-nî tiȯh hó-giảh.

Chng-khā thàn, chhī-laī chiā, sāⁿ-nî chó khit-chiā;
　　chhī-laī thàn, chng-khā chiā, sāⁿ-nî tiō ho-giā.

致富之道，開源節流。

　　教人節儉致富的原則。低收入不可以高消費，否則難免貧窮；反之，富足可期。顯然，本句是近代台灣的俗語，用「庄腳」和「市內」生活水準的差距來發揮教訓的。這句話的修辭是對偶反對式，真是對得相當工整，也對得非常有道理。

　　雖然我國都市發展迅速，城鄉界線日漸模糊，但是大都市和小鄉鎮的生活費用高低懸殊。這句俗語，還是很有參考價值的。

　　庄腳：鄉下。　*好額：有財產的人。*

【19】

擋久，著輸管甫。

Tòng kú, tiȯh-su koán-hú.

Tóng kú, tiō-sū koan-hú.

吃人的高利貸。

　　清朝時期，台灣老先人用來表示對放高利貸者的厭惡和驚慌。意思是：向「管甫」借貸的人，不久就會被剝削淨盡。

　　背景：清代調自福建各營來台「守衛」，管理治安的的班兵，稱爲「管甫」。他們多以放高利貸給窮困的台灣「同胞」爲業。他們搞的是所謂的「五虎利」，例如，借一百錢，每日納利息五文，一

直到還清母金之日為止。❶因其利息非常重,借貸者常因此被迫
典妻賣子,來償還債務。台灣的窮人被他們剝削的一定很多,因
此留下了咒詛這一幫人的俗語:「放五虎利,好繪過後代!」(→.
23)

　　擋久:時間拖久。　　*著輸:則敗給(對方)。*　　*利〔lai〕:利息
也。*

【20】

鹹水,嘴焦人飲。

Kiâm-chuí, chhuì-ta lâng lim.

Kiâm-chuí, chhuí-ta lâng lim.

飲鴆止渴。

　　舊時,向放高利貸的人借錢的無奈和怨嘆;這也是殘忍的放
債者有恃無恐的心理。這句俗語描寫台灣先人的艱難,眞是入木
三分:明知飲鹹水不能止渴,但「嘴焦」難忍,只好「痛飲」苦澀的
鹹水,奈何?

　　嘴焦:口渴。

【21】

利拖母,母拖利。

Lī thoa bú, bú thoa lī.

Lī thoā bú, bú thoā lī.

債癌分裂。

　　形容「利加母,母加利」,複利生息的可怕,債款增加之速,
如滾雪球,像泥石流,令人喪膽。

　　*利…母:利息和母金。利和「母」連用時讀做〔lai〕;利息,則讀
做〔lī-sek〕。　　拖:滾成(更大量);這裏不做「拖延」解。*

【22】

三保，六認。

Saⁿ pó, la̍k jīn.

Sāⁿ pó, la̍k jīn.

窮人沒有信用？

　　這是窮苦人的深刻感嘆，道出他／她們借貸時，或是託人交涉重要事務時，必然遭遇到的困難。貧民普遍地被視同沒有信用，或信用度極低；要對方不小心在意，要求「三保」、「六認」也難。可是，窮人何來這麼多的保證人呢？可憐啊！

　　三保：三個保證人。按民間慣俗，保證人通常是二人。　　六認：六個人背書。

【23】

放五虎利，好繪過後代。

Pàng ngó·-hó·-laī, hó boē-koè aū-taī.

Páng ngo·-ho·-laī, ho bē-koé aū-taī.

惡行惡報！

　　咒詛放高利貸的人。意思是說，雖然他們錢是賺了很多，但他們的後裔勢必無法享用這些不義之財──這是我國相當牢固的民間信仰。

　　放「五虎利」的，普遍被人咒詛；古以色列人對於這一類人物，也毫不寬赦，說：「以高利貸剝削他人致富的，他的財富終必流入那體恤貧窮者的手中。」（《聖經·箴言》28:8）

　　五虎利：→.19。　　好繪過後代：禍患殃及子孫。

【24】

歸身軀，專專債。

Kui sin-khu, choan-choan chè.

Kuī seng-khu, choān-choān chè.

債務纏身。

　　譏刺人一身是債，人人避之惟恐不及。

　　歸身軀：全身。　 專專：僅僅（有、是）；沒有任何N，只有Y。

【25】

散借，富還。

Sàn chioh, pù hêng.

Sán chioh, pú hêng.

窮時借錢，有錢該還。

　　用做警語。提醒人不可忘記還債。救急的「散借」，如解倒懸，眞是萬幸；「富還」，宜當欣喜，常懷感激。

　　散：散鄉，貧窮也。

【26】

企得放債，跪得討債。

Khiā-teh pàng-chè, kuī-teh thó-chè.

Khiā-té páng-chè, kuī-té thó-chè.

討債難如登天。

　　用做警語。這句俗語的重點在於第二分句，用來提醒人不可隨便「放債」，因爲「討債」是很困難的。雖然把錢借人時姿態可能擺得很高，但遇到蠻橫的賴債者，就是給他下跪也收不回債務。

【27】

欠錢大王，討錢師傅。

Khiàm-chîⁿ taī-ông, thó-chîⁿ saī-hū.

Khiám-chīⁿ taī-ông, thó-chīⁿ saī-hū.

另類金融大師。

　　用來譏刺借錢賴債專門，收回借款屬害萬分的人。句裏用「大王」和「師傅」來表示高超的借錢和討債功夫。「欠錢大王」有夠屬害，無須本錢，耍著一套弄錢魔術。

　　大王，古封建國王，或舊社會草莽強人的稱呼。不知爲甚麼，戰後從中國進口了無數「大王」，從「臭豆腐大王」、「牛肉麵大王」、「北京烤鴨大王」、「魯鴨頭翅腳大王」，到「擦皮鞋大王」或「炒地皮大王」等等，不可勝記！

　　王風所及，樸實的台灣人也紛紛跟進，街頭巷尾產生了好多大王，像「鼎邊趖」啦，「蕃藷箍糜」啦，「麵線糊」啦，「牛肚切仔」啦，「搞檳榔」啦，也都紛紛稱王！眞是令人啼笑皆非。

　　不過，諸王要揚名於街道，多少須要本錢，也要一手功夫！比起那無本的「欠錢大王」，實在可愛得太多了。

【28】

借錢一樣面，討錢一樣面。

Chioh-chîⁿ chi̍t-iūⁿ bīn, thó-chîⁿ chi̍t-iūⁿ bīn.

Chió-chîⁿ chi̍t-iūⁿ bīn, tho-chîⁿ chi̍t-iūⁿ bīn.

錢面，一陰一陽。

　　借錢來救難的時候，卑躬屈膝；債主來索債的時候，刁滑賴皮。

【29】

食肉滑溜溜，討錢面憂憂。

Chia̍h-bah ku̍t-liu-liu, thó-chîⁿ bīn-iu-iu.

Chiā-bah ku̍t-liū-liū, tho-chîⁿ bīn-iū-iu.

爽快啊，借錢吃腥臊。

警語。教訓人切莫爲了購買不必要的東西而借貸，以免來日還債時的痛苦。句裏是用借錢「吃好料的」爲譬喻來說：不要認爲別人的錢好用，還債的時候就知道不是滋味。眞感謝先人，提示我們借還的「滑溜溜」和「面憂憂」的矛盾。

　　這句俗語的修辭和音韻都很漂亮，用的是對偶反對式：「食肉」和「討錢」，「滑溜溜」和「面憂憂」，都對得很妙，很實在！

【30】

煌先撮嘴齒──七撮八撮。

Hông-sian chhoah chhuì-khí──chhit-chhoah peh-chhoah.

Hōng-sen chhoá chhuí-khí──chhit-chhoá pé-chhoah.

强人之難調寸頭。

　　用來恥笑人四處張羅，甚至強行調用金錢，來渡過緊急的困難。這句歇後語相當特別，用舊時「煌先撮嘴齒」的醫療行爲做譬喻，來說經濟上的「七撮八撮」。

　　背景：煌先，煌先生也。他曾行醫於南投草屯一帶，是一位頗有名氣的赤腳醫生。他的醫術學自昔日來我國行醫的蘭大衛醫生的再傳弟子。❷

　　煌先雖然內外科精通，但是牙科實在外行，因應患者緊急須要，只得請他來拔除齲齒。在家族的圍觀下，煌先笨手笨指，力拔蛀牙。家屬看在眼裏，痛在心裏，大大不滿煌先，說他是七撮八撮。

　　現在，南投草屯一帶的老兄姊大多忘記煌先曾是本地區的大國手，但在經濟困難，調度失靈時，卻能怨嘆「煌先撮嘴齒」──七撮八撮。

　　赤腳醫生：異於「密醫」，他們是持有政府核准行醫執照的醫生，

因為不是科班出身的，故名。 撮嘴齒：挽嘴齒，拔牙齒。 七撮八撮：本句，喻指應用一切方法，到處大力調借金錢；原義是，缺乏技巧，但用蠻力拔除（牙齒、黏著物，等等）。 蘭大衛(Dr. David Landsborough)：英國醫療傳教士，名醫也。1895.12.18來到台南，後創立彰化基督教醫院；清末至日據時期，救治國人無數。蘭夫人，曾割己皮補我病童的善舉，留下「割膚之愛」的千古美談。其子、媳是腦科和婦產科的名醫，繼承老蘭醫生來我國醫療傳道，新建彰化基督教醫院和設立護理學校，對我國的醫術和醫療貢獻良多，仁心仁術，有口皆碑。

【31】

軟限，卡贏硬挽。

Nńg ān, kah-iâⁿ ngē-bán.

Nng ān, ká-iāⁿ ngē-bán.

不行也，賴皮。

警語。用來教示人欠債不可賴皮拖延，企圖逃債，有困難必須禮貌地要求債主暫緩些時。

軟限：低聲下氣，來要求寬限；限音[ān]。 硬挽：勉強拖延。

【32】

有借有還，再借不難。

Ū-chioh ū-hoân, chaì-chioh put-lân.

Ū-chioh ū-hoân, chaí-chioh put-lân.

信用守則第一條。

這是一句有名的警語。借錢是不得已的應急手段，感激地奉還所借乃是天經地義的事，根本不必要考慮是否再來借貸的問

題。人是很「健忘」的，可能要等到再借的時候，才「憶起」舊債未還吧！本句見於，《通俗常言疏證‧貨財》、《諺語格言》；《西遊記》做「好借好還，再借不難。」(第16回)，屢見於其他章回小說。

【33】

還了債，起了家。

Hêng-liáu chè, khí-liáu ke.

Hēng-liau chè, khi-liau ke.

債清家興。

　　用法類似上一句。但是本句把還清債務強調成「興家」的因緣，頗能反映民間的勸善傳統。

　　應該注意體會的是：先人把還債之舉，放在富足之前！其理何在？豈不是說，一個能重視道德義務，不忘還債的，也必然是志氣高昂，願意奮發，拚命工作的人。這種人的興家機率當然會來得比一般人高。

【34】

錢四腳，人二腳。

Chîⁿ sì-kha, lâng nñg-kha.

Chîⁿ sí-kha, lâng nñg-kha.

錢跑得真快哦！

　　感嘆賺錢不易，花錢極快。先人的說法相當有趣，他／她們把錢兒「野獸化」，說它有「四腳」，比人類多了兩腳，所以追不到它。

【35】

錢銀，三不便。

Chîⁿ-gîn, sam put-piān.

Chīⁿ-gîn, sām put-pēn.

刷卡，如何？

　　舊時慷慨大方的親友或熟人，向來調頭寸的人所說的「理解」的話；替難爲情的對方緩頰。意思是說：錢，大家都有不方便的時候，週轉一下沒有問題的。——昔日，錢銀是以重量爲計算單位，眞有「攜帶」不便的時候；那麼，現代的「刷卡」怎樣？要是說：「刷卡，三不便！」您有什麼高見？

　　三不便：有時不方便(缺乏)。三，偶爾，「三不五時」之簡略。

【36】

皇帝，也會欠庫銀。

Hông-tè, iā-oē khiàm khò·-gîn.

Hōng-tè, iā-ē khiám khó·-gîn.

皇帝仍須節儉。

　　用來教導子女，就是有錢也不可以隨便花。譬如皇帝富有天下，也有缺錢用的時候，何況是我們小老百姓呢！當然，這是我純良的先人一廂情願的想像。君不見，中國歷代皇帝，那一個不是國庫通家庫的；就是民國時期，還不是黨庫通國庫的！不過，這句俗語所要說的，乃是「資源有限，必要節儉」。這卻是很有道理的！

　　庫銀：國庫的銀錢。

【37】

掠生，塞死。

Liàh siⁿ, that sí.

Liā siⁿ, that sí.

以債抵債。

這是負債的窮人的感嘆。滿身是債難以還清，試圖舉新債來抵還舊債。

掠…，塞…：沒有根本差異的取代。例如，「掠水鬼，塞涵孔。」應付了事，不是辦法。 生…死：喻指新債、舊債。

【38】

剪內裾，補尻脊。

Chián laī-ki, pó˙ kha-chiah.

Chen laī-ki, po˙ khā-chiah.

搪塞應付。

用來嘲笑人面對許多債務，沒有還債的能力，只好在大小債務中翻滾。譬喻是用內裾補尻脊來突顯這一剪一補的無助。無疑的，外衣的破洞豈是內裾所能牢靠縫補的？這樣，不但多了一個新洞，而新補靪可能很快就被繃裂。

內裾：上衣的襯裏，內裏也，通常都比較外衣的布料單薄。 尻脊：外衣背部一帶。

這句俗語雖然主要地用指金錢調度的困頓，但另一方面也足以用來譬喻台灣人集體意識的一種特徵：面子要緊，內裏隨便。國人，尤以政治人物的死愛面子，死不認錯，死守舊制的毛病，豈不是另類的「剪內裾，補尻脊」嗎？這種心態乃是革新、進步和文明的阻力。耶穌說過這樣的話：

沒有人拿新布料去補舊衣服，因為新的補靪會扯破那衣服，使裂痕更大。也沒有人拿新酒裝在舊皮袋裏，這樣做的話，皮袋會漲破，酒漏掉，連皮袋也損壞了。要把新酒裝在新皮袋裏，那麼，兩樣就都保全了。(《聖經·馬太福音》9:16-17)

　　人間的黑暗腐敗也好，人心的昏庸頑冥也好，ROC在國際上的頑顢困頓也好，自救之道無他，只有棄破裘造新裝一途。在一件穿了50年，破爛不堪的老棉裘上面來剪貼，來濫補，是浪費生命的妄動！

【39】

知進唔知退，識算唔識除。

Chai-chìn m̄-chai thè, bat-sǹg m̄-bat tî.

Chaī-chìn m̄-chaī thè, bat-sǹg m̄-bat tî.

見其利，而不見其害。

　　用來強調「經濟生活」應該精打細算，不可只是考慮單方面的因素，否則無異於莽撞的粗漢、不會加減的商人。類語有：「會算𣍐除，糶米換蕃藷。」「會曉食，𣍐曉算。」賣米然後再買進蕃藷，是以貴易賤，豈是有利的盤算？

　　識算：知道考慮有利的部分。　　識除：不會考慮負面的、損失的部分。　　糶米[thiò-bí]：賣出白米。

【40】

死窟仔水，捷㧩也會焦。

Sí-khut-á chuí, chia̍p-hò͘ iā-oē ta.

Si-khut-a chuí, chia̍p-hò͘ iā-ē ta.

補給斷路。

　　用做警語。勉勵人在經濟生活上，必要開源節流，如同泉源豐盛的水井，否則便是有限的蓄水池，水很快就會用完。類句有：「死窟水，無若濟通㧩。」

　　死窟水：露天的，沒有水源的小水池。　　捷㧩：用㧩斗頻頻盤水到窟外。　　焦：乾涸。　　無若濟[bô loā-chē]：（量、數）不多。

【41】

活泉食燴焦，死泉食會了。

Oa̍h-choâⁿ chia̍h boē-ta, sí-choâⁿ chia̍h oē-liáu.

Oā-choâⁿ chiā bē-ta, si-choâⁿ chiā ē-liáu.

泉源豐盛，供水充足。

　　用法和意思類似上一句。但本句修辭用的是對偶反對式：「活泉」對「死泉」，而以「食燴焦」對「食會了」──形式美麗，意義深刻，對得太好了！

　　食燴焦：（水、食物）食不盡，喝不乾；相對詞是「食會了」。

【42】

家有千金，不如日進分文。

Ka iú chhian-kim, put-jû ji̍t-chìn hun-bûn.

Ka iu chhēn-kim, put-jū ji̍t-chìn hūn-bûn.

大死錢，不如小活錢。

　　這是有名的老諺，可用做警語。勸人維持經常的收入，不要坐食祖產、老本。語見，《元曲選‧東堂老》，屢見章回小說。

【43】

無錢通買藥，有錢通買棺柴。

Bô-chîⁿ thang bé-io̍h, ū-chîⁿ thang bé koaⁿ-chhâ.

Bō-chîⁿ thāng bé-io̍h, ū-chîⁿ thāng be koaⁿ-chhâ.

不得不埋也！

　　恥笑人用錢不當，應該付出的小錢捨不得，以致於不得不花大錢來善後。譬喻是，買藥治病沒錢，買棺材則有。類語有：「有錢買蚊仔香，無錢買蚊罩。」意思是說，即使治本的錢所費較

少，卻願意花較多的錢來治標。

　　無…通…，有…通…：這是常用的台語句式，構造是「有A來做X，沒有A來做Y」，例如：「無時間通讀冊，有時間通臭彈。」　*蚊仔香*[báng-á-hiuⁿ]：蚊香也。　*蚊罩*[báng-taù]：蚊帳。

【44】

要做猴頭，唔做會頭。

Beh-choè kaû-thaû, m̄-choè hoē-thaû.

Bé-chó kaū-thaû, m̄-chó hoē-thaû.

包賺vs.風險。

　　諷刺地說，人應該從事包賺不賠的工作或生意。句裏所用的二個表象取自民間的二顆大頭，「猴頭」和「會頭」。前者，係屬暗路的勾當，是包賺的「頭路」；後者，是民間標會的召集人，常有倒會的可能，「裩褲走𣍐離」的風險。這句顯然是反諷，君不見，古今台灣人做「猴頭」的萬中無一，但是做「會頭」的比比皆是。

　　猴頭：舊時稱娼妓寮的老闆。　會頭：招集「會腳」，主持標會，從中取利的人。　頭路：職業也。

【45】

水蛙，含水過三冬。

Chuí-ke, kâm-chuí koè saⁿ-tang.

Chui-ke, kām-chuí koé sāⁿ-tang.

窮漢，學蛙冬眠？

　　用來形容窮苦人吃苦過日，宛如青蛙含水入洞冬眠。句裏的譬喻表象顯得非常悽涼，窮漢的困境竟然被比擬成含水過嚴冬的蛙蛙！——比對來看，德國的流浪漢大多是「含酒」過冬的。同樣是天涯艱苦人禦寒，爲甚麼我們的「含水」，德意志的「含酒」？

【46】

濟虱繪癢，濟債繪想。

Chē-sat boē-chiūⁿ, chē-chè boē-siūⁿ.

Chē-sat bē-chiūⁿ, chē-chè bē-siūⁿ.

叮出了一身厚皮！

　　斷言，債台高築的人會變得賴皮，好像身上多虱，被叮慣了，也就不覺得癢。本句修辭是對偶同義式，用多「債」對多「虱」，實在對得頗有道理；用「繪癢」對「繪想」，卻對得相當無奈，萬分悽慘。

【47】

人肉鹹鹹──繪食得。

Lâng bah, kiâm-kiâm──boē-chiȧh--tit.

Lāng bah, kiām-kiâm──bē-chiā--tit.

吃不得也。

　　用法有二：一、恥笑人債台高築，又很會賴債，身無長物，只有一堆臭鹹肉。二、橫蠻的負債人的「信條」，意思是說：債我是還不了的，這身肉鹹得很，難道你敢吃？──極大部份債主是不敢吃的！因爲「好額人，驚死」也！

　　賴債不可取，但「人肉不可吃」的認識是可取的，是文明的！比中國的民族英雄岳飛文明得太多了！也許您還記得，國府宣傳「反攻大陸，消滅共匪」的那一段時期，各級學校，公私演唱，莫不爭相高吭：

　　　　靖康恥，猶未雪。

　　　　臣子恨，何時滅？

　　　　駕長車踏破，賀蘭山缺。

壯志飢餐胡虜肉，笑談渴飲匈奴血。(岳飛《滿江紅》)

　　人命應受尊重，不論人我；人肉不可吃，就算是敵人的！想到這裏，無名恐慌震動心懷，突然猛省我國治安紊亂，殺人、綁架，兇案層出不窮，是否國府過去「殺共匪」一類的「恨之教育」正在開毒花，結凶果？

【48】

身軀無錢，對淺位上山。

Sin-khu bô-chîⁿ, tuì chhián-uī chiūⁿ-soaⁿ.

Sēng-khu bō-chîⁿ, tuí chhen-uī chiūⁿ-soaⁿ.

腳踏實地也。

　　用做警語。教示人凡事應該量力而為，不可好大喜功，以免失敗；個人的經濟生活，也是這個道理！

　　背景：舊時，碼頭因陋就簡，形同虛設，船一靠岸，富者可僱人背上岸；沒錢的，只好尋找水淺的地方自己涉水上陸。

　　淺位：水淺的位置。　　上山：上岸，上陸。

　　李登輝總統接見「摩根全球總裁」Philip Purcell的談話中，說我國經濟策略各個時期不同，但不會好高騖遠，「有多少實力，做多少事。」(《中央日報》1998(11.17):3)這是很實在的做法！跟先人所說的「身軀無錢，對淺位上山！」有異曲同工之妙。其作風跟中國領導人「要核子，不要褲子」，真有天淵之別！

【49】

欠債怨財主，不孝怨父母。

Khiàm-chè oàn chaî-chú, put-haù oàn pē-bú.

Khiám-chè oán chaī-chú, put-haù oán pē-bú.

恩義的健忘症。

用做警言。點出負債者怨恨債主，不孝的子女怨恨父母的普遍現象，來喚起人的甦醒。語見，《注解昔時賢文》。

典故：董永家貧，賣身於富家，得錢葬親後，路逢織女，求為永妻，同歸永家，織絹償還，別永辭歸，乃引諺曰：「世人欠債怨財主，不孝怨父母。今君不敢有此，故來相助耳！」(《賢文》舊注)

財主：這裏指的是「債主」，跟大富翁無關。

從上面所引《昔時賢文》的典故看來，欠債怨財主和不孝子怨父母，好像古今都是很普遍的現象，以致於賢慧的「織女」姑娘，被董大孝子的不怨債主、不恨父母而感動到自薦為妻。

那麼為甚麼說，欠債的、不孝的，會怨債主、恨父母呢？個別的理由難以盡言，其共同點可能是「義務」意識和「感謝」心理的失落，以及要求和期待的幻滅吧。就算這個債主是放「五虎利」的，這對父母是惡毒的，也不必懷恨。因為急時的紓困，就算是三五十元；兒時的養育，若僅有二三載，這一切也曾是無常人世，不可逆料的變遷中的善因善緣。薄情寡恩，引嫉恨毒火自焚，何苦？

【50】

無債，一身輕。

Bô-chè, it-sin khin.

Bō-chè, it-sīn khin.

福至心靈。

形容沒有負債的心情是多麼輕鬆自在。

先人常說，「平安就是福！」看了這句俗語，我們要說，「無債，就是福！」因為「無債」才會輕鬆；身無債務，也就自然而然

地「心涼，脾土開！」(→213.01)

【51】

錢尋人，財王；人尋錢，發狂。

Chîⁿ chhoē-lâng, chaî-ông; lâng chhoē-chîⁿ, hoat-kông.

Chîⁿ chhoē-lâng, chaî-ông; lâng chhoē-chîⁿ, hoat-kông.

財王謝絕，發狂可免。

　　用做警語，戒人不要一心一意追求財利。句裏含有「財運」的俗信，所以說「錢尋人」則成爲「財王」，否則拚命求財，結果是「發狂」。本句的修辭是對偶反對式，「錢尋人」對「人尋錢」，其結果是「財王」和「發狂」。

　　　財王：成爲財主也；坊間有做「財旺」的。

　　以「人尋錢，發狂」來說，台灣人在世界的「尋錢史」上，普遍瘋狂的程度穩獲世界第一。且不談台商的拚命尋錢，僅以玩股票來說：有買股票而傾家蕩產、自殺避債的，或索股債而殺人的；有逃亡天涯海角來賴股債的；有小公務員嫌棄薪水微薄而辭職來專炒股票的；有高中老師迷上股票而上課大談股市的；有老師命令小朋友自修來專心收聽股市行情的；有基督教牧師在講壇上宣傳股票多於傳福音，而獲得「股票牧師」的綽號。

　　上面所舉，由小見大，不難想像現代台灣人多數眞是爲錢發狂了！但願雨過天晴，多用靈性、智慧、勇氣，來確保台灣前途的安全和全體台灣人的平安。

【52】

有錢，卡贏好額。

Ū-chîⁿ, kah-iâⁿ hó-giảh.

Ū-chîⁿ, ká-iāⁿ ho-giảh.

沒錢的富翁，奈何！

　　用來恥笑寒酸的大戶人家，他們不動產雖多，但是日常消費宛如貧民，大大不如日日見財、有錢的生意人。

　　有錢…好額：這是「有錢人」和「好額人」的省略詞。此二者主要的不同是：前者現金多，金光閃閃，消費多，人緣好；後者不動產多，田土烏烏，勞動卡多，享受沒有。　卡贏：勝過，好過。

【53】

錢金，人著清心。

Chîⁿ kim, lâng-tiȯh chheng-sim.

Chîⁿ kim, lâng-tiō chhēng-sim.

金花怒放心歡喜。

　　用法有二：一、斷言，有錢人比窮人快樂。二，調侃事業得意，顯得滿足快樂的人。如此消遣，並不一定因為他真的發財，寧可說是他太「清心」了。

　　錢金：喻指財源豐富。字面義是閃閃發亮的金元寶，滾滾進賬的黃金美鈔。　清心：欲望得到了滿足，心無掛礙，表現得一身輕鬆，滿面春風。

　　有錢人比窮人快樂又有自信，個人如此，國家也應該如此！也許，因為我國有836億美元的外匯存底(1998.7)而外債只有1億美元的經濟實力。也許，因為我國經濟自由化，有了豐碩的成果，被國際所重視，而給行政院長蕭萬長有機會自信滿滿地在美國《富比士雜誌》上面介紹「台灣：仍在呼嘯的老虎」。(→《自由時報》1998(11.18):2)

　　那麼，台灣錢金，在國際上應該可以跟人家平起平坐囉？但事實不然，台灣在「國際貨幣基金」沒有地位！台灣在「世界銀行」

沒有名目！台灣在「聯合國」沒有席次！台灣人連要參加國際乒乓賽、童子軍露營，都得隱姓埋名哦！有此一說，我國的總統要去美國，也得中國的許可！

錢金，人不一定清心！若個人沒有尊嚴，那來清心？若是國家沒有獨立自主的國際人格，她的國民，怎麼會清心？清心和錢金，沒有必然的關係！

【54】

心頭若無定, 錢就著無命。

Sim-thaû nā bô-tiāⁿ, chîⁿ chiū-tio̍h bô-miā.

Sīm-thaû nā bō-tiāⁿ, chîⁿ chiū-tiō bō-miā.

心神不寧，傷財之源。

用做警語。勸戒人心意專一清淨來做生意做事，要是心意不安定，很可能喪失財利。這句俗語把賺錢賠錢關聯著「心頭定」，是很有意思的教示。

心頭定：心靈平安，意志專一。　無命：喪失(錢財)；這裏是把「錢」人格化的，於是「錢」也就會生、會死了。

注釋

1. 「五虎利」和「管甫」二詞，連雅堂有釋。參看，連雅堂《台灣語典》（台北：金楓出版社，1987），頁280-281。

2. 參看，陳修「撮嘴齒」《台灣話大詞典》，頁435。

第八節 生活態度

本節分段：

【01】

第一食，第二穿，第三看光景，第四趁錢著來用。

Tē-it chiàh, tē-jī chhēng, tē-saⁿ khoàⁿ kong-kéng, tē-sì
　　thàn-chîⁿ tiòh-laî ēng.

Tē-it chiā, tē-jī chhēng, tē-saⁿ khoáⁿ kōng-kéng, tē-sì
　　thán-chîⁿ tiō-laī ēng.

生活第一關：吃和穿。

　　這是台灣民間的一句順口溜。她溜出奮鬥中的窮苦人的願望，道出飢寒中要吃得飽，穿得暖的「弘願」。我們說，這是窮人的夢想，因為對於有錢人，這四項是日常小事，何足掛齒，何必誦唸！

　　本句的類語有：

　　　　第一食，第二穿，第三做人情，第四有錢則來還。

　　　　第一食，第二穿，第三翻曆頂，第四則來還。

　　　　一食二穿，三行四用；無食無用，啥路用？

　　做人情[choè jîn-chêng]：社交應酬，紅包白包等等的禮尚往來；窮人是很難「做人情」的，因為「人情世事陪隋到，無鼎閣無

灶！」 則來[chiah-laî]:條件詞，表示「有了甲條件，再來做乙事情」，意思是說，目前還沒有還債的條件，現在還是個甲級貧民。

翻厝頂[hoan chhù-téng]:窮人因為經濟條件差，無法拆掉破屋來新建「紅磚黑瓦厝」，多年勤儉積蓄，能夠翻修破漏的屋頂就得謝天謝地了。所謂「翻厝頂」有二種可能：一、換一頂新茅草屋蓋，或除去腐草加些新茅草來補強。二、窮人小發財了，可能拆去茅草屋頂，換上洋鐵皮的──竹管厝洋鐵皮屋頂的房屋，在我國四五十年代的鄉鎮還是相當普遍的。

【02】

千辛萬苦，攏是爲著這個腹肚。

Chhian-sin bān-khó·, lóng-sī uī-tioh chit-ê pak-tó.

Chhēn-sin bān-khó·, long-sī uī-tiō chit-ē pak-tó.

爲腸肚而奮鬥！

這是貧窮的勞動者的怨嘆，用來發洩辛苦工作只是求個免於飢餓。相似語有：「千辛萬苦爲著団佮某，走東走西爲著這個嘴腔。」第二句，指出這個可憐的窮漢又多了一層怨嘆：「某佮団」的重擔──100年前的台灣老阿媽是沒有什麼就業訓練的，能做些針線、炊粿縛粽的，就已經是很賢慧了。

攏是：限定語，相同於「總是」，一切儘在於此。　某佮団：指家庭。　這個嘴腔[chhui-khang]：意指「吃飯」，維持老命也。　走東走西：東奔西走。

【03】

食清米飯，熊柴旁。

Chiah chheng-bí-pñg, hiân chhâ-pêng.

Chiā chhēng-bī-pñg, hiān chhā-pêng.

提高生活品質？

　　昔日，窮人心裏的美夢：鄙人發財之後，三餐一定要吃香噴噴的「清美飯」；廚房也要改建，讓我的牽手用「柴旁」來煮飯煮菜。唉！他這一生的「天人交戰」，原來是爲了要吃一碗白飯！

　　清米飯：沒糝雜糧，清一色的白米飯也。舊時的「好額人」才有吃清米飯的份，超級窮人淪爲乞食，甲級貧民撿些野菜來吃，乙級的食蕃藷簽乾糝幾粒糙米。總之，清米飯是富者的食物。　熊[hiaⁿ]：燒柴燃火煮物，不要讀做[hîm]。　柴旁：材質好的樹幹劈成尺來長，以便於熊灶煮飯做菜。好的柴旁，能燒出火焰而少黑烟，如相思仔柴、九芎仔柴、麻黃仔柴。五十年代以前，熊柴旁是家境富裕的象徵；窮人大多撿些樹枝雜草來做燃料，就是一般小康的農家還是「熊草絪」[chhaú-in]的。

　　看了這句俗語，相信不會用現代的環保觀念來批評老先人，因爲他們大概還不知道「熊柴旁」會刺激不法商人勾結黑官來濫伐樹木，盜砍樹林。家家戶戶用柴旁做燃料的話，勢必嚴重破壞自然環境，結果是山崩地裂，泥石流和洪流反撲而來──就算是種樹多於砍樹，燒柴旁也有污染空氣的種種弊害。

【04】

會食則會做，會睏則會大。

Ē-chiah chiah ē-chò, ē-khùn chiah ē-toā.

Ē-chiā chiah ē-chò, ē-khùn chiah ē-toā.

食睏，二大保障。

　　舊說，飯吃多的工人力大，睡眠深熟的嬰孩長得快。但本句的強調點在於第一分句，那是老闆用來「安慰」自己，寄望僱工飽食之後，給我大力打拼。至於用「會食則會做」來諷刺黑官，則是

國府流亡來台以後的新用法。第二分句則是古今的育兒經。

【05】

趁也著趁，食也著食。

Thàn iā-tio̍h thàn, chia̍h iā-tio̍h chia̍h.

Thàn iā-tiō thàn, chiā iā-tiō chia̍h.

戇牛開窾。

　　用來關心不眠不休地追錢的人，提醒他認眞賺錢雖是本分，但也應該吃些「好料的」，否則何異於台灣牛？

　　趁：泛指工作賺錢。　食：包含食飯和享受。

　　這句俗語很有意思，把「趁」和「食」密切地關聯在一起。於是「工作」的同義詞是「趁食」：賺錢的目的是要「食」，維持一己的老命是生活首要的事務也。然而，錢趁多了，財旺了，這時候的「食」豈可僅僅止於「療飢」？而必要「提升」到某種社會階層流行的「享受」：不是吃「飽」，是要吃「巧」[khá]！這好像是說，要一直到有錢來吃巧的時候，才算擺脫了「盡趁盡食」的「趁食人」身份，才算是「出頭天」的人。

　　話又說回來，據悉有少數台灣人喜歡出國觀光去吃「奇巧的」，害得地主國的熊斷掌、鹿欠鞭、犀失角、蛇絕種、穿山甲無皮。這種報導屬實的話，豈不表示台灣人還沒有從唐山舊文化脫胎換骨？

【06】

一日無事，小神仙。

Chi̍t-ji̍t bô-sū, sió sîn-sian.

Chi̍t-ji̍t bō-sū, sio sīn-sen.

無事：深層的盼望。

這是先人在連續不斷的操勞過後,稍可喘一口氣之時,情不自禁的感嘆。的確,「無事」離他／她們現實的生活情景是太遙遠了!

看了這句俗語,好像看到了一幅村老的行樂圖:刺竹圍下,椅條上面安置著棋盤,二端有裸露上身、僅穿黑布內褲的老人,右手各執著燃著烟草的菸桿,全神貫注於一面檜木棋盤。竹圍上有成群的白鷺鷥在觀戰,旁邊有幾個妙齡辣妹給阿公倆侍候著老人茶,二三個少年後生在兩邊助戰,或當參謀,或打先鋒,又有新婦撫弄著坐在轎車椅玩小鈴鼓的裼褲卵[thǹg-khò͘-lān]的小孫兒。

其實,先人不敢嗜想什麼清福,現實而緊急的須要僅僅是「無事」而已矣!無事者,是實存的,起碼的某些保障:大社會沒有二二八、口蹄疫、泥石流,中國吞併的威脅;個人有免於土匪的驚嚇、欺壓、傷害的自由;一冬的勞苦所得,抵得過田租、水費、肥料、粟、僱工的支出,就是小神仙了。

「無事」的蓬萊仙島尚未完全實現,勇敢的台灣子民務須努力奮鬥,認眞建設!

【07】

會曉趁繪曉開,繪曉開是戇人。

Ē-hiáu thàn boē-hiáu khai, boē-hiáu khai sī gōng-lâng.

Ē-hiau thàn bē-hiau khai, bē-hiau khai sī gōng-lâng.

生產者vs.消費者。

用來「開破」認眞賺錢,但不知道,或不願意,用錢來享受人生的親友。句子是半刺激、半諷刺地,將這種人比擬做「戇人」——其實,心裏罵的是「戇牛」!

開：這裏指的是正當的「用錢」，雖然常指不正當的花費。　開破 [khai-phoà]：勸人看穿迷障，了解事理的眞象。

【08】

日日正月初一，頓頓廿九暝。

Ji̍t-ji̍t chiaⁿ-goe̍h chhe-it, tǹg-tǹg jī-kaú mê.

Ji̍t-ji̍t chiāⁿ-goē chhē-it, tńg-tǹg jī-kau mê.

天天恭喜，餐餐腥臊。

　　道出台灣人心裏所嚮往的生活情景。用來描述的是一年當中最重要的二個節日：「廿九暝」過年，新正[sin-chiaⁿ]「正月初一」。

　　用這二個節日來喻表台灣人理想中的生活，實在很寫實，很生動。過年，人人提早收工來開始年中最長的假期；家人團圓圍爐，吃特製的火鍋，聽家長吹著唐山祖「光榮」的、無從考證的史蹟和歷史故事；然後，歡喜地收下壓歲紅包，興奮地守夜除歲。而新正，男女老幼穿新衣戴新帽，人人有禮有貌，大人個個在恭喜發財，小孩學樣，但多了一句「…紅包拿來！」——治安好像突然變好，社會一片大吉大利！

　　虔誠地爲我親愛的同胞祈禱：願大家安享「日日正月初一，頓頓廿九暝。」——胃腸，也勞煩上主特別照顧。Amen！

【09】

無錢就學佛，有錢就學仙。

Bô-chîⁿ chiū o̍h-pu̍t, ū-chîⁿ chiū o̍h-sian.

Bō-chîⁿ chiū ō-pu̍t, ū-chîⁿ chiū ō-sen.

錢氏生活觀。

　　用來調侃缺乏一貫的生活修養的人。句裏指出有一種人，他

／她們的生活方式都是用「有錢沒錢」來決定：沒有錢就「學佛」，過著清苦的、樸素的，看似很有教養的生活。一旦有錢，馬上「學仙」，可能搖身一變，成為酒仙、開仙、博繳仙、垃圾仙 [lah-sap-sen]。

　　這句俗語用「佛」和「仙」來做民間二種生活方式的標籤，頗能反映舊時台灣民間對於佛道二教的態度。然而，曾幾何時在中國佛教影響下，激起一股「有錢學佛」的熱潮。君不見，那些奔走大山門，要求所謂活佛，所謂大師特別施法加護的，沒有錢辦得到嗎？

　　近五十年來，國文老師訓誨的「富貴不淫，貧賤不移」還在等候驚蟄！

【10】

有趁無趁，嘛著飲淡薄仔！

Ū-thàn bô-thàn, mā-tioh lim tām-poh--ah.

Ū-thàn bō-thàn, mā-tiō lim tām-pō--à.

先飲再說，乾啦！

　　我們說過，這句俗語是「酒仙的幽默，用來自嘲。」(26.05) 不錯，雖然大多數台灣人絕對不是「酒仙」，但「先飲再說」的生活態度，是有其奧妙的。請問，無數艱苦的台灣勞動者，從何處獲得繼續堅持、奮鬥的力量呢？用什麼方式獲得必要的，暫時的鬆弛和調適呢？難道不是由於「有趁無趁，嘛著飲淡薄仔」一類的生活態度嗎？

　　切記，與酒有約：「飲淡薄仔！」狗爬牛飲，真見笑也！

【11】

在生唔樂，死了加鬼掆包袱。

Chaī-siⁿ m̄-lȯk, sí-liáu kā-kuí koaⁿ pau-hȯk.

Chaī-siⁿ m̄-lȯk, si-liáu kā-kuí koaⁿ paū-hȯk.

及時行樂吧！

　　用來開化「工作狂」的人，提醒他／她們應該輕鬆一下，找時間和親人朋友交交誼，喝喝老人茶，一起來觀光覽勝，找些賞心樂事來享受享受。

　　這句俗語的重點在於第一分句，用消極的語氣來強調「當樂」，而用第二分句來補足當樂的理由。——不過，「死了加鬼揹包袱」是先人「發明」的，用來滿足「樂」和「袱」的腳韻；就我所知道，台灣民間信仰沒有「小鬼包袱」一說。

　　包袱：約三尺見方的棉布巾，從四角對稱打結來收拾物件的包裹。

【12】

棋局，酒量。

Kî kiȯk, chiú liōng.

Kī kiȯk, chiu liōng.

棋酒湏加節制。

　　用來提醒人，不可迷於下棋或飲酒，因爲這兩樣都有入迷和上癮的毛病，很容易消耗寶貴的時間和健康。

【13】

開博迌，拍算第一。

Khai poȧh thit, phah-sǹg tē-it.

Khaī poā thit, phá-sǹg tē-it.

規劃生活要緊！

　　用來規勸不肖子弟。意思是說，「開博迌」有害無益，要緊的

是注意如何營生來充實生活。

　　開博迌：開查某、博繳、遊手好閒，這些都是不正經的人的行爲。　　拍算：用心考慮、計劃，努力來實現它。

【14】

坐得食，山都崩。

Chē-teh chia̍h, soaⁿ to pang.

Chē-té chiā, soaⁿ tō pang.

坐食山崩！

　　用來勸人好歹都要做些工作，不論多少，必要日日見財，以免吃盡老本；就是金山，也有挖盡用絕的一天。爲甚麼？我們的台灣俗語說得好：「活泉食𣍐焦，死泉食會了。」(27.41) 舊小說家有言：「坐吃山空，立吃地陷。」(《京本通俗小說·錯斬崔寧》)

【15】

有，呣食也是戇。

Ū, m̄-chia̍h iā-sī gōng.

Ū, m̄-chiā iā-sī gōng.

㊣台灣牛。

　　用來諷刺對待自己相當刻薄的有錢人，說這種人是「戇人」！爲甚麼？根本理由是：做工賺錢，是爲了要吃！人不吃，活不了，會成仙的！特別是「有」的人。不吃，積蓄那麼多錢何用？購置田園嗎？建築房屋嗎？存錢養老嗎？是的！但不如吃的快樂，不如吃的現實，不如吃的那麼容易滿足欲望。──當然，說這句話的人是：「無，想要食」的愚戇窮漢。

　　有：「有錢人」的省略。　　食：當然是指吃東西，不過「食」字在本句俗語有「享受」廣義的意涵，不單是指吃三餐或食物一類的。　　無：

窮人也，是「無錢的人」的省略詞。

【16】

有錢人，乞食性命。

Ū-chîⁿ-lâng, khit-chiǎh síⁿ-miā.

Ū-chīⁿ-lâng, khit-chiā síⁿ-miā.

虐待自己的富人。

　　用來罵人。譏刺有錢人過著乞丐一般的生活，他／她們的衣、食、住、行的一切的一切，都很不像樣，都在一般人的水準以下。本句，又做「好額人，乞食性命。」

　　假如，多數台灣人都是乞食性命的，那麼我們的社會是什麼樣子？──幸或不幸，台灣新進的有錢人、新發財、暴發族，都善於刺激消費；連沒有錢的人也充滿了敢消費、愛享受的衝動。社會一片大消費的結果，刺激了不少人鋌而走險，要來過著不勞而獲的、像人的生活。於是，社會百業算是興盛了，但也因之失序，人心充滿貪婪，是非不分，治安紛亂，刑案不息。

　　說不定，台灣社會「乞食性命」的有錢人佔多數的話，可能反而會比較平安！

【17】

食米，呣知米價。

Chiǎh bí, m̄-chai bí-kè.

Chiā bí, m̄-chaī bi-kè.

請關心一下食飯問題。

　　用來教訓子女，必要關心家庭的經濟生活，不可僅知吃飯。

　　鍵下此句，心裏有愧，因為不知道故鄉現在米價幾何。翻檢剪報，有1993年米價上漲的消息，說：市場價格「稻穀每公斤18.

5元，白米每公斤32.5元。」(《中時晚報》1993(11.16):10)——請問，現在蓬萊米一公斤多少錢？

【18】

今朝有酒今朝醉，明日憂來明日愁。

Kim-tiau iú-chiú kim-tiau chuì, bêng-ji̍t iu laî bêng-ji̍t chhiû.

Kim-tiau iu-chiú kim-tiau chuì, bēng-ji̍t iu laî bēng-ji̍t chhiû.

及時享樂乎？明天擔當乎？

實際上，本句比較常用的是第一分句「今朝有酒今朝醉」。用她來諷刺對於自己的生活或工作缺乏前瞻，缺乏計劃，沒有進取心，只求得過且過的人。實際上，這句話並不常用來鼓勵人及時享樂；究竟像李白的「人生得意須盡歡，莫使金樽空對月」(《將進酒》)的人生，離開一般人是太遙遠了。

然而，這句話在通俗文學上面，以全句引用爲多，那是用來寬慰凡事緊張、容易煩惱的人，要他／她看得開些，明天的麻煩，明天面對。語見，《增廣昔時賢文》。

看了先人這句「明日憂來明日愁」，令我聯想到耶穌基督所說的一句話，他說：「因此，你們不要爲明天憂慮，明天自有明天的憂慮；一天的難處，一天擔當夠了。」(《聖經·馬太福音》6:34)單從這句話的表面看，似乎和本句俗語有類似的地方；但不可忽略的，她的上文是關鍵所在，說：「你們要追求上帝主權的實現，遵行他的旨意，他就會把這一切供給他們。」(《聖經·馬太福音》6:33)奧祕儘在這個「因此」，所以勞苦中的人，可能有「一天的難處，一天擔當」的希望和力量。

【19】

飲燒酒穿破裘，無飲燒酒嘛穿破裘。

Lim sio-chiú chhēng phoà-hiû, bô-lim sio-chiú
　　mā-chhēng phoà-hiû.

Līm sio-chiú chhēng phoá-hiû, bō-līm siō-chiú
　　mā-chhēng phoá-hiû.

燒酒仙的自覺？

　　可能的用法：嗜酒如命的窮人，用來合理化自己飲酒的行
爲。──這句俗語不無如此解釋和應用的可能，但這樣用，並非
實際。（→26.08）

【20】

時到時擔當，無米食蕃藷箍湯。

Sî-kaù sî tam-tng, bô-bí chia̍h han-chî-kho·-thng.

Sî-kaù sī tam-tng, bo-bí chiā han-chī-kho·-thng.

船到橋頭自然直。

　　用來勸化人，不要爲著可能來到的麻煩、困難或禍害而操心
煩惱，「時到時擔當」可也！怎麼可能如此放心呢？先人打個譬喻
說，「無米食蕃藷箍湯」，反正不會餓死的，最壞還有「蕃藷箍湯」
可吃。

　　蕃藷箍湯：蕃藷隨意切大塊，煮白水，糝些鹽花的「料理」。

　　這句俗語在形式和意義上，都很能反映台灣人的精神境界：
一面要「時到時擔當」，而又一面要預備「蕃藷」來代替米食──顯
然是有備無患！要是連蕃藷都沒有的話，該當如何是好？希望和
信仰應該有超越「依憑現實」的境界，不是麼？不過，這就不是一
般台灣人的心性了。

其實，在漢文化傳統下，希望和信仰可歸之於天道或不可知的偶然者，非常普遍，陸游就有「自然會變好」的一種信念。他有一次出外郊遊，喜見農民慶豐年，用祝福的心吟出：

　　莫笑農家臘酒渾，

　　豐年留客見鶲豚；

　　山重水複疑無路，

　　柳暗花明又一村。

山窮水盡，看不見前途的時候，只要再走幾步，再轉個彎，就有綠柳成蔭、麗花爭艷的村庄。讚啊！人本思想傳統影響下，寄託「又一村」和「蕃薯」於冥冥之中的生活觀，是樂觀的，鼓舞了多少艱苦中人。

附記　大戰中有好長的一段時期缺米，但我們有「蕃薯箍湯」可吃！有時還能買到黑市的大塊牛肉來配蕃薯箍。現在憶及此事，真是滿心感謝！多謝我的父母兄姊，在戰爭中有辦法買到足夠的蕃薯和其他糧食。感謝三省庄的阿姨，她常送我們蕃薯，一送就是一牛車！

　　啊，我母國台灣黃皮紅心的蕃薯，妳療我飢渴，養我生命。妳滿有恩慈，何等甜美！(1998感恩節後，於Mainz)

愛拼才會贏

第三章

第一節 工作機會

本節分段：

時機很好01-03 偶然幸遇04-07 時機不好08-13

時機不合14-17 把握機會18-20 忍耐待機21-22

【01】

一孔，掠雙隻。

Chit-khang, liah siang-chiah.

Chit-khang, liā siāng-chiah.

大有斬獲。

　　用指工作的機遇好，收穫比平常的多。譬喻是獵者在田野間探洞捕獵，「一孔」捕得好多隻野獸。類語有，「好孔，一孔掠幾若尾。」

　　孔：（野獸、爬蟲、洞棲魚類的）大、小洞穴。　掠：捕捉。　好孔：形容「大利多」，大收漁利也。　幾若[kui-nā]：意指「許多、不少」，是台灣話的重要詞彙，詞式是「幾若＋量詞單位名稱」，例如：幾若尾、幾若隻、幾若個、幾若枝、幾若箱，等等。

【02】

一兼二顧，摸蜊仔兼洗褲。

It-kiam jī-kò˙, bong-lâ-á kiam sé-khò˙.

It-kiam jī-kò˙, bōng-lā-á kiām se-khò˙.

把握有利機會。

　　用法有二：一、歡喜的說出自己一舉獲得數種方便或益處。

二、調侃熟人，說他／她很會乘機取利。本句單說「一兼二顧」時，頗覺單調；整句套用則顯得比較風趣。然而，在莊重的場合務請小心應用，以免給衛道之士批評爲粗俗，他們見「褲」想到的是猥穢，沒有「兼洗褲」的天眞幽默！

　　背景：六十年代以前，我國的大大小溪流還沒有工業廢水污染，溝底、河床生有蛤蜊。暑期一到，男女少年相約來溪溝戲水摸蜊仔。但見僅穿短內褲的少年郎和穿著單薄內衣短褲的少女，成群在清澈的溪溝裏，有說有笑，用細竹條編成的糞箕或篩子，扒沙篩撿蜊仔、田螺、河蚌。

　　因爲蜊仔多得不得了，徒手往水底輕輕一摸一索，也可一次摸得數粒蜊仔。或篩或摸，不久可得足夠做給一家八口的一道美餚。摸蜊仔搞渾泥沙，褲底難免積沙一大把。怎麼辦？還不是隨時就地清洗褲子！這時，洗褲除沙的少年男女們，自覺好笑，互相調侃「讚，讚，讚！一兼二顧，摸蜊仔兼洗褲！」

　　蜊仔：台灣蜆也，又稱「扁螺」，是我國淡水野生的貝類，生殖在沙質的溝底，所以也叫做沙蜊仔。蜊仔肉質鮮美，養分高，熱量低，是國人喜愛的一道小菜。蜊仔吐沙以後，可煮薑絲蜊仔湯，或用蒜薑佐料來炒，都是很好吃的。現在因爲我國大部分河溝被廢水污染，蜊仔幾近滅絕，只好用人工養殖。「兼洗褲」的歡呼，恐怕已成絕響。

【03】

放尿，燴顧得攏褲。

Pàng-jiō, boē kò·-tit láng-khò·.

Pàng-jiō, bē kó·-tit lang-khò·.

頭家娘的苦樂。

　　這是一句相當粗陋的俗語，用來描寫小店生意好得不得了，

老闆娘連安心「解放」的時間都沒有，「攏褲」未完，就有人在喊什麼「頭家娘，給恁買…啦！」

請注意！這句㊵台灣俗語宜慎重應用，例如，不可說：「頭家娘啊，恭喜啦！妳生理好到『放尿，膾顧得攏褲！』」——有「性騷擾」的嫌疑。

膾顧得：來不及做(事、動作)。　攏褲：用雙手拉上脫下來(大小便)的內褲。

【04】

睭暝鷄，啄著蟲。

Chhiⁿ-mî ke, tok-tióh thâng.

Chhīⁿ-mī ke, tok-tiō thâng.

真註死！

用來譏刺人，把他／她的豐富收穫或利益，說是亂衝誤中。句裏用的譬喻真是不堪入耳：獲利的人被比擬做「睭暝鷄」，他／她努力的結果被鄙夷做「啄著蟲」！爲甚麼見不得好呢？

【05】

睭暝貓，抵著死鳥鼠。

Chhiⁿ-mî niau, tú-tióh sí niáu-chhí.

Chhīⁿ-mī niau, tu-tiō si niáu-chhí.

意思和用法類似上一句。

本句的酸刻度比上一句高出太多了。君不見，這兩隻可憐的眼障鷄貓雖是同病相憐的，但是功夫本事殊異：眼障鷄「啄」到的是活蟲，表示牠還有一招絕地求生的功夫，而眼障貓呢？說是用「抵」的，指出牠連嗅功都罷工，完全是無能無力地遇到腐鼠。真註死也！

【06】

歹師公，抵著好日子。

Phaíⁿ sai-kong, tú-tio̍h hó ji̍t-chí.

Phaiⁿ saīkong, tu-tiō ho ji̍t-chí.

機運比能力重要。

　　用來譏刺人無能無力，但給他遇上大利多的時機。句裏用法術道行都差的「師公」，偏偏交上好時運，「好日子」，來做譬喻。

　　這句話酸刻萬分，不只是恥笑師公差勁，更是暗諷他的「好日子」是建立在人家的「壞日子」上面。因爲，師公的法事，大醮大普不常，較常有的是喪事啊！

　　師公：民間道教的道士，或稱爲「司功」，意指專司做功德的道士。

【07】

三千年，一擺海漲。

Saⁿ-chheng nî, chi̍t-paí haí-tiòng.

Sāⁿ-chhēng nî, chi̍t-pai hai-tiòng.

良機千載難逢。

　　常用來恥笑別人，也可用來自嘲，是說所遇到的好機會是非常非常稀罕的，就像自吹有五千年歷史的中國，也只不過經驗這麼一次海漲。

　　爲甚麼我們說這是恥笑、是嘲諷呢？因爲把難得的好機運說成危害人命財產的「海漲」，那顯然是萬分刻薄的。

　　一擺：一回，一次。　海漲：海水倒灌，氾濫成災。

【08】

聞到，掠虱母相咬。

Êng-kah, liȧh sat-bú sio-kā.

Ēng-ká, liā sat-bú siō-kā.

只好「鬥虱」。

　　用來自我嘲諷。生意蕭條，或是沒有人僱用，無所事事，只好摸出藏身破裘裏的「虱母」，來看牠們彼此鬥爭。

　　鬥牛、鬥狗、鬥鷄、鬥蟋蟀不稀罕，老先人發明這種「鬥虱」才眞稀奇。

　　虱能不能相鬥，是另一個問題，我們要說的是：台灣人的生活史上，有過「鬥虱」的一頁，那並不是在遙遠的唐山，而是發生在二次大戰末期。現在六十歲以上的台灣人，應該還有印象。

　　現在，讓我們來共參「鬥虱禪」吧。從生活態度看，整天坐困愁城，強參什麼「龍游淺水」，怨嘆什麼「生不逢辰」，久而久之，難免迫出大病。倒不如摸虱鬥虱的比較有益於心理衛生：一則響應滅虱運動，養成團隊合作精神；再則掠虱滅虱，改進衛生，利益身體；三則集中精神「掠虱母」可以暫時忘憂，緩和苦楚。

　　參透「掠虱母相咬」玄機的台灣先人，終於一步步走出死蔭幽谷。

【09】

嘸識剃頭，抵著鬍鬚。

M̄-bat thih-thaû, tú-tiȯh hô·-chhiu.

M̄-bat thí-thaû, tu-tiō hō·-chhiu.

眞歹紡也。

　　用來表示一開始工作就遇到困難，宛如初出道的理髮師，第一個顧客意外的是滿面長得硬似鋼刷的鬍鬚，手頭輕重難以調整，刮缺八九枝鬍刀，還是一臉「鬍塗」。

　　唔識：未曾(經驗過、做過某事)，無關「認識」。　鬍鬚：喻指麻煩、困難。

【10】

行船，抵著報頭風。

Kiâⁿ-chûn, tú-tiȯh pò-thaû-hong.

Kiâⁿ-chûn, tu-tiō pó-thaū-hong.

一帆暴風。

　　用指工作遇到相當大的阻力，如帆船遭遇到「報頭風」，非但寸步難行，更有隨時桅折帆裂，全船沈沒的危險。

　　報頭風：強烈的暴風。

【11】

無一下，臭尿潑味。

Bô chit-ē, chhaù-jiō-phoah bī.

Bō chit-ē, chhaú-jiō-phoá bī.

毫無動靜。

　　喻指時機不好，所作所爲，應可預期的結果，卻看不出有絲毫的效果的跡象。譬喻是，某個新開張的「方便處」，經營了好多天，連一絲絲阿摩尼亞味道都沒有。可比較，「猶有臭破布味。」一語。(→33.18*)

　　無一下：沒有一點點(味道)，這裏沒有「(打、做)一下」的意思。　臭尿潑味：尿液散發的臭味。

【12】

一日討魚，三日曝網。

Chit-jit thó-hî, saⁿ-jit phȧk-bāng.

Chit-jit tho-hî, sāⁿ-jit phȧk-bāng.

討無魚啦！

形容工作的機會少，賦閒的時間多。句裏的譬喻是，漁夫在海邊曬網的時日多過下海捕魚的時間。類似語有，「一日閹九豬，九日無豬閹。」平均一天閹一隻，勢難依靠這種工作來度日。

閹[iam]：割除睾丸，仍然留其根器，迫使牠修心養性，加緊肥大；舊時，我國農家常有閹豬、閹鷄之舉。

看到「閹」字，筆者有聯想，也有感想。

記起青少年時讀過的一則故事：明朝臭頭皇帝朱元璋，命令人民在春節，必須貼門聯。朱元璋微服查訪，要看人民是否徹底實行。一日，發現某家門楣無聯，問其原因，說是身爲屠夫，得不到文人學士寫聯。

朱元璋說一聲「豈有此理！」之後，叫屠戶準備文房四寶，不假思索寫了這一幅春聯：

　　雙手分開生死路
　　一刀割斷是非根

我們都知道，太監是連根閹割的，何其殘酷！大大不如豬之僅閹雙丸──據說，沒有給閹割師傅大紅包的話，可能給他閹製成尿水四洩的「流灘太監」。

現代，流行著男人避孕，僅僅結紮輸精管，萬分愼重地保留著「是非根本」。這是很巧的設計哦！多麼詭譎地試圖結合著天道和人慾。

（本句另解，請看242.21）

【13】

千日長，一日短。

Chheng-jit tn̂g, chit-jit té.

Chhēng-jit tn̂g, chit-jit té.

時逢低潮。

斷言，工作或機運都有變得不順遂，不如意的時候。

長…短：好歹也，這裏不當做「說人家的閒話」解，也沒有「三長兩短」的意思。

【14】

畢業，失業。

Pit-giap, sit-giap.

Pit-giap, sit-giap.

這是一句現代相當流行的俗語，用來發洩學無所用，讀書多年，最後失業的怨嘆。——這裡所說的「業」，並不是救急的一種打工，而是傳統所謂的：所「學」和所就的「業」相稱者。如此了解的話，要不失業也難。

不必贅言，「畢業，失業」跟所學何事，個人的意志、能力，社會需求，求職競爭的對手，等等條件有關。不過，年青人只要身心健全，工作意志積極，就是尚欠一技之長，說要「失業」也不很容易。

現在，我國就業的競爭已經到了白熱化的程度。例如，今年六月，台北市政府公開招考：

公廁臨時工：285人報名，僅錄取29人；

清潔隊員：3206人報考，錄取330人，有14名大專學歷者報考。

考試的科目：筆試(環保常識等等)、術科、體能。

(一《自由時報》1998(9.18):6)

　　那麼，大專畢業生當「清潔工人」算是「畢業，失業」嗎？當然不是！不過，招募者應該考慮超資格(over qualification)和考試的項目等問題，以避免不合理的要求和不公平的競爭。另外，飢不擇職雖是人之常情，但從生涯規劃看，可能是一種浪費；當事人應慎思「渡小月」的方法。

【15】

有風唔駛船，無風則要激。

Ū-hong m̄ saí-chûn, bô-hong chiah beh-kek.

Ū-hong m̄ sai-chûn, bō-hong chiá bé-kek.

真不識時務也。

　　用做警語。嘲笑人工作時不願把握良機，來乘勢做事，一再顢頇拖延，等待時機已逝，再要來激什麼毋忘在莒啦，「裝驚」自強啦。先人用駛帆船為例，說帆船是靠風力航行的，但有個愚蠢的船長，有風不開航，無風再來說要「激」風。不管用的啦！

　　這句俗語有針對時弊的訊息：人民當家做主的思想是國內外強烈的潮流，但我國偏偏有一群人要把台灣送給中國列管。按本句俗語，這是激風之徒，成不了事的！深願真心愛台灣的人，起來反對「激風」的法術，順應風潮，勇敢揚帆開出獨立號。

【16】

冬瓜，生唔著冬。

Tang-koe, siⁿ m̄-tiȯh tang.

Tāng-koe, sīⁿ m̄-tiō tang.

生不逢時。

　　用來怨嘆或替一個親友慨嘆。說說，工作不順遂，努力沒有結果，不是能力不足，也不是認真不夠，而是時運欠佳。這句俗

語的音韻和意義，含有一種悲涼的美：冬瓜誤生在嚴冬，無人問津，奈何？——台灣人是不會在寒冷的冬天，來吃冬瓜散熱破功的！

　　冬瓜：葫蘆科植物冬瓜的果實。冬瓜這種植物是一年生攀緣草本，瓜期在6-8月份。瓜果淡綠色，有薄薄的臘質粉末呈長方狀橢圓形，其大者超過家庭用的大型瓦斯桶。它有利水、清痰、解熱、解毒的效用。❶又，冬瓜的果肉蜜糖製成糖果，那是婚禮和新年必要的冬瓜。　　冬：季節也，這裏不當做「一年」解釋。

【17】
識字的，給唔識字的做奴才。

Bat-jī-- ê, kā m̄-bat-jī-- ê choè lô·-chaî.

Bat-jī-- è, kā m̄-bat-jī-- è chó lō·-chaî.

知識無用論者的嘆息。

　　又是一句怨嘆的俗語，可能用來自嘲或恥笑別人。心裏滿腹怨氣，竟然是爲了自己空有滿腹學問，竟然受僱於一個多金多勢的文盲，聽他使喚，受他差用。眞是金錢強於學問！窮學士徒嘆奈何。

【18】
拍鐵，趁熱。

Phah-thih, thàn-jiat.

Phá-thih, thán-jet.

爐中造出千家物！

　　用做警語。提醒人應該把握機會，在最適當的時空和條件下來一口氣完成重要的工作或任務。譬喻是打鐵師傅趁熱打鐵。

　　拍鐵：打造鐵器，如菜刀、鋤頭、鐮刀等等器具。　　趁熱：通常

鋼鐵必須在爐中燒到一千度以上，先除去氧化鐵，然後再錘打，如此才能精純。打造時要趁著鐵材燒得通紅柔軟的時候，用長鐵鉗夾出來放在鐵砧上錘打，由紅熱而轉暗，則必須再入爐燒紅。如此，一再趁熱打鐵。

【19】

飯包若空，毛蟹走入孔。

Pn̄g-pau nā khang, mô·-hē chaú-jip khang.

Pn̄g-pau nā khang, mō·-hē chau-jip khang.

當機而行免後悔。

可能的背景：有幾個朋友結隊來郊遊，看到溪邊有很多毛蟹出洞覓食。

有的，放下食物、飲料，馬上小心翼翼地圍上去捉毛蟹。捉了一會兒，毛蟹佔裝滿了大袋小袋。好不高興！

有的，同情轆轆飢腸的控訴，就坐下來，慢慢的享受著好吃的「飯包」。一邊開講，一邊吃飯。還不斷向捉蟹的喊話：「先食啦，也得驚掠無！」

捕毛蟹的人上來了。這時吃飯的人也吃飽了，飯包空，胃腸飽，大有力氣，決心要來大捕不知死活的毛蟹。他／她們走到溪邊，張大眼睛一看，再看，不見半隻毛蟹。怪了，難道全部被他／她們捕光不成？心有未甘地四處探尋。

這時，第一批捕蟹的大聲調侃他／她們：「飯包若空，毛蟹走入孔！」

「有夠歹心！毛蟹會走入空，也無代先講一聲…」❷

【20】

未冬節都得搔圓，冬節汰會無搔圓。

Boē tang-cheh to-teh so-îⁿ, tang-chieh thaì-oē-bô so-îⁿ.

Boē tāng-cheh tō-té so-îⁿ, tāng-chieh thaí-ē-bō sō-îⁿ.

眞積極進取的精神也。

用來推斷人,可能做某一種行為的套語。這句俗語用「冬節搔圓仔」的民俗,來譬喻平時沒有理由都找藉口來做某一件事情的人,一旦理由充分,必然會做那種事。

可能的背景:圓仔嫂平時上愛搔圓仔來食,是厝前厝後人人知影的代誌。

冬節到了!家家戶戶無閒得準備圓仔泚,通搔圓仔,煮圓仔湯來拜祖先。家內的囝仔大細,攏眞歡喜等候要食「冬節圓」,要加一歲。

隔壁花姨,看著搔圓仔出名的圓仔嫂,那會無什麼動靜,走過來關心。

「圓仔嫂啊,無閒啥?無看著妳得搔圓仔,是…?」

「伊噢,『未冬節都得搔圓,冬節汰會…!』三日前圓仔道已經搔起來得享受啦!」個翁擋𣍐朝,替伊講話。

食暗飯的時,圓仔嫂捧一大碗公「蓮子芋莎圓」來送花姨。…眞好食,讚!

冬節:冬至也,二十四節氣之一。在陽曆十二月22或23日;這日我國的夜最長。本日,要用冬節圓及牲醴祭拜祖宗神明。所以家家戶戶都要搔圓仔,煮各色各樣的湯圓。 **搔圓**:搔圓仔,搓湯圓也。 **汰會無**:疑問詞,「怎麼會沒有(動作、行事)」。

【21】

呣驚人呣倩, 只驚藝不精。

M̄-kiaⁿ lâng m̄-chhiàⁿ, chí-kiaⁿ gē put-cheng.

M̄-kiāⁿ lâng m̄-chhiàⁿ, chí-kiāⁿ gē put-cheng.

另類「裝驚」自強。

　　用做警語。提醒人忍耐等待工作機會，同時應該反思自己的能力是否充分。有了精湛的技術，那怕失業？

　　唔驚：不怕，毋須掛慮。　倩：僱用。

【22】

半暝刣豬，也是天光賣肉。

Poàⁿ-mî thaî-ti, iā-sī thiⁿ-kng boē-bah.

Poáⁿ-mî thaī-ti, iā-sī thiⁿ-kng bē-bah.

吹螺賣肉，快啦！

　　用來教示人，雖然準備的工夫周全，仍須忍耐等候適當的時機來行動。盲目躁進，比較容易出問題。本句修辭式用的是白描，平鋪直述，道出：屠夫雖然在半夜裏已經宰好，但仍然要等到天亮才好吹螺來推銷豬肉。

　　（參看，「歇螺，互人賣肉。」327.23）

注釋

1. 參看，「冬瓜」《中藥大辭典》，頁760-761。

2. 筆者根據花蓮傅錦美「飯包若空，毛蟹走入孔。」一句的解釋而改寫的。見，「台灣精諺」《自由時報》。

第二節　工作環境

本節分段：

環境重要01-04　環境限制05-11　適應環境12-13

【01】

企著好地理，卡好識拳頭。

Khiā-tiȯh hó tē-lí, khah-hó bat kûn-thaû.

Khiā-tiō ho tē-lí, khá-ho bat kūn-thaû.

環境比舷力重要。

　　現代用法有二：一、斷言好的工作環境，遠勝過單憑一己優越的能力的奮鬥。二、世家，地位顯赫的無能之輩，也勝過寒門出身的才俊。類語：「企著好所在，卡好識拳頭。」──門閥特權是中國惡質的思想，第四世紀西晉學者左思有深刻的感受，嘆道：「世胄躡高位，英俊沈下僚；地勢使之然，由來非一朝。」（《詠史·郁郁澗底松》）

　　可能的背景：這句俗語的原義異於現代用法，它反映著日本領台以前，台灣社會治安的一般現象。眾所周知的，由荷西據台以至清國割讓這段時期，台灣民變頻繁，時有土匪打家劫舍。住在城外的農民的生命財產毫無保障，只好紛紛組織宋江陣，學習拳頭，訓練武術，日夜提防，來自求多福。

　　勤習拳頭，雖然有自衛兼健身的益處，但是長期生活在日夜提心吊膽，時時準備和匪賊拚命的狀態下，難免怨嘆生活環境險惡的不幸。覺得拳術高強的「歹命人」，倒不如手無縛雞之力的人

安居在生命不受威脅，生活免於恐懼，平安的好地理，好所在。

【02】

山頂一欉花，唔值著平洋一枝草。

Soaⁿ-téng chi̍t-châng hoe, m̄-ta̍t-tio̍h pîⁿ-iûⁿchi̍t-ki
　　chháu.

Soāⁿ-téng chi̍t-chāng hoe, m̄-ta̍t-tio pīⁿ-iûⁿchi̍t-ki
　　chháu.

山花不如庭前野草。

　　指出，環境和地點對於人和物的價值有決定性的影響，宛如山上的一欉艷美的花，她的價值不如平地的一根草。——而這根草是庭前的「瑞草」吧！

　　我們同意，地理環境是影響物產價格的條件之一；但是這句俗語的類比所表現的心態，實在令人不安，因為那是一種「唯我功利」的思想：「對我有用者，有價值；反之，沒有價值。」山花雖美，我看不見，我摸不著，我用不著，我不能賣錢，我不能……。所以，「唔值著」平洋野草，或厝前厝後的雜草。

　　美麗的山花，她的「價值」豈是一己之能否利用，能否佔有所可斷定的？雖然「山花」不能賣錢，也無關外匯存底，但是沒有山花點綴的山嶺就不再是蓬萊仙島了。山花是自然界的榮美，豈容私心貪婪輕賤？

　　為了一時的經濟利益，設電廠排熱水，來滅絕世界上最美麗的台灣珊瑚；生產水泥，發掘大理石，來破壞世界最綺麗的台灣太魯閣。這是「山花無用論」一類的惡行。若真的要永續台灣，不拒絕「唯我功利」的思想行嗎？

【03】

生處好趁錢，熟處好過年。

Chheⁿ-chhù hó thàn-chiah, sek-chhù hó koè-nî.

Chhēⁿ-chhù ho thán-chiā, sėk-chhù ho koé-nî.

奸商vs.鄉親。

　　斷言，外地和本鄉對於個人的工作和生活有不同的影響：他鄉是發財的好地方，而本地是回來過年的好所在。

　　可能的背景：從舊時代先居處的社會情景看來，商人要賺錢說是離不了「奸」字，是所謂的「無奸不成商」，而詐術在外地總比本地容易施展。還有，出外「趁錢」方式不一定都是熟人肯定的職業，萬一須要拋頭露面的話，在外地也比較容易卸下面拚命。

　　過年是歡喜的時光，是團圓的日子，自然須要三五親友來拜拜年，來行「行春」，來吃腥臊，或飲老人茶，或是「濕淡薄仔」。行樂，還是要有老朋友做伴才玩得起勁，耍得輕鬆自在。這一切就是「熟處」隨時可得的溫暖。

　　——數百年後，雖然台灣商人信用好，財力強，還是把握著「生處」好趁錢的原則：也許是因為市場廣，大部分外商都比較「單純」的緣故吧？但是，有不少年青一代的，卻喜歡離開「熟處」，去「生處」觀光「過年」！

　　生處…熟處：生處，人地生疏的地方，其相對詞是熟處。　趁錢：在這裏泛指做生意、工作、賺錢。　行春[kiâⁿ-chhun]：元旦新春，外出拜訪親友，一則欣賞春景，再則敦睦情誼，討個大吉利。濕淡薄仔[sip tām-pò-à]：委婉語，喝些燒酒，品些美酒，不是牛飲。

【04】

靠山食山，靠海食海。

Khò-saⁿ chia̍h soaⁿ, khò-haí chia̍h haí.

Khó-saⁿ chiā soaⁿ, khó-haí chiā haí.

大地養人以山產海產。

　　斷言人的工作和生活是倚靠當地不同物產而經營的。本句的修辭式是同義對比，用來述說山海地區各有不同的營生方式。

　　靠山…靠海：近山近海；靠：近也。 　*食山…食海：經營山海為生；食，不是剝削、貪污，山海資源官商勾結食了了，破壞了了的話，就要「食山石，飲海水」了。*

　　曉慧給我們報導了「石滬」，那是「靠海食海」的好例證：我國澎湖七美，在七八百年前已經知道建造石滬，即是「人工潟湖」，以用來捕魚。那是在沿海陸棚較高的海底，用魯砧石砌成一圈圈石牆，高約二公尺，廣有數十里。當漲潮的時候，石滬淹沒，魚群自然進入其中；退潮的時候，石滬出現，悠游其中覓食的魚群無處逃生，只待漁人趕入網簍了。❶

　　靠海的人有「石滬」，那麼「靠山」的人呢？舉其大者，有「林場」，所謂「斧斤以時入山林，材木不可勝用也！」

【05】

淡水魚，入鹹水港。

Chiáⁿ-chuí hî, ji̍p kiâm-chuí-káng.

Chiaⁿ-chui hî, ji̍p kiām-chui-káng.

身陷絕地。

　　用法：一、喻指工作於惡劣的環境，很難適應。二、好事的人干涉份外事，而招來麻煩。本句是河溪魚類，游入海域做為譬

喻的。

【06】

蜂岫癀，百百頭。

Phang-siū-eng, pah-pah-thaû.

Phāng-siū-eng, pá-pá-thaû.

大家都是老闆。

　　用法有二：一、形容工作相當不順遂，因為小「頭家」很多，事事遭受干涉牽制。二、眾人的事務難以理會，人人堅持己見，無所適從。這一句是暗喻，用「蜂岫癀」的多膿頭來比擬多「頭家」。

　　蜂岫癀：惡瘡的一種，大膿包內多瘡孔，孔孔有膿頭，宛如蜂巢，故名。　百百頭：喻指頭目多、差使多、意見多，真是疲以應付；百百，形容極多。

【07】

活活馬，縛於死欉樹。

Oa̍h-oa̍h bé, pak-tī sí-châng chhiū.

Oā-oā bé, pak-tī si-chāng chhiū.

大才無用。

　　用指二事：一、常用的，形容工作者的能力才華雖好，但無從發揮，因為工作性質、環境、條件等，限制太大。二、舊時，賢慧女子的怨嘆：何等不幸，嫁給不求上進的老翁。類句有：「千里馬，縛於將軍柱。」賈誼也說過類似的話：「使麒驥得繫企兮，豈云異夫犬羊？」(《弔屈原賦》)

　　這二句俗語和賈誼的名言，分別用「活活馬」、「千里馬」、「麒驥」來形容大有才能的人，而以「死欉樹」、「將軍柱」、「犬羊」

來喩指限制。

　　死樁樹：枯死的樹頭。　　*將軍柱：石柱也。台灣民間信仰有「石
敢當」崇拜，相信石塊或石柱有闢邪之靈，而此類石柱被敬稱爲「將軍
柱」或「石將軍」。*

　　這句俗語最好不要專用來發表怨嘆，而是注意體會她所要強
調的積極思想：掃除阻礙發展的種種限制，使麒驥、千里馬，一
切的活活馬，都有歡喜奔騰的大空間。

　　人間極惡之一，就是濫用政治意識形態來控制人的思想，宰
割人身人權，使無數人民淪爲奴隸不如的工具。此何只繫良駒於
腐樹頭，乃是宰殺好馬來滿足邪慾貪婪。二十世紀的台灣人曾經
驗過這種災難，這種歷史的敎訓是不可以忘記的。

【08】

好琵琶，吊於壁。

Hó gî-pê, tiàu-tī piah.

Ho gī-pê, tiáu-tī piah.

坐冷板凳也。

　　用法和意思類似上一句。

【09】

淺山，獪飼得獅王。

Chhián-soaⁿ, boē chhī-tit sai-ông.

Chhen-soaⁿ, bē chhī-tit saī-ông.

不敢勞動大王。

　　用法有二：一、感嘆大有才能的人，屈就於條件差的工作環
境。二、老闆用來嘲諷僱員，說鄙處格局太小，難以供養閣下這
位大賢員工——不歡而散的諷刺。這句俗語奠基的理論是：猛獅

只能在廣闊的森林裏，才能發揮牠領導群獸的王威；猛獅一旦落魄到淺山的話，難免「虎落平陽被犬欺」的無奈。

【10】

英雄，無用武之地。

Eng-hiông, bô iōng-bú chi tē.

Ēng-hiông, bō iōng-bú chī tē.

沒有舞臺的英雄。

　　這是一句常用的俗語，用來表露怨嘆。身懷優越的才能，非凡的本領，但是客觀環境太差，沒有辦法發揮。原典出自《三國志·諸葛亮傳》：「縱有英雄，無用武之地。」這是孔明舌戰群儒，說服孫權對敵曹操之時，婉言劉備的現況。本句俗語，又見，《三國演義》43回。

【11】

愛都愛，王爺都毋派。

Aì tō-aì, Ông-iâ to-m̄-phaì.

Aì tō-aì, Ōng-iâ tō-m̄-phaì.

環境艱難志不得伸。

　　用指客觀的限制太大，雖然個人頗有理想，但是難以如願。

　　背景是：王爺的信徒，有事請「童乩」來跳童，要問神意。這時弟子敬陳心裏最大的願望來請示。但「王爺」藉著童乩所傳達的神諭，以及所博的杯珓偏偏不應許弟子心裏的願望。

　　愛都愛：意願的否定語，指現實的限制不能如願。台語中取「…都…」形式的頗多，而都用來表示否定的、消極的意思，例如：

　　　「好都好，無錢買繪倒。」──物美價廉，但我身無分文，奈何！

「婿都婿，三八到燴飼得。」——小姐雖美，卻是三八無比，眞難
養也！

「好額都好額，儉恰若乞食咧。」——富甲一方，節儉如丐，不
好！

【12】

這溪無魚，別溪釣。

Chit-khe bô hî, pàt-khe tiò.

Chit-khe bō hî, pàt-khe tiò.

到處歡迎。

　　常常被不滿目前職業、工作的人，在要離職的時候用來表
示：本人高就的地方多多，處處歡迎在下——表面上，這是很有
「自信」的告別詞，但心裏的感覺如何呢？可能很虛很怕，所以說
這種頗有氣魄的話來壯膽。其實，待不下去的話，還是遷地爲
良，趕快「轉進」爲佳。類語有：「東港無魚，西港拋。」

　　即使溪有魚，並不一定釣有、拋有，還得要看拋釣的態度和
技術如何。心不在焉的，技術低劣的，就是去養魚池，也不見得
有所斬獲。古人的「臨淵慕魚，退而結網」是很必要的修養。

【13】

此處不留人，自有留人處。

Chhú-chhù put liû-jîn, chū-iú liû-jîn chhù.

Chhu-chhù put liū-jîn, chū-iu liū-jīn chhù.

留爺不留爺？

　　用法和意思相似上一句。

　　本句俗語脫胎自古中國後宮爭寵穢史，原典是這樣的：「張
貴妃權寵，沈后經半年不得御。陳主當御沈后處，暫入即還，謂

后曰：『 何不見留？贈以詩云：留人不得人，不留人也去，此處不留人，會有留人處。 』」(見，《平陳錄》)

注釋

1. 參看，曉慧「我國最古老的漁撈法──人間石滬」《中央日報》1995
   (8.23):8.

第三節　工作能力

本節分段：

【01】

一個人，無雙重才。

Chi̍t-ê lâng, bô siang-têng chaî.

Chi̍t-ē lâng, bō siāng-tēng chaî.

一重難得矣！

　　斷言人的才能都是有限的，專業須要的是專精的能力和技術。誠然，當一個人做好一己的行業時，也自自然然地造就成專門了。本句的類似語有：「狀元，無雙重才。」「苦力，無雙重才。」「扛轎的，無雙頭才。」

　　雙重才：喻指多樣的才能；雙重，多層也。　苦力〔kū-lí〕：運搬工人。「苦力」一詞的詳解，請參看「阿里山苦力——碰壁。」(134.29)

【02】

會扛轎，則通開轎店。

Ē kng-kiō, chiah-thang khui kiō-tiàm.

Ē kñg-kiō, chiá-thāng khuī kiō-tiàm.

做能力以內的事。

　　用做警語。提醒人不可做自己的能力或技術所缺乏的工作。

更直接的一句相似語是：「𣍐曉扛轎，唔通開轎店。」爲甚麼？最根本的理由是，扛轎的有其行規，有扛轎的天地，實非外行人所能順利經營的。而最簡單的理由是，萬一缺少一個轎夫，本行出身的頭家，可以應急，來保持轎店的生意。

𣍐曉：不認識，缺乏某種能力。　唔通[m̄-thang]：用來表示禁止，「不可以」、「不可做」。

【03】

要刣豬，道識刀路。

Beh thaî-tī, tō-bat to-lō·.

Bé thaī-ti, tō-bat tō-lō·.

毋亂宰。

　　斷言專業技術的必要性。譬如刣豬的屠夫，一定要知道如何刺血，在最短時間內結束豬的生命，減輕牠的痛苦；還有，如何剝皮，如何支解切割來處理肉材、內臟等等，都有一套刀路的。

　　筆者服兵役的時候，連上養了幾頭豬。過年到了，說要刣幾頭豬來加菜。但見幾個充員戰士，用所謂「消滅共匪」的刺刀，心驚肉跳地在消滅著可憐的豬仔——亂刀橫割直刺，偏偏殺不死牠們，吱吱哀叫，震天動地，久久不息。聞見者，莫不湧出強烈的悲憫心。這次的過年大餐，豬肉乏人問津，紛紛送給營地隔壁的民家。

道識：必須知道；或做「著識」。　刀路：操刀屠宰的方法。

【04】

做猴，著會爬樹。

Chò-kaû, tio̍h-ē peh-chhiū.

Chó-kaû, tiō-ē pé-chhiū.

做人，要會什麼？

　　指出，做什麼就要有什麼樣的能力，譬如做猿猴的，一定要會爬樹。

　　乍看之下，這句話好像沒有什麼意思，因爲猴之能爬樹是普遍的「猴性」，是與生俱來的能力。然而，假如台灣猴是從「虱目魚」演化而來的話，那麼猴山仔之能爬樹是很辛苦，很不可思議的奮鬥工程的成績了。

　　先人慧眼一照，不好了！看到了好多好多不會爬樹的猴子，無數不會做人的人！

【05】

做田著田替，做婊要婊替。

Chò-chhân tiỏh chhân-thè, chò-piáu aì piáu-thè.

Chó-chhân tiō chhān-thè, chó-piáu aí piáu-thè.

專人經營專業。

　　用指，各行各業須要適當的人來工作，來做從業員。例如，「田替」和「婊替」是經營田園和開張花柳不能缺少的人員。

　　田替：農夫也。　　*婊替：妓女。*

【06】

外行人，做內行工課。

Goā-hâng-lâng, choè laī-hâng khang-khoè.

Goā-hāng-lâng, chó laī-hāng khāng-khoè.

跳行而爲。

　　斷言行行要求其專業知識或技術。這句俗語用來恥笑笨手笨腳地做著某一種要求專業技術工作的人，原來他／她沒有這一項專業功夫。

【07】

師傅忌漏，醫生忌嗽。

Sai-hū kī laū, i-seng kī saù.

Saī-hū kī laū, ī-seng kī saù.

有所不能。

　　喻指專業人員在他╱她的專業中，也有限制，有困難。本句用「掠漏」師傅和醫生為譬喻，前者最不喜歡掠漏，而後者最不要醫治咳嗽症。因為，這二項毛病都是不容易修理和治療的。

　　師傅：這裏是指專門修理漏屋的師傅；他們的工作叫做「掠漏 [liah-laū]」。　忌：嫌惡，盡量避免（做某事），此處沒有「禁忌」的意思。　漏：屋頂漏水。

【08】

八仙過海，隨人變通。

Pat-sian koè-haí, suî-lâng piàn-thong.

Pat-sen koé-haí, suī-lāng pén-thong.

各有專長。

　　形容各人面對問題時，都用各自不同的能力和方式來應付；正是所謂的「茬茬馬，嘛有一步踢。」(→111.17)。本句的類語有：「八仙過海，各顯神通。」「八仙過海，各顯其能。」

　　典故：卻說八仙來至東海，停雲觀望。只見潮頭洶湧，巨浪驚人。洞賓曰：「今日乘雲而過，不見仙家本事。試以一物投之水而各顯神通而過，何如？」眾曰：「可。」眾仙投入水中的法寶，有：棍棒、花籃、簫、拍板、鼓、紙驢、玉版、竹罩。(明、吳元泰《東游記》)

　　八仙：道教八位最通俗的仙人，也是我國民間所認識和歡迎的神

仙，他／她們是：鍾離權、李鐵枴、張果、曹國舅、呂洞賓、韓湘子、藍采和、何仙姑。　神通：指仙家出神入化的法術，乃是道教仙人神妙通達的具體展現。例如，變紙驢為千里駒，就是張果的神通之一；俗語，「倒騎驢，呣看畜生面」說的是張老仙的神通。（→212.12）

【09】

十巧，無通食。

Cha̍p-khá, bô-thang chia̍h.

Cha̍p-khá, bō-thāng chiā.

專門為要。

　　用來強調技藝專精的重要性，而這句俗語是用消極的說法來表達的。類語有：「十巧，無通食；十藝，九不成。」舊時的學者也有頗輕「十巧」，而重「專精」的，如程氏所言：「學不貴博，貴于正而已矣；言不貴多，貴于當而已。」（《二程集・暢潛道錄》）

　　十巧：通才也，暗示缺乏專門性的技能。　無通食：不能靠它來生活；賺不到錢吃飯。

　　　（參看，「十藝，九不成。」12.15）

【10】

土水差寸，木匠差分。

Thô·-chuí chha chhùn, ba̍k-chhiūⁿ chha hun.

Thō·-chuí chhā chhùn, ba̍k-chhiūⁿ chhā hun.

各有標準和要求。

　　斷言各種職業各有不同程度的技術精確度的要求。本句說的意思是，「土水」容許寸以內的誤差，而「木匠」不能超過一分。

　　但願這句僅僅是個誇張的譬喻，不然自唐山傳來的建築和工藝就是非常落後，非常馬馬虎虎的功夫了！君不見，歐洲巨無霸

的建築物，巍然矗立了千百年的，指不勝屈。建築師、石匠、工人，精準的測量，製裁大大小小，各形各式的無數石塊，而又歷經數十、百年，慢慢砌成羅馬式、高德式、布咯克式(Roman-esque, Gothic, Baroque)，或綜合式的大教堂。這些建築工程不容許「土水差寸」，所以好多好多大教堂歷經千百年猶仍健在。

雖然我們同意「權衡雖正，不能無毫釐之差；鈞石雖平，不能無抄撮之較。」(北齊、劉畫《劉子‧從化》)但要求不許差「分」的，就不可降低成差「寸」的標準，那就是站立或倒蹋，大教堂或大石堆的分別。

【11】

也會粗，也會幼。

Iā-ē chho͘, iā-ē iù.

Iā-ē chho͘, iā-ē iù.

文武雙全。

舊時，主要地用來形容才能出眾的女子，說她「粗」重的工作行，「幼」秀的手藝也行，是不得了的賢婦。類語有：「也會擔蔥，也會算數。」「擔蔥」當然是粗重，肩要硬，腰要挺得起；「算數」是極幼的知識，昔時有幾個女子會「斤究兩」的？

擔蔥：喻指挑菜到街上叫賣。　算數：指從計算買賣的金錢。
斤究兩：物品的重換算做價錢的算法，例如，蔥一斤11.5元，重12兩，賣多少錢？

【12】

十八般武藝，件件皆能。

Cha̍p-peh-poaⁿ bú-gē, kiāⁿ-kiāⁿ kai-lêng.

Cha̍p-pé-poāⁿ bu-gē, kiāⁿ-kiāⁿ kaī-lêng.

才藝何其多也！

　用來形容多才多藝的人。譬喻的表象是「十八般武藝」件件精通的武術家。

　典故：明嘉靖年間，邊廷多事，官司招募勇敢。山西李通，行教京師，應募為第一；其武藝十八事皆能：一弓、二弩、三鎗、四刀、五劍、六矛、七盾、八斧、九鉞、十戟、十一鞭、十二簡、十三撾、十四殳、十五叉、十六爬頭、十七錦繩套索、十八白打。(諸人穫《堅瓠集》)

【13】

猴齊天，七十二變。

Kaû-chê-thian, chhit-cha̍p-jī piàn.

Kaū-chē-then, chhit-cha̍p-jī pèn.

神通廣大。

　用來形容很厲害的人，他／她幾乎不會被生活、工作、人事等等困難所擊敗，總有「變」通的「辦法」來應付問題。

　這句俗語是褒中帶貶的，因為「猴齊天」這個形像給人的印象是能力和變化勝過實在性和安定感——喜歡忍耐現狀的人總是傾向於欣賞「古意」的玄奘。

【14】

金光閃閃，瑞氣千條。

Kim-kong siám-siám, suī-khì chhian-tiâu.

Kīm-kong siam-siám, suī-khì chhēn-tiâu.

老仙覺的氣勢。

　用來調侃精力充沛，能力十足，做事果斷敏捷的老同事或老朋友。

　　這句原是布地戲的常用語，用來介紹武功高強的老仙出場。這時盪氣回腸的主題曲大作，萬道電光四面八方炸射，在一片烟硝中出現不可一世的能人。

【15】

一步棋，一步著。

Chi̍t-pō͘ kî, chi̍t-pō͘ tio̍h.

Chi̍t-pō͘ kî, chi̍t-pō͘ tiō.

老神在在。

　　形容有能力的人，心裏滿有自信，行事按部就班，允粢允打，從不閃失。譬喻是老棋手步步爲營，慢慢迫殺將帥。類似語有：「文王拖車——一步一步好。」

　　文王拖車：民間傳說，周文王恭請姜太公入朝爲相，親自到渭水之濱來迎接他，並給他拉車。這時文王老邁無力，只拖了八百多步，因此周朝享有八百餘年國祚。據此譬喻，解釋「一步一步好」是老文王步步有誠意，太公步步有回報！

【16】

虎行路，繪盹眠。

Hó͘ kiâⁿ-lō͘, boē tuh-bîn.

Hó͘ kiâⁿ-lō͘, bē tú-bîn.

從不失足。

　　用來形容精明的人，做事穩當，從不失誤，宛如老虎，有時看似無精打采，但不致於睡著。這句俗語顯出先人敏銳的觀察力，看到了猛虎「軟弱」的一面，強壯的老虎走在大太陽底下，自覺無聊地偶而打著呵欠，但不致於睡著。

　　盹眠：打瞌睡。

【17】

路尾落船，代先上山。

Lō·-boé lóh-chûn, taī-seng chiūⁿ-soaⁿ.

Lō·-boe lō-chûn, taī-sēng chiūⁿ-soaⁿ.

後來居上。

　　用來形容人做事的能力好，本領強，雖然起步晚了些，一經衝刺，結果領先同行衆人。譬喻是：船啓錠的最後一秒鐘上船的人，竟然比所有船客先上陸。

　　路尾…代先：句裏用指「後來的(人)…先來的(人)」，也可用指「事件」、「結果」的先後。　落船…上山：上船(入艙)…下船(上岸)。請參看，「身軀無錢，對淺位上山。」(→27.48)

【18】

猶有，二步七仔。

Iáu-ū, nñg-pō· chhit--ah.

Iau-ū, nñg-pō· chhit--à.

還有一手。

　　吝於讚美或承認對方的能力，又不好全盤否定，只好給他／她打些折扣，說還有「二步七仔！」類語有：「猶有，臭破布味。」可比較，「無一下，臭尿潑味。」(→31.11)

　　二步七仔：模糊含有「不無功夫、略有能力、還過得去啦，尚可！」一類的意思；原指武術的一招半式。陳修在其辭典，說，這「七」字，是「策之轉訛」。❶　臭破布味：喩指猶有些味道，儘管是髒臭的抹布味。

　　記得孔明說過這樣的話：「洗不必江河，要之卻垢；馬不必麒麟，要之疾足；賢不必聖人，要之智通！」也許，這句話可妥

當地詮釋「二步七仔」的人的角色。

【19】

無二步七仔，呣敢過西螺溪。

Bô nñg-pō· chhit--ah, m̄-káⁿ koè Sai-lê khe.

Bō nñg-pō· chhit--à, m̄-kaⁿ koé Saī-lē khe.

鄙人，善者不來！

　　用來自誇或誇人，說沒有自信，沒有把握的話，就不敢無此而爲。相似語有：「無二步七仔，呣敢過虎尾溪。」

　　背景：日本統治台灣以前，台灣土匪強梁出沒無常，人民只好自衛，自求多福。其中西螺一地有武術高手劉明善傳授拳術，創設「七崁武術館」，以練武、學文、學醫，三合一而名聞全國。不幸，光緒元年起，一連三年爲爭奪公產而械鬥，同胞互相殘殺，給人有西螺人「拳頭飽，霸氣盛」的印象。於是，外人誰敢過西螺溪入鎮者，沒有「二步七仔」是不敢造次的。❷

　　另說：清代，西螺、虎尾一帶，有強人專劫來往商賈。沒有二把刷子的，不敢橫渡西螺溪或虎尾溪。

　　西螺溪：乃是濁水溪的一段，自二水經西螺而入海這段溪流。本段是濁水溪的主流，彰化，雲林二縣以她爲縣界。西螺溪有遠東著名的「西螺大橋」(1937開工，1952完成；長1,939公尺)*橫跨而過。而濁水溪是我國最長的溪流，全長186公里，發源自中央山脈南麓霧社溪。溪流曲折多峽谷，由海拔2,880公尺高的霧社降至200公尺的集集。　虎尾溪：源自斗六東方的山嶺，流經虎尾，北港而入海。* ❸

【20】

阿里山杜定──青腳。

A-lí-san tō·-tēng──chhiⁿ-kha.

Ā-li-san tō·-tēng—chhīⁿ-kha.

還是菜鳥一隻。

　　用來調侃投身於某一行業的新鮮人。可能是看到這種「青腳族」，做起本行的代誌慢鈍又不俐落，於是帶著同情心說他／她一句「阿里山杜定」。這句歇後語玩的台語遊戲是：阿里山「杜定」為我國唯一「青腳」蜥蜴的特色，來勾結那個「生腳」新生，正可用指初出籠的菜鳥。❹

　　阿里山：→134.29。　　杜定：四腳蛇，小型蜥蜴，狀似壁虎。

青腳：諧用喻指「生腳」，生疏的角色。

【21】

會生，𣍐孵。

Ē siⁿ, boē pū.

Ē siⁿ, bē pū.

無夠力。

　　怨嘆人剛開始的時候做事好像很有那麼一回事，但結果搞不出什麼名堂來。用來比擬的是會生卵，但不會「孵」卵的家禽。可惜，未竟全功！

　　孵：以鷄蛋而言，受胎卵須要21日的孵化期間，同時要求一定的溫度（38℃為理想），濕度和流通的空氣等等。在沒有孵卵機之前，農家的一隻好鷄好鴨，必須要很會生蛋，又會妥當地孵蛋。

【22】

蜀中無大將，廖化為先鋒。

Siok-tiong bô taī-chiòng, Liāu Hoà uî sian-hong.

Siok-tiong bō taī-chiòng, Liāu Hoà uī sēn-hong.

但求其次。

用來諷刺某一機關單位沒有優秀的幹部,只好求其次,起用平庸人的人來擔當要職。本句的譬喻是用三國著名的將軍廖化為表象來比擬的。

背景:公元第三世紀中葉,已經是三國鼎立快要落幕的時候。關羽、張飛、孔明、劉備這些要角相繼作古,後主拜姜維為大將軍,繼續北伐。這時蜀國已經沒有猛將,姜維只得拜廖化為先鋒,來苟延殘喘。後人根據這一情況,而道出這句流傳千古的名諺。

縱觀演義,廖化並非無能之輩,他曾一刀把魏軍的先鋒鄭倫斬下馬來;他也是一個頗有獨立思考能力的軍官,曾拒絕大將軍姜維的退兵命令,還說是根據「將在外,君命有所不受」的傳統。也許,廖化的勇猛比不上關張,但絕對勝過好多專門轉進的將軍。(→《三國演義》113-114回。)

【23】
池內無魚,三界娘仔為王。

Tî-laī bô-hî, sam-kaì-niûⁿ-á uî-ông.

Tī-laī bō-hî, sām-kaí-niūⁿ-á uī-ông.

只好讓賢!

意思和用法相似上一句。類句有:「水內無魚,三界娘仔為王。」「庄內無鳥,密婆做大兄。」

三界娘仔:小溝或池塘裏的小型魚,又稱為「三斑」。雄的在發情期善鬥,因而有「三斑,攪家」一語。(→332.01) ❺ *庄內〔chng-laī〕:村莊裏面。 密婆〔bit-pô〕:蝙蝠也。台灣人對密婆頗有誤會,不可能讓牠做「大兄」;俗語有「密婆,倚來倚去」之句。(→225.35)*

【24】

強脚查某，有一路破。

Khiàng-kha cha-bó˙, ū chi̍t-lō˙ phoà.

Khiáng-khā chā-bó˙, ū chi̍t-lō˙ phoà.

有所不足。

　　用做警語。提醒能力強的女人，不要自恃才能，氣勢凌人，也要注意修養溫柔的德性，圓熟的女性美來避免「強脚查某」之譏。

　　*強脚查某：貶義的，形容稟性剛陽畢露，能力勝過男士的女人。對於能幹的女士的讚美，不可說什麼「強脚強手」的，而應該說「真賢慧[haîn-hoē]的婦仁人」。　有一路破：有一項嚴重的缺點。*❻*字面義是破相[phoà-siùⁿ]、破格，原指相貌殘傷，性格有瑕疵。*

【25】

做衫無夠，做褲有剩。

Chò-saⁿ bô-kaù, chò-khò˙ ū-chhun.

Chó-saⁿ bō-kaù, chó-khò˙ ū-chhun.

那就做褲吧！

　　用指一個人的本事「中庸」，所以高不成，低不就。句裏用做衫不足，做褲有餘的布料爲譬喻。

　　這句俗語之所以能夠成立，是立基於傳統的台灣人，都要求子女成爲做「大衣」的材料。若果做「內褲」也能心安理得的話，那就沒有什麼「無夠」或「有剩」的問題了。台灣人人都要做「大衣」的話，「內褲」就得進口囉？

【26】

尺有所短，寸有所長。

Chhioh iú-só· toán, chhùn iú-só· tióng.

Chhioh iu-so· toán, chhùn iu-so· tióng.

　　用法和意思相似於上一句。

　　這句俗語來頭可眞不小哩！古大詩人屈原先生的名言也。他說：「尺有所短，寸有所長，物有所不足，智有所不明，數有所不逮，神有所不通。」(《卜居》)據此類推，天文學家預測的流星雨，有所不準；八卦、口水、塗黃、抹黑，有所不確；當然，ROC要統一PROC，PROC要一統ROC，都有所不行！

　　古今最讚的佳邏輯也！

【27】

半桶師。

Poàⁿ-tháng sai.

Poáⁿ-thang sai.

半成品的師傅。

　　用來譏刺技術相當有限的工匠。從古人的嚴格要求看來，「半桶師」是不能出道的；葛洪有所敎示：「井不達泉，則猶不掘也；一步未至，即猶不往也。」(《抱朴子·內篇·極言》)連一步不及，都不能算畢業的！

　　半桶師：可能是「半桶屎」的諧音。但是，半桶師指能力有所不及，而半桶屎所要影射的是心性善吹噓的毛病。

　　（請參看，「半桶屎，擔得泄。」323.05）

【28】

一個剃頭，一個扳耳。

Chi̍t-ê thih-thaû, chi̍t-ê pan-hīⁿ.

Chi̍t-ē thí-thaû, chi̍t-ē pān-hīⁿ.

低路師乎？歹剃頭乎？

　　用來恥笑工夫和經驗都不足的技工。譬喻是用不會剃頭的師傅，剃到耳朵週圍時，須要助手壓住耳朵，以免割傷。——當然，給一個搖晃腦袋，無法安坐髮椅的頑童剃頭，是很須要「一個扳耳」的了。

【29】

刀鈍，毋是肉韌。

To tun, m̄-sī bah lūn.

To tun, m̄-sī bah lūn.

　　恥笑工匠不會使用適當的工具，如刀、剪、起子、扳手，等等。當然，也可用來自嘲。句子用「刀鈍」來做反諷，笑他／她不會用刀，不識刀路，或力道不足。

【30】

老牛，拖破車。

Laū-gû, thoa phoà-chhia.

Laū-gû, thoā phoá-chhia.

拖拖拉拉。

　　譏刺人做事慢吞吞，多麼拖泥帶水，宛如老牛破車。這句俗語的表象實在令人產生悲憫的感情：在輪溝深陷的牛車路上，一隻角崩齒脫，呼吸如拉風箱的老牛，拉著車輪發出嬰嬰歪歪，更更乖乖的破車，載著半大桶從街市收集的水肥要轉去做肥料……

　　要求「老牛」做事敏捷，有效率，是酷求！令人痛心的，倒是少年郎像老牛拖破車，真是不知如何是好？

【31】

土貝，呣是三牲材。

Thô͘-poè, m̄-sī sam-seng chaî.

Thō͘-poè, m̄-sī sām-sēng chaî.

不舦出局。

恥笑人不成材，沒有「大路用」，宛如「土貝」，不能當做牲醴，上不了供桌來獻祭給神明。

土貝：繁殖在海灘的貝類。 三牲：鷄、魚、豬爲三牲，是民間一般祭拜神明的供物。 材：料也。

【32】

文不文，武不武。

Bûn put-bûn, bú put-bú.

Bûn put-bûn, bú put-bú.

不文不武。

恥笑人什麼都不是，什麼都不像，但什麼都有那麼一點點意思。句子是用「文」事和「武」術爲例而言的。類句有：「文的無路，武的無半步。」「文不成童生，武不成鐵兵。」

無路：「無路來」也，字讀不出來，寫不上來。 無半步：武術沒有一招半式；步，架勢、招式。 童生[tông-seng]：科舉時代，沒有任何學歷的學生。他只能參加「生員」考試，而生員，才具有參加考秀才的資格。 鐵兵[thih-peng]：軍士也。

【33】

一丈身，九尺無路用。

Chi̍t-tn̄g sin, kaú-chhioh bô-lō͘-ēng.

Chi̍t-tn̄g sin, kau-chhioh bō-lō͘-ēng.

不中用的人。

　　譏刺人非常的不中用。譬喻是十分之九「無路用」的身體，用以比擬這個人非常沒有能力，幾乎毫無用處。

　　一丈…九尺：形容「非常的（大量）」，幾近「全部」。

【34】

也𣍐擔蟶，也𣍐算錢。

Iā-boē taⁿ than, iā-boē sǹg-chîⁿ.

Iā-boē tāⁿ than, iā-boē sńg-chîⁿ.

什麼都不會。

　　舊時沿海一帶的人，用來恥笑沒有能力的女人；笑她粗「𣍐擔蟶」，幼「𣍐算錢」。類語有：「𣍐擔蔥，𣍐算數。」比較：「也會擔蔥，也會算數。」(.11*)

　　擔蟶：挑著蟶，上街叫賣。蟶，軟體動物，長約十公分，有二片寬約二公分的扁長薄殼，洞居於軟泥質的海灘約30公分處。其肉質像蠣肉，白色，是我國有名的小海產，滋味極為鮮美。

　　蟶，確實是海產珍品！我最近吃過的日子，雖然已經是12年前，但至今還能回味。舊剪報中有捕蟶照片和一則報導：大意是說，近來大家很愛吃土蟶，海產店供不應求。有人發現台西海埔新生地土蟶仔萬頭鑽動。於是引來成千民眾，提籃荷鋤，又帶鹽巴來誘捕。一天捕下來，可得二十台斤左右，一斤可賣80-120元，是很不錯的「壓歲錢」。(→《*中國時報*》1990(1.23):13)

【35】

做乞食𣍐曉揹茭織，做小旦𣍐曉點胭脂。

Choè khit-chia̍h boē-hiáu phaīⁿ ka-chì, choè sió-toàⁿ

　　boē-hiáu tiám ian-chi.

Chó khit-chiā bē-hiau phaīⁿ kā-chì, chó sio-toàⁿ
　　bē-hiau tiam ēn-chi.

從業能力極差！

　　譏刺人連自己日常工作的事也沒辦法做好。譬喻是：幹乞食
這一行的，竟然不知道如何背好「茭織」；演小旦的，連最起碼的
「點胭脂」也不會。眞是太說不過去了。

　　*揹：大背肩地背著。　茭織：也叫做「茭織斗」，斗形但比斗更大
的粗鹹草織成的裝物袋，袋口是開放式的。舊時，乞友們用它來攜帶
最根本的用具。　小旦：歌仔戲的女配角。　點胭脂：塗口紅。*

【36】

丑仔腳，那有將才。

Thiú-á-kha, nah-ū chiòng-chaî.

Thiu-a-kha, ná-ū chióng-chaî.

瓦非上材也。

　　斷言，無能小輩，不是將才。譬喻丑角不能扮演大英雄。

　　丑仔腳：小丑的角色。　將才：傑出的領袖人才。

【37】

做生無生才，做丑無詼諧，做旗軍驚人刣。

Choè-seng bô seng-chaî, choè-thiú bô khoe-haî, choè
　　kî-kun kiaⁿ-lâng thaî.

Chó-seng bō sēng-chaî, chó-thiú bō khoē-haî, choé
　　kī-kun kiāⁿ-lāng thaî.

毫無長處。

　　嘲弄可憐的人，恥笑他／她毫無才能：沒有小生的瀟灑英
俊，缺乏小丑的詼諧風趣，沒有跑龍套的小卒仔的勇氣——也

許，連吃飯也無力下嚥？

我們說，這是可憐的人，因為「天生我才，必有用！」如今，他／她為甚麼會「無用」呢？是人為的不善呢！或是造化弄人呢？假如，無用也是有「用」的話，那就很慈悲了。但現實的是，無用的人要活在台灣比較困難，因為社會上頗少老莊的信徒，多的是宣傳「能力和偉大」的什麼東西的人。

【38】

牛犁耙，無半項會。

Gû lê pē, bô poàⁿ-hāng ē.

Gū-lē-pē, bō poáⁿ-hāng ē.

搔草撒肥，也不會。

這個農家子弟，田園的大小必修技術都掛零分——但見，厝邊鄰右紛紛議論，說這個「無半項會」的小白臉，是文曲星轉世，身不上田野，手不動鋤頭，頭腦不辨芋仔蕃藷，生為耍嘴唇，弄筆花的政客！

牛犁耙：使用牛牽引的犁頭鐵耙，來犁田整地的技術。 無半項會：沒有一項會的。 搔草[so-chhaú]：拔除水稻田中的雜草，以免浪費肥份，妨礙水稻的生長。 撒肥[iā-puî]：施肥也。

【39】

粗人，繪做得工課。

Chho͘-lâng, boē chò-tit khang-khoè.

Chhō͘-lâng, bē chó-tit khāng-khoè.

粗工同志。

斷言，粗魯的人，做不了精細的工作。

【40】

鳥腳蜘蛛肚，會食燴行路。

Chiáu-kha tī-tu-tō˙, ē-chiảh boē kiaⁿ-lō˙.

Chiau-kha tī-tū-tō˙, ē-chiā bē kiaⁿ-lō˙.

只會吃飯。

　　用法有二：一、譴責一個不願學工夫，不願工作，只要吃喝飽足的人。二、形容昔日營養和醫療條件不好，患疳積，肚漲大，雙腳退化的小孩——含有寄以同情和期盼治療救助的意思。❼本句譬喻的表象是用鳥身最小部分的「鳥腳」，來喻指沒有能力或不願意工作；又用蜘蛛軀體的極大部份「肚」腹，來諷刺這種人本身就是飯桶！

【41】

會食，燴相咬。

Ē chiảh, boē sio-kā.

Ē chiā, bē siō-kā.

吃缺了牙？

　　用來形容，只會消費，無能生產的人，例如，機關的冗員，先前國府的萬年老表。

【42】

土豆落下豬血桶——廢人。

Thô˙-taū lak-lỏh ti-hoeh-tháng——hoè-jîn.

Thō˙-taū lak-lō tī-hoé-tháng——hoé-jîn.

血仁→血人→╳人！

　　大概是舊時幽默的屠夫發明的罵人話吧。這句歇後語很不像

我們台灣先人那些苦毒的惡口,把「廢人」重重包裝在語言的遊戲裏,好COOL!。試想,「土豆落下豬血桶」要能傳達「廢人」這個訊息符號,至少要經過「血仁→血人→廢人」這幾道轉碼手續。

【43】

三保三

Saⁿ-pó saⁿ.

Sāⁿ-po saⁿ.

差差差!

用來譏刺,財力、出身、家勢、體力、N力,樣樣都很差的人。譬如說:「阿勇仔的身軀是三保三的!連飲一小杯冰水,也得畏寒。」

三保三:是「三保的」的最上級,其「差度」是諸保中最高的。

背景:舊時,台北州每逢中元普度,放水燈,宰豬殺鴨來祭拜孤魂野鬼,以及放出地獄的「好兄弟仔」,並且例年按保輪番大開筵席來招待州下食客。因為各保的財力度和慷慨度相差懸殊:一保較富有,筵席質量都好,地主、人客和鬼客其樂融融,拜拜吃得好高興嘍!但是,二保、三保的財力人力較弱,辦出來的筵席遜了。等而下之,「三保三」,也即是第三保第三甲的腥臊也就很令人瞧不起了。❽

【44】

厝鳥仔生鵝卵——眞摒咧。

Chhù-chiáu-á seⁿ gô-nñg—chin piàⁿ--leh.

Chhú-chiau-á sēⁿ gō-nñg—chīn piàⁿ--lè.

佳哉!厝鳥仔還會生卵。

用來恥笑人沒有能力達到高度的成就。鄙夷他/她像「厝鳥

仔」，要生「卵」是「眞摒咧」的代誌。

　　唇鳥仔：雀鳥，小麻雀也。　　眞摒咧：不可能啦！表示期待幻滅
的感嘆。

【45】

阿婆仔生囝──眞摒咧。

A-pô-á seⁿ-kiáⁿ──chin piàⁿ--leh.

Ā-pō-á sēⁿ-kiáⁿ──chīn piàⁿ--lè.

好過份！

　　用法和意思類似上一句。

【46】

囡仔做大戲──做燴來。

Gin-á chò toā-hì──chò boē-laî.

Gin-á chó toā-hì──chó boē-laî.

身段不足。

　　譏笑人因爲條件不足，徒勞於所從事的工作，正如小孩不能
演「大戲」。

　　做：演也。　　大戲：成人演出的戲劇，相對詞是「囡仔戲」。　　囡
仔戲：舊時我國的童子戲，台詞用白話，一班七名，由敎戲先生敎授
四個月，即公演於各地。這些小演員長大後，加入成人演的「大戲」。

【47】

缺嘴食米粉──看現現。

Khih-chhuì chiah bí-hún──khoàⁿ-hiān-hiān.

Khí-chhuì chiā bi-hún──khoáⁿ-hēn-hēn.

有所不見，可乎？

極度刻薄的話，譏刺人沒啥。輕蔑人的餘光一照，掃瞄的一儘別人的缺點和隱私，譬如「缺嘴」的傷患吃東西。可比較「穿乃朗的——看現現。」(→326.03)

先人的這句「食米粉」，太過份了！唇有缺陷的人應該得到同情和醫治，不該做爲取笑的材料。假如一定要秀一句「現現」的俗語，不是還有一句「穿乃朗的」嗎？我們罷用這句俗語吧！

缺嘴：這是「缺嘴的人」的省略；缺嘴，生而唇部缺裂，俗稱兔唇。

【48】

乞食做忌——無啥物。

Khit-chiảh choè-kī—bô-siá^n-mỉh.

Khit-chiā ché-kī—bō-sia^n-mí.

沒啥！

眞正的乞友自身難保，何時討得一口飯吃還是個大問題，能酷求他／她們「做忌」的祭物嗎？

背景：「乞食做忌」這句話十足損人，因爲乞友的神主牌啦，香爐啦，一些「做忌」必要的神具，在行乞之前都已經「妥善」處理過了。此外，做忌的地點要在自己的廳堂，要供獻媳婦煮的腥臊，還要燒大銀紙來獻祭。這些也不是乞友們所能有，所能張羅到的。

做忌的這些根本條件，既是乞友所缺乏，所以不論他／她們用什麼方式做忌，不論祭物是多麼的「無啥物」，也都表現出強烈的孝思，不怕人譏刺的勇氣！那些譏笑的，滿腹怨恨父母的，應該覺得羞愧！

做忌：記念父母祖先死亡之日的祭拜。

【49】

番仔嘴鬚——無半撇。

Hoan-á chhuì-chhiu—bô poàⁿ-phiat.

Hoān-a chhuí-chhiu—bō poáⁿ-phet.

用法和意思類似上面二句。

台灣的原住民沒有留「嘴鬚」的風俗，於是所謂「漢人」運用其偏見的聯想，來做成「無半撇」的譏刺。這裏故意混淆了不留嘴鬚的「無半撇」和無能無力的「無半撇」。

【50】

菅榛，𣍐做得枴仔。

Koaⁿ-chin, boē chò-tit koái-á.

Koāⁿ-chin, bē chó-tit koai-á.

原非棟樑。

諷刺人不堪重任。譬如軟弱的菅榛，不能當做枴杖來使用。

菅榛：禾本科多年生草本，莖硬直，徑二公分左右，葉片細長而尖，緣有細齒能割皮膚。編莖塗泥可做薄泥牆壁。

菅榛根本就不是要用來做枴仔使用的！似此，人類有好多不必要的麻煩和痛苦是來自夢想要使用「菅榛枴仔」，偏偏要改良，要改造菅榛使成爲青松。葛洪說了一句很露骨的話：「必死之病，不下苦口之藥；朽爛之材，不受雕鏤之飾。」(《抱朴子‧內篇‧博喻》)

欣賞隨風飄搖，輕吐芒花的菅榛吧！枴杖要硬枝，棟樑須良木，入山再找吧！

【51】

小船，𣍐堪得重載。

Sió-chûn, boē-kham-tit tāng-chaì.

Sio-chûn, bē-khām-tit tāng-chaì.

港淺船細，讚！

用法和意思類似上一句。

默想這句格言久久，深受感動，腦裏也浮現出隔壁萊茵河上往來如水鴨的大貨輪、中客船、小划舟。謹以數語留下當前心緒：

> 小舟喜輕帆，
>
> 乘風飛波來，
>
> 點綴無言溪，
>
> 伴人往彼涯，
>
> 何必求重載？
>
> 浮沈鹹水間！（待降節Mainz, 98）

【52】

拳頭，學館九。

Kûn-thaû, o̍h koán-kaú.

Kūn-thaû, ō koan-kaú.

還沒入門。

諷刺學藝不精的人，譬如打拳只學個「館九」，其功夫自難超越「管狗」的程度了。——武館學武，四個月爲一館，可見其武功何等厲害了。

【53】

造家甲，算人額。

Chō ke-kah, sǹg lâng-gia̍h.

Chō kē-kah, sńg lāng-giā.

幽靈人口？

　　用來譏刺濫竽充數的人。造了「家甲」，不論男女老幼，都是一人一口。日本領台末期，「造公工」或是領非常時期的配給品都是有「人額」就有份的。

　　怪哉！據聞，我國重要選舉一到，就有「幽靈人口」出現。這類幽靈分居全國，一旦到了投票前夕，可能集中於某一區，被配票投給某一候選人。！──當然，他們都是造有「家甲」的！

　　造家甲：登記戶口；家甲，清國、日據時代的「戶口」。

【54】

大工無人倩，小工毋肯行。

Toā-kang bô-lâng chhiàⁿ, sió-kang m̄-khéng kiâⁿ.

Toā-kang bō-lāng chhiàⁿ, sio-kang m̄-kheng kiâⁿ.

最後的自信！

　　恥笑一個技藝不足的人，卻自信滿滿，以致於高不成，低不就，吊在半空中盪鞦韆。這句俗語構造甚精，對偶工整：「大工」對「小工」，表示大工程和小零工；「毋肯行」對「無人倩」，流露出打鞦韆的難以平靜的心理。

　　大工：大師傅的工作，受僱為師傅。　小工：當助手，通常是婦仁人的角色。　倩：僱用也。

【55】

程咬金，當無一下斧頭鏗。

Thiâⁿ Kaú-kim, tòng bô-chi̍t-ē pó͘-thaû-kheng.

Thiāⁿ Kaú-kim, tóng bō-chi̍t-ē po͘-thaū-kheng.

程將軍老矣！

　　形容非常軟弱，缺乏能力，不堪困難刺激的人。譬喻是用台

灣先人喜歡給他漏氣的「程大將軍咬金先生」。

　　（請參看：「當無三下斧，著喊艱苦。」223.18；
　　　　　　「當無三下斧頭銎，著喊喝收兵。」223.19）

【56】

成事不足，敗事有餘。

Sêng-sū put-chiok, paī-sū iú-û.

Sēng-sū put-chiok, paī-sū iu-û.

遣散第一號。

　　一個有損無益的工作者。

【57】

若親像陳三得磨鏡咧。

Ná-chhin-chhiūⁿ Tân Saⁿ teh boâ-kiàⁿ--leh.

Na-chhīn-chhiūⁿ Tān Saⁿ té boā-kiàⁿ--leh.

花招盡展。

　　用來恥笑人工作慢，工夫粗糙，譬喻陳三是外行人做內行工課。

　　陳三磨鏡：參看「陳三磨鏡，英台哭兄，孟姜女哭倒萬里長城。」
（25.12）

【58】

一暝專頭路，天光無半步。

Chi̍t-mî choan thaû-lō·, thiⁿ-kng bô poàⁿ-pō·.

Chi̍t-mî choān thaū-lō·, thiⁿ-kng bō poáⁿ-pō·.

純夢想者。

　　嘲笑滿腹高論，頗能服人，但是到了要實踐的時候，卻毫無把握，無法行動。這句俗語造形真美，很能揭發空論家的無能。

空思夢想，紙上談兵，是浪費精力的，宋朝學者劉過有言：「不隨舉子紙上學六韜；不學腐儒穿鑿注五經。」(《多景樓醉歌》)

　　一暝：一整夜。　專頭路：全是想像的策略、計劃、方案、綱領等等。　光：天亮。　無半步：寸步難行，理論不能付之實際。

【59】

放馬後炮。

Pàng bé-aū-phaù.

Páng be-aū-phaù.

檢討專家。

　　用來批評人，事前毫無意見或行動，事後滿有見解，乃是不堪重用的參謀。這句俗語借喻象棋「馬前炮後」的殺局，來比擬戰後的凌屬炮轟。——清朝學者魏禧不客氣地說過：「事後論人，局外論人，是學者大病。」(《日錄里言》)這樣的話，沒有大病的學者，真是難得的了。

【60】

會替你拍達，𣍐替你出力。

Ē thè-li phah-ta̍t, boē thè-lí chhut-la̍t.

Ē thé-li phá-ta̍t, bē thé-li chhut-la̍t.

理論參謀。

　　用來形容一個朋友或是僱員，只是專門出主意，但是沒有能力用實際行動來支持，來工作的人。

　　拍達：籌謀計劃、發號施令。

　　國人傾向於把「拍達」和「出力」二分化，所以理論不必要實際，反之也然。君不見，「參謀」乃是「三個能言之人」構成的；參謀是高論的人員，腳不踏實地。一些落後的觀念和不合理的制

度，跟這種心態息息相關。宋大學者痛言：「學者之患，在於好談高妙，而自己腳跟卻不點地。」（朱熹《朱子文集·答胡寬夫》）豈只是學者之患？正是民族文化的病根。

【61】

家己做醫生，尻川爛一旁。

Ka-kī choè i-seng, kha-chhng noā chit-pêng.

Kā-kī choé ī-seng, khā-chhng noā chit-pêng.

一旁大國手。

用來譏刺人徒託某行某業專家的虛名，因爲他／她沒有辦法有效地用那一套技術來解決自己的困難。譬喻是，一個不能治好自己痔瘡的「痔科大國手」。類語有：「家己尻川流鮮血 [sén--hoeh]，也敢替人醫痔瘡 [tī-chhng]。」

這句俗語也有解釋做「工於謀人，拙於謀己」的可能。這是很有挑戰性的見解，因爲弔詭的是，這些被恥笑的工於謀人，拙於謀己者，不乏大聖大賢，關心人類運命，締造世人幸福者，如古之佛陀、基督，近世的史懷哲等等都是。

我們想要請敎先人，集中精神要鑄造金屁股的，適合當醫生嗎？是的話，金醫師太辛苦了。

一旁：（對稱物件、物體的）一半、一邊。這「一半」並不要求全體精確的二分之一。

【62】

家己揹黃金，給別人看風水。

Ka-kī phaīⁿ hông-kim, kā pat-lâng khoàⁿ hong-suí.

Kā-kī phaīⁿ hōng-kim, kā pat-lâng khoáⁿ hōng-suí.

用法和意思類似上一句。

這個風水專家，就是找不到龍脈吉穴來埋葬自己的父母的黃金，但見他還是背負著它，繼續來給別人「看風水」。類語有：「尻脊骿揹黃金，給別人看風水。」「會給別人看風水，家己的無地葬。」

揹：背帶、背負(*顧有重量的物件*)。　黃金：*死者的枯骨的委婉語*。　看風水：*尋找安葬屍體、骨骸、黃金的可能庇蔭子孫的吉地*。　尻脊骿[*kha-chiah-phia*ⁿ]：*背部*。

【63】

小生苦旦免相瞞，腳花先踏出來看。

Sió-seng khó·-toàⁿ bén sio-moâ, kha-hoe seng
　　taⁿ̇h-chhut-laî khoàⁿ.

Sio-seng kho·-toàⁿ ben siō-moâ, khā-hoe sēng
　　tā-chhut-laī khoàⁿ.

龜腳大展。

用來譏刺吹牛專家，他／她講得天花亂墜，好像很會飛天遁地。但說不練，聽者很不信邪，要他／她耍幾招來看。譬喻是說，「小生苦旦」勿庸亂蓋，角色的真假優劣，只要踩幾圈台步就見真章。

腳花：*台步也，小生、旦角，各有不同腳花，一踩便知*。

我國就要選舉市長，議員和立委了。競選期間，口水戰役不息，空頭炸彈滿天飛，黨工更是忙著在助選在配票，來送人上壘。但願不要被這些選舉花招迷障所惑！因為這些候選人大多是台上人物，選民必要祭出「腳花踏出來看」的法寶來檢驗他／她們，那是難以遁形的。口口聲聲說「愛台灣！」「吾台灣人也！」「鄙人新台灣人也！」聽來非常感動，那是蔣政權時期所沒有的現

象！但願這不是選舉的策略，敬請「腳花踏出來看！」

　　寄望國人看「腳花」選人，如晉人傅玄所言：「聽言必審其本，觀事必校其實，觀行必考其跡。參三而詳之，近少失矣。」（《傅子‧通志篇》）。虔祈當選的，都是認同我國台灣主權，愛護鄉土，誠心服務人民的有志之士。

注釋

1.「二步七」，陳修《台灣話大詞典》，頁772。

2. 趙莒玲《台灣開發故事》(台北：中央月刊社，1996)，頁205-210。

3. 詳看，「濁水溪」「西螺溪」「虎尾溪」，陳正祥《台灣地名辭典》台北：南天書局，1993。

4. 本句俗語，許永吉有釋。參看，「台灣精諺」《自由時報》。

5.「三界娘仔」稱為「三斑」，為「蓋斑鬥魚」等見解，見黃進福，「台灣精諺」《自由時報》。

6. 那會是什麼缺點啊？按賴淑勉女士的意見是：「太能幹的女人，因自恃能力強，在不知不覺中氣勢凌人，鋒芒盡露，因而常導致婚姻不幸福。」(「台灣精諺」《自由時報》)

7. 第二用法是台北南瑤氏敏銳的理解。見，「台灣精諺」《自由時報》。

8. 參看，「三保的」一詞。林本元「台灣成語解說」《台灣風物》(1954年4卷10期)，頁24。

第四節 工作要領

本節分段：

方法重要01-10 把握要領11-22 不得要領23-28

【01】

鈍刀，使利手。

Tun-to, saí laī-chhiú.

Tūn-to, sai laī-chhiú.

利手為要。

指出要領的重要性。是說，工具的功效不甚好的話，就要依靠操作的人的真功夫，宛如「利手」仍然可以用鈍刀。——大概是懶惰的烏狗兄，不願意給太太磨刀的藉口吧！

利手：力道夠，腕力好的手。

【02】

麻糍，手內出。

Moâ-chî, chhiú-laī chhut.

Moâ-chî, chhiu-laī chhut.

可大可小。

用法有二：一、用來交涉事務，說，這一件事的局面、事態和結果是貴大人可以決定的；商量、環轉的空間大得很啊！二、用來談生意，指，這件貨品的價格是貴老闆可以再打五折還是很有賺的。

小心哦！大大小小隨意變化的麻糍，做給自己解饞沒有問

題，要是賣錢的，如此「手內出」，能不關門大吉才怪。

　　手內出：手頭控制自如；字面義是「出自手裏」。

【03】

會曉拍算，卡好得走趁。

Ē-hiáu phah-sǹg, khah-hó-teh chaú-thàn.

Ē-hiau phá-sǹg, khá-ho-teh chau-thàn.

算盤vs.扁擔。

　　斷言，善於籌算，曉得運用資源的，勝過認眞賺錢。爲甚麼？因爲會「拍算」的，錢滾錢，發財快速；當然，搞不好的話，落跑也極快速。全靠小賣，要能渡小月就很嘉哉了！

　　拍算：打算，善用（錢、時間）。　走趁：夯扁擔走大路，或是搖鈴哆鼓賣雜細之類的趁錢事業。

【04】

會曉洗面，呣免若濟水。

Ē-hiáu sé-bīn, m̄-bián loā-chē chuí.

Ē-hiau se-bīn, m̄-bian loā-chē chuí.

水戰，另當別論。

　　斷言，做事要收事半功倍的話，就要看要領了，例如，會洗臉的人，水不必多用。

　　呣免若濟：不多，不須要很多（水、錢、時間，等等）。例如，「咱台灣的册算是眞俗，一套《台灣作家全集》嘛呣免若濟錢。」

【05】

會食酒，呣免濟菜。

Ē chiàh-chiú, m̄-bián chē chhaì.

Ē chiā-chiú, m̄-bén chē chhaì.

酒仙之意不在菜。

　　用來形容優越的經理，不會浪費人力資源。舊時，能力好的
工場老闆，不會僱用很多工人。闡明這種理念的譬喻是，善於飲
酒的人，不須要許多佐酒菜。

【06】

死人醫到活，活人醫到死。

Sí-lâng i kaù-oa̍h, oa̍h-lâng i kaù-sí.

Si-lâng ī ká-oā, oā-lâng ī ká-sí.

神醫vs.庸醫。

　　形容能力的高低優劣，方法的正誤，決定成敗。句裏的譬喻
是，良醫起死回生，庸醫處生爲死。

　　本句用的是對偶反義式的修辭法，嚴肅地比對著良醫劣醫之
別，醫生醫死之判。雖然醫療失誤難免，畢竟一人只有一命。所
以，醫生可不成良醫嗎？

【07】

騎馬的走拋拋，騎牛的跋斷腳。

Khiâ-bé--ê chaú-pha-pha, khiâ-gû--ê poa̍h-tñg kha.

Khiā-be--è chau-phā-pha, khiā-gû--è poā-tñg kha.

馬牛競走。

　　斷言工作的要領好，善於利用工具的，可以獲得快又好的效
果，反之事倍功半，正如騎馬的受益，而騎牛的蒙害。

　　走拋拋：自由又快速的行動。　　跋斷腳：喻指誤用工具將受害，
字面是「摔斷了腳」。

【08】

剖柴愛認向，毋驚你少年勇。

Phoà-chhâ aì jīn-hiòng, m̄-kiaⁿ lí siàu-liân ióng.

Phoá-chhâ aí jīn-hiòng, m̄-kiaⁿ li siáu-lên ióng.

攻堅者，愚勇也。

　　工作得法，順利愉快；土法亂搞，徒勞無功。如人砍柴，當順紋路；少年粗勇，不敵柴頭。

　　愛認向：須要認識木頭的紋路，例如，直柴難以橫剖。　唔驚你少年勇：意思是說，別說你年輕有力，砍柴不順其紋路，會砍得你精疲力盡。　唔驚你：重要的台語詞組，意思是「不要依靠你的（力、錢、勢力，等等）而爲」，無關害怕。

【09】

江湖一點訣，　講破唔值三針錢。

Kang-ô· chit-tiám koat, kóng-phoà m̄-tat saⁿ-chiam chîⁿ.

Kāng-ô· chit-tiam koat, kong-phoà m̄-tat sāⁿ-chiām chîⁿ.

秘訣專利。

　　功夫儘在訣竅，一旦公開其秘密，人人都會，也就沒有什麼價值了。

　　江湖：走江湖的人。　一點訣：是說「關鍵處有秘訣」，例如，所謂祖傳的丹膏丸散，少林寺的拳頭，西洋的魔術，等等，都有訣竅。　講破：公開出來。　唔值三針錢：毫不稀奇、沒有價值；字面是「沒有三個小銅錢的價值」。

　　難道沒有所謂的「真功夫」嗎？價值本身僅是稀罕和秘訣嗎？

【10】

好手段，一滾就爛。

Hó chhiú-toāⁿ, chit-kún chiū noā.

Ho chhiu-toāⁿ, chit-kún chiū noā.

真有一手！

工作有了好方法，好要領，也就可能順利完成。好像大廚師，一下子就煮爛一大鍋老牛肚、老牛筋。

一…就…：台語常用句型，取「一＋(動詞)＋就＋(副詞)」來表示「某一動作及其相應發生的情態」，例如：「一看就知。」「一服就見效。」「一眠就到天光。」「一捽就食到多尾。」

【11】

洗面洗耳邊，掃厝掃壁邊。

Sé-bīn sé hīⁿ-piⁿ, saù-chhù saù piah-piⁿ.

Se-bīn se hīⁿ-piⁿ, saú-chhù saú piá-piⁿ.

針對死角下手。

教人工作處事，要注意處理容易忽略的地方，如一般小孩或是少數成人沒有清洗耳後根的習慣；牆腳壁角，也常是個積聚小垃圾的盲點。

從構句看，這句俗語對得很有趣，把「洗面」對上了「掃厝」！都是「清潔工程」，對得有道理。又把「耳邊」和「壁邊」也對上來；也有道理，都有個「邊」。

好，先人也頗講究生理衛生和環境衛生，很有「綠色思想」。我們如何呢？也是衛生第一的人民！報載，我國是「世界清潔日」(9.16)的會員國。在清潔日第一天，展開了如火如荼的清潔運動，有2,000多人參加，只清出2,000多公斤垃圾。怎樣，環境不髒吧？一人只清得一公斤垃圾而已。又說，明天要繼續清：海灘，高山，社區和廢車。(→《世界日報》1994(9.17):6)

數百年前，祖先們只知道清耳邊，清壁邊；現在情況大不相同囉。看，我們清的範圍多偉大，包玉山、太魯閣，也包台灣海

峽、太平洋！有大家的社區，也有人家私下不要的廢車！看，最
大而不同的是：「聯合國」〔世界清潔日的〕會員！

【12】

射人先射馬，擒賊先擒王。

Siā-lâng seng siā-bé, khîm-chha̍t seng khîm-ông.

Siā-lâng sēng siā-bé, khīm-chha̍t sēng khīm-ông.

所以打擊蛇頭。

　　敎人工作處事的一個訣竅，乃是：先處理關鍵性的問題。理
由：大目標容易射中，射馬易於射人，倒馬以擒騎將軍；破賊，
先捕賊頭，則群賊無首，不攻自破。這種射馬擒王的思想，淵源
久遠，《三十六計‧擒賊先擒王》有言：「摧其堅，奪其魁，以解其
體。龍戰於野，其道窮也。」

　　但應該注意的，這句諺語係出自杜甫，原義並不在「射馬擒
王」，而在於反侵略，反戰爭，要抗敵。這首詩對現時的台灣人
極有意義，讓我抄引於下：

　　　　挽弓當挽強，用箭當用長。

　　　　射人先射馬，擒賊先擒王。

　　　　殺人亦有限，列國自有疆。

　　　　苟能制侵凌，豈在多殺傷？

　　　（《出塞九首》其六）

　　爲甚麼要射馬擒王？要避免「多殺傷」！詩人是反侵略的，因
爲「列國自有疆」，不許製造任何理由來文攻武嚇，要殺要打，要
侵略別人的國家。同時，他是愛鄉土的，他有「制侵凌」，反抗侵
略的清楚意識。偉哉杜甫！

　　深願詩聖杜甫的這句名諺，對我們有所啓迪和鼓勵。

【13】

著拎牛頭，呣通拎牛尾。

Tioh khîⁿ gû-thaû, m̄-thang lêng gû-boé.

Tiō khīⁿ gū-thaû, m̄-thāng lēng gū-boé.

把握問題，控制弱點。

斷言，處理事務，特別是麻煩的問題，必要能把握成爲問題
的地方。譬如沒有人拉著牛尾巴來耕田、拉車的，總是控制著牛
頭。類語有：「著拎牛鼻，呣通拎牛尾。」耕牛的鼻子是牠的弱
點，已經「貫鼻」過，所以說「著拎牛鼻」。

*拎：用力擒住。　貫鼻：用鐵製的「牛鼻環」穿過牛鼻，套以繩
索，用來控制駕御；野性大發狂奔的牛，只要拎住牠的鼻子，也就可
以控制。*

看了這句俗語，滿心感佩先人。他們以大勇大智，馴化野牛
來耕田，眞是太不簡單了。更難得的是，又將穿鼻、拎頭、拎鼻
的駕馭術，化做金言來教示我們。

請不要心裏說，有什麼了不起，水牛那能做像樣的文學表
象？能！君不見，《資治通鑑》不是也有「繫狗」上史册的嗎？說：
「繫狗當繫頸，反繫其尾，何得不然？」(《通鑑‧晉記》)姑不論繫狗
比拎牛的技術如何簡單，就是「著拎牛頭，呣通拎牛尾！」這句話
的文字、語氣，都是很生動的表象，極親切溫暖的致意！

【14】

做婊愛笑，做生理愛叫。

Chò-piáu ài chhiò, chò-seng-lí ài kiò.

Chó-piáu aí chhiò, chó-sēng-lí aí kiò.

顧客至上。

　　喻指各行各業，各有不同招徠顧客的要領，例如，性工作者要「愛笑」，而做小生意的要「愛叫」。

　　愛笑：老先人豐富的想像，加上詩人「一笑傾人城，再笑傾人國」的根據，所以說花柳姊妹要愛笑。　愛叫：招呼人客也，古今小生意人都要會叫買叫賣。現今，鄉下偏遠的地方常有售貨小汽車巡迴，叫賣的是播送高分貝單調無比，一再重複的錄音帶。今年春天，我在鯉魚潭聽到的叫賣聲是：「鹹粿、甜粿、鹹甜粿、發粿、芋粿、菜頭粿、M粿、N粿、X粿。來啦，來買哦，好食兮！」——聲音雖蠻單調，但清楚是在賣「粿」！已經好多年沒聽到叫買聲了，另有一番滋味。

【15】

魚食流水，人食嘴媠。

Hî chiảh laû-chuí, lâng chiảh chhuì-suí.

Hî chiā laū-chuí, lâng chiā chhuí-suí.

各有生活的依憑。

　　點出工作、處事和生活，都要依靠「嘴媠」，正如同魚是靠著吃水而活的。這句俗語的重點放在第二分句，用魚吃水來做串對。

　　嘴媠：親切有禮的口舌，表現在清晰動聽的話語，殷勤的招呼，溫柔詳細又確實的應對。——無關候選人的那一類「口水」。

【16】

會的人出嘴，戇的人出力。

Ē-ê lâng chhut-chhuì, gōng-ê lâng chhut-lảt.

Ē-ē lâng chhut-chhuì, gōng-ē lâng chhut-lảt.

勞心勝勞力。

　　斷言，工作處事能力強的人，動頭腦、出意見、發命令，而那些沒有什麼能力的，只好聽人指揮，腳踏實地用力實踐了。類語有：「會的人使嘴，獪的人使手。」這句類句，又可解做：爭執的時候，聰明的人動嘴以服人，而老粗動手來傷人。

　　會的人：指能幹的，聰明的人。　使嘴…使手[sai-chhùi…sai-chhiú]：動嘴動手，用嘴巴來爭理氣，用手來修理人。　獪的人：思想混沌的愚昧人，無能之輩也。

　　看到這句俗語，不知道諸位有何感想？「巧使嘴，戇使力」是很熟悉的口號，不是嗎？亂彈也許容易，但值得一聽的「使嘴」難得，因為至少要能說出清楚的「是什麼？」「為甚麼？」和「怎樣做？」的參考方向或內容。

　　真能「使力」的，必不會是「戇人」，因為「手」「腦」相關，息息相應，多使力，多增加智力，何樂而不為？至少，有力氣可使的，不會是個病夫。

　　不要太計較「使」什麼，但願「使」的都是好嘴好力。

【17】

牽豆藤，摘豆莢。

Khan taū-tîn, tiah taū-ngeh.

Khān taū-tîn, tiá taū-ngeh.

按圖索驥。

　　這是老先人寶貴的實踐智慧：由因而知果，由跡而獵獲，由藤人取莢。不過，脫藤的豆莢當另行尋覓，如同文法都有例外。

【18】

會做官，會察理。

Ē choè-koaⁿ, ē chhat-lí.

Ē choé-koaⁿ, ē chhat-lí.

決斷者滇舷審情度理。

用指，一個主管或決裁者，一定知道如何妥善來處理問題的。舊說，當官的都知道審察情理。

情理對於私人間的感情授受，或是事務交涉很方便，也頗重要。但要維持一個公義的社會，「法」的判斷應該優先於情理的感覺。法有普遍的適用性，而情理依賴決斷者主觀心證的成分太多，仍然迂迴在古聖王德治思想的泥沼裏。

我們以爲，黑官的第一個試探是：喜愛情理關說，勝過服從法律。

【19】

算佛，做粿。

Sǹg put, choè koé.

Sńg put, chó koé.

按工人，發薪水。

指出做事的一項要訣：應用分配原理，須要量和投注力成正比。譬如供幾尊佛，做幾個粿。

【20】

窮則變，變則通。

Kêng chek piàn, piàn chek thong.

Kêng chek piàn, piàn chek thong.

臨時條款？

面對困難，沒有或者不知道根本的解決辦法，而又不能置之不理的情形下，迫出來的應付手段。這句是很有名的俗語，出自《周易・繫辭傳》：「易，窮則變，變則通，通則久。」

　　窮則變：困境中沒有辦法的辦法。　　變則通：按繫辭傳的精神，變通是爲了「使民不倦…使民宜之」，不是執政者造來控制人民的變通辦法。至於小民的變通，卻是用來給自己加油的話。——通不通？待卜！

【21】

食蕃藷，看勢面。

Chiàh han-chî, khoàⁿ sè-bīn.

Chiā hān-chî, khoáⁿ sé-bīn.

看手段啦！

　　用指，處理困難的事情，蓋在好要領。譬如吃一大塊煮得爛透的蕃藷箍，用筷子不得要領是夾不來的。——「五爪龍」的吃法不算，那是有蕃藷沒有文化。

【22】

中主人意，便是好工夫。

Tiòng chú-lâng ì, piān-sī hó kang-hu.

Tióng chu-lāng ì, pēn-sī ho kāng-hu.

馬首是瞻。

　　用法有二：一、用來諷刺沒有什麼眞功夫的匠人，所謂「好工夫」都是人家看走了眼。二、小師傅的客氣話，好像是說：「過獎了，謝謝！功夫都是假的了！賢主人不嫌棄…」——一派太監的口氣！功夫好壞怎麼會是「主人」爲標準的？除非是某種特異功夫。

　　工夫：技術、藝能，功夫也；無關於「時間」。

【23】

生蟳，活掠。

Chhiⁿ chîm, oa̍h-lia̍h.

Chhīⁿ chîm, oā-liā.

不得要領。

　　把棘手的問題處理得很費力，很糟糕，宛如空手捕蟳，防牠逃入水裏，又怕牠利剪傷手。比較：「生擒，活掠。」用強烈的手段把人架走，或用警械制服兇惡的嫌犯。

　　生擒[chhiⁿ-khîm]：擒拿活口。

【24】

七創，八創。

Chhit chhòng, peh chhòng.

Chhit chhóng, pé chhóng.

亂搞一通。

　　形容做事不知道要領，無法一貫作業，只好這裏做些，那裏又搞一些。

　　七…八：（動作）斷續頻頻。　創：用手做、摸、弄。

【25】

好好鱟，刣到屎流。

Hó-hó haū, thaî-kah saí laû.

Ho-ho haū, thaī-ká saí laû.

敗事有餘。

　　譏刺處事無能無力的人，把好好的一件事，或一筆生意搞垮了。這好像不知道如何處理鱟的人，把牠整得屎尿四濺。類語有：「活活鱟，刣到屎愈流。」在這裏我們又看到了「鱟」，心理覺

得很不好意思。雖然我們是海島的國民，但對於「鱟」魚頗有偏
見，常用牠來做爲很消極的表象，視同「臭人」或「盜賊」。例如，
俗語有「朆降蟳，要降鱟。」(241.14)「死蟳活鱟，未死先臭。」(246.
34)等等。

雖然鱟扁大的硬殼有刺，鱟尾似劍，但性情很善良，又極多
情，出門都是成雙成對，被捕也都是一對對的。鱟的睡眠期很
長，繁殖力弱。往昔我國南方澳海域多的是鱟魚，漁民常常捕
獲，現在污染和濫捕，鱟已經很少發見，頗有絕種之虞。請記
得，鱟在地球上已經活了三億六千萬年以上，牠是珍貴的「活化
石」，我們應該保護牠才好！(→《自由時報》1998(4.4):15)

【26】

拆東籬，補西壁。

Thiah tang-lî, pó˙ sai-piah.

Thiá tāng-lî, po˙ saī-piah.

離舨補壁？

譏刺人調度不得要領，裁長補短，亂拆亂補一場，效果當然
很壞。

【27】

塞城門，呣塞涵孔。

That siâⁿ-mîng, m̄-that âm-khang.

That siāⁿ-mîng, m̄-that ām-khang.

此孔非波孔。

用來責備人做不相干的事來敷衍緊要的事情。譬喻是：水田
不須要灌漑了，應該「塞涵孔」來制水。但見這個農夫異想天開，
跑去阻塞城門，以求停水。讚，巧妙勝過伊索寓言！

> 涵孔：涵洞也。灌溉田園水量的多少，用塞涵洞的大小來調節
> 的。

【28】

豬頭唔顧，顧鴨母卵。

Ti-thaû m̄-kò͘, kò͘ ah-bú-nñg.

Tī-thaû m̄-kò͘, kó͘ á-bu-nñg.

棄貴重賤。

用來責備愚昧的後生，怠忽職守的工人，他／她們沒有好好
的看守重要的物件，卻專心管理無關重要的事。

可能背景：中元大普，家家戶戶擺上豐富的牲醴來祭拜，有
鴨卵、有柔魚、半熟的全鴨、有全隻的豬公，也有供一個大豬頭
的；祭物如山，不可勝舉。

素來拜「好兄弟仔」的日子，乞友、窮漢、貪心的人，伺機牽
羊，也是民俗慣例。牽走了，算是他／她們的口福，主人當做是
一種捨施，也不計較。但是，大豬大肉，自當看好，以免損失太
多。

康老善人平時慷慨，今日的大普，特別交代長工阿西看住那
個大豬頭，其他供物可以隨緣。因為康老人至愛「豬頭皮火鍋」，
早已約了幾個好友，今夜要來一場「紅酒豬頭皮」夜宴。

糟了！收回來的牲醴，就是缺少那個大豬頭。康老責問下
來，阿西卻說：「有了，小心看守鴨卵…」老善人極怒：「XXX！
豬頭唔顧，顧……」

後來，康老查出這個豬頭，是阿西監守自盜，串通對面羅漢
仔陰謀私吞的。

再過四天就要選市長、議員、立委了。深願鄉親們眼睛雪

亮，看清楚候選人眞正關心「看顧的」是什麼！是我國台灣呢？或是什麼的！

第五節　待遇報酬

本節分段：

食飽換枵01-08　　報酬微薄09-13

對待刻薄14-19　　分紅分利20-22

【01】

食飽，換枵。

Chiàh-pá, oāⁿ-iau.

Chiā-pá, oāⁿ-iau.

不如奴才。

用法有二：一、恥笑薪水少得不得了的傭工、雇員。二、自嘲辛苦工作，不得溫飽。本句修辭是誇張，把低工資說成沒有任何報酬，又得帶便當去交換疲勞、飢餓。

按我國民間慣俗，就是自願幫人家做了大半天的「無錢」粗工之後，主人除了有說不完的「多謝！多謝！」也都會親切地留他／她下來吃一頓飽；有錢的吃腥臊，窮的喝些「鹹糜」。「有做，有吃」是我們台灣人的遊戲規則；給任何人為了我來「食飽，換枵」是犯規違例的。

然而，近年來我國有來自各行各業的那麼多男女老幼，甘願「食飽，換枵」來做義工志工，做種種社會服務的工作。這可說是多數老先人「為吃而做」的心態和限制的突破，由此展現了台灣人的新人格，真是令人高興！

【02】

呼狗，食家己。

Kho˙ kaú, chia̍h ka-kī.

Khō˙ kaú, chiā kā-kī.

不是頭路。

　　用法有二：一、自嘲，我這個小差使，薪水微薄，只有「箍九」，而且吃飯是自理的。二、用來恥笑被老闆炒魷魚的人，說他／她以弄狗爲業。

　　呼狗：蹓狗、玩弄狗，字面是「呼叫狗」。　*箍九[kho˙-kaú]：月薪一元九角整。這裏有個語言遊戲，程式是：(薪水)元九→(讀做)箍九→(擬音來譏刺)呼狗→(落跑來)呼狗家己⇒被刣頭了！*

【03】

無得湯，無得粒。

Bô-tit thng, bô-tit lia̍p.

Bō-tit thng, bō-tit lia̍p.

無飲無食。

　　大吐苦水。爲人辛苦做事，毫無所得；語氣中含有：不但無利，恐怕還有閒話、麻煩。

【04】

食，無；拍罵，有。

Chia̍h, bô; phah-mē ū.

Chiā, bô; phá-mē ū.

可憐的婢女。

　　舊時，被酷待的小婢女的怨嘆。說，在刻薄又兇殘的主母家裏工作，有的是毒打、罵罵的苦楚，吃的是殘食餘羹。

食，無：這個「無」字是誇張的，不是「零」，而是指食物的質量差又少。

【05】

查某嫺仔掐肉──生看熟無份。

Cha-bó·-kán-á koāⁿ bah──chhiⁿ khoàⁿ, se̍k bô-hūn.

Chā-bo·-kan-á koāⁿ bah──chhiⁿ khoàⁿ, se̍k bō-hūn.

只有「眼福」？

　　用來譏刺人或自嘲。辛苦地給別人成就利益，只能眼巴巴地看著人家獨享好處。譬如舊時刻薄之家的女婢，買生豬肉是份內事，但做好了的蒜泥白切五花肉、蜜棗紅燒豬排、芳梅魯豬腳，等等腥臊是一概無份的。類語有：「查某嫺仔掐肉──看有食無。」「生看，熟無份。」

　　查某嫺仔：小婢女。舊時陋俗，窮人家把小女孩賣給有錢人家為婢，來服侍主母，做家事，但有義務在適婚年齡，設法婚嫁。

【06】

做媒人，貼聘金。

Choè moê-lâng, thiap phèng-kim.

Ché moē-lâng, thiap phéng-kim.

無利而有損。

　　用來自嘲，說自掏腰包給別人做了一件好事。譬喻是：給男家介紹了一門親事，又得給他出聘禮。

　　媒人：職業媒人有一定的代價；自願為媒的，也都有「紅包」可得，雖然不收紅包的為多。做媒又貼聘金的，並非沒有，我故鄉教會的一位許長老就做過這麼一層義舉。

【07】

點燈有分，分龜跳崁。

Tiám-teng ū-hūn, pun-ku thiaù-khám.

Tiam-teng ū-hūn, pūn-ku thiaú-khám.

盡義務，無權利。

當一個人應有的權利受到忽略或剝削時，用來表示心裏的不滿。譬喻參加民間的廟宇點燈捐獻有份，但分紅龜粿的時候卻沒有。

點燈：弟子向神明祈願，點「光明燈」，獻金給寺廟。　跳崁：(應該包含在內的)被排除掉；字面義是，跳號而過。

【08】

赤腳的逐鹿，穿鞋的食肉。

Chhiah-kha--ê lip-lȯk, chhēng-ê--ê chiȧh-bah.

Chhiá-kha--è lip-lȯk, chhēng-ê--è chiā-bah.

走狗不如。

常用俗語，表示不平之鳴。奮不顧身，成就利益的人，沾不到絲毫好處，倒是沒有出力的人在享受。句裏用「赤腳的」和「穿鞋的」來表示勞逸，或勞資，等等不同階級；用「逐鹿」和「食肉」譬喻勞苦和享受。

台灣社會常有這種「拾獵而肥」的社會不義。姑不論日據時代，在蔣政權時期就常聽到這句話，因爲台灣農民深感受到剝削，大農戶一年二季的稻作收入所得，付完肥料、工資、田租，所剩無幾；眞是大農如乞，小農戶更慘。但是，軍公敎人員享受許多優待，農民不能不怨嘆「赤腳的逐鹿，穿鞋的食肉。」

【09】

卡呣値牽乞食放屎。

Khah-m̄-ta̍t khan khit-chia̍h pàng-saí.

Khá-m̄-ta̍t khān khit-chiā páng-saí.

牽不淂也。

　　用來表示氣憤的怨嘆。原來是一個「牽猴仔」的，沒有得到應得的仲介人的佣金。——爲甚麼被比擬做「乞食放屎」呢？因爲仲介人拉攏的大多是有錢人，報酬給的太少，眞是「有錢人乞食性命」，而「牽」得很不愉快就用不如牽乞友如廁來諷刺。

　　牽猴仔：從事仲介的人。　*牽乞食放屎：喻指做了不愉快又沒有報酬的事。*

【10】

餓繪死，脹繪肥。

Gō boē-sí, tiùⁿ boē-puî.

Gō bē-sí, tiúⁿ bē-puî.

所謂「小康」？

　　自嘲，也可能是自謙，意指薪水，或是做生意的所得，僅僅維持基本的生活和最低程度的開銷而已。

　　餓繪死：維持不致於餓死的生活。　*脹繪肥：不足以吃到肥肥胖胖的收入。*

　　也不知道爲甚麼，讀國民小學那幾年，常要塡什麼表的，其中不乏「家庭經濟狀況」一欄。小朋友看了手裏的這張表，都說不知道自己家裏的「經濟狀況」，這一格不會塡。老師說，回家後請媽媽姊姊幫你們。

　　第二天，大家都把調查表交上去。老師瀏覽一下收來的表，

笑著對全班五十多個學生說：

「好奇怪！大家都塡『小康』……知道什麼是『小康』的，舉手？」

幾個舉手回答的，都不離「普通好額」這層意思。老師說：

「沒有別的句子可……？」

話沒說完，一個常「講方言」被罰站的小朋友，忽然大聲說：

「老師，有！」

「好，你說。」

他很快的站起來，挺胸，嚥了一下口水，說：

「我家是『餓獪死，脹獪肥！』」好標準的一口台灣話。

一聽，哄堂大笑。老師笑著說：

「小孩不懂事，不要亂講哦！」

這個小朋友，頗有委屈地說：

「老師，不是亂說的啦！是我爸爸說的，阿公也說…！」

【11】

諞食，諞食。

Pén chi̍ah, pén chi̍ah.

Pen chiā, pen chiā.

混飯吃而已。

用來回答好朋友問及「大事業，大發財」一類的交際語。意思是：「沒有什麼啦，還不是混一口飯吃。」這沒有「諞」的意思，但卻是非常庸俗的客套。請小心應用這句俗語，不要用來糟蹋自己的職業尊嚴，除非眞的搞上了諞人的行業。

諞食：粗俗話，指「小生意、微薄的收入而已」；字面義是「騙得一口飯吃。」諞，小詐欺也。

【12】

食，食頭家；睏，睏頭家娘。

Chiàh, chiàh thaû-ke; khùn, khùn thaû-ke-niû.

Chiā, chiā thaū-ke; khùn, khún thaū-kē-niû.

抹黃的宰勢。

　　詼諧話，用來回答工作待遇。意思是：薪水雖然不多，但是
老闆供應膳宿。請注意，這句話粗魯無禮，頭家頭家娘知道了，
頗有「呼狗，食家己」(→.02)的機會。

　　*食頭家：雙關「在頭家處吃飯」和「吃定了老闆」。　睏：住宿也，
也是「性關係」的委婉詞。*

【13】

西北雨，落無過田岸。

Sai-pak hō˙, lȯh bô-koè chhân-hoāⁿ.

Saī-pak hō˙, lō bō-koé chhán-hoāⁿ.

油水少而不均。

　　用來形容所分配到的利益有限，又不公平。譬如一陣「西北
雨」下來，雨勢可能相當猛烈，但時間短暫，範圍有限，有時一
條「田岸」之隔，就有乾濕之分。

　　*西北雨：夏天午後短暫的脆雷和大陣雨。西北雨，並不是來自西
北氣流的暴雨，也不是什麼「獅豹雨」。按陳冠學的研究，其正字是
「夕暴雨」。❶　田岸：田埂也。*

【14】

盡心唱，嫌無聲。

Chīn-sim chhiùⁿ, hiâm bô-siaⁿ.

Chīn-sīm chhiùⁿ, hiām bō-siaⁿ.

盡力，不盡善。

　　百般無奈地發洩，工作表現未被肯定的怨嘆。譬喻是：盡力「唱曲」，但是頭家、聽眾都不滿意，說什麼「狗聲，乞食喉。」(→25.15)顯然，一個歌星遭到如此酷評，一定很傷心。

【15】

做到流汗，嫌到流涎。

Choè-kaù laû-koāⁿ, hiâm-kaù laû-noāⁿ.

Chó-kah laū-koāⁿ, hiām-kah laū-noāⁿ.

汗水不敵口水。

　　誇張地怨嘆自己是多麼認真工作，但所遭到的批評是那麼劇烈無情——怨嘆之餘，不忘反刺一下對方是「流涎」的批評者。

　　流汗：喻指認真工作。　*流涎：口水不禁，暗刺「幼稚」。*

【16】

棚頂做到流汗，棚腳嫌到流涎。

Pîⁿ-téng choè-kaù laû-koāⁿ, pîⁿ-kha hiâm-kaù laû-noā.

Pīⁿ-téng chó-kah laū-koāⁿ, pīⁿ-kha hiām-kah3 laū-noā.

　　用法和意思類似上一句。

　　棚頂：喻指工作者、當事人；字面義，野台戲棚上(的演員)。
棚腳：指觀眾，旁觀者，局外人；字面，戲棚下的人。

【17】

工作嚴，物配鹹。

Kang-chok giâm, mı̍h-phoè kiâm.

Kāng-chok giâm, mī-phoè kiâm.

工作量多，飯菜量少。

　　工人用來發洩受到老闆的刻薄待遇。本句直述頭家對於工作

的要求嚴格，但工人的福利沒有。這句取了對偶同義式的修辭法，表達既「嚴」且「鹹」的工作環境和條件。

　　物配：喻指待遇、報酬，字面是「佐飯之小菜」。　鹹：吝嗇也。

【18】

毛管孔，流汗錢。

Mn̂g-kńg-khang, laû-koāⁿ chîⁿ.

Mn̄g-kng-khang, laū-koāⁿ chîⁿ.

不是「軟路錢！」

　　賺了大錢的頭家，用來辯解「大老闆，一本萬利，財發得好快啊！」一類的揶揄。所要傳達的訊息是：錢，不好賺，在下賺的都是「艱苦錢！」

　　毛管孔：毛細孔。　流汗錢：辛苦勞動或是付出相當高的代價而後賺的錢；相對詞是「軟路錢」。

【19】

鐵拍，都無雙條命。

Thih-phah, to-bô siang-tiâu miā.

Thih-phah, tō-bô siāng-tiâu miā.

鐵人也不夠看！

　　用來表示對於工作量超出體力太多的不滿。句裏的譬喻表象是「鐵人」；試想連鐵人的「雙條命」都應付不來的工作，豈是人幹的？可是，不幹歸不幹，一條老命總是要「活下去」的啊！

　　鐵拍：鐵製的物件。　都無雙條命：意指，即使有雙條命也應付不了。

　　老先人的時代，許多工作確實非常「粗重」費力，工作時間又長，營養又不良，長期積勞，勞工嘔血、帶傷、肺癆的屢見不

鮮，「無雙條命」的哀嘆處處可聞。那麼，幾百年後，我國的勞工的健康和安全如何呢？報載，我國每天有2名勞工在工作場所罹難、12人殘廢、56人受傷。累計近十年來，因職業災害傷亡的人數近210,000人，直間接的經濟損失值3,539億元。顯然，我國的勞工界朋友仍然未脫離「鐵拍，都無雙條命」的危厄。

進一步看，現代勞工面對的「要命」，比老先人的，尤爲百倍險惡。1996年我國職業災害的類型有：

墜落及滾落	35％
感電	13％
物體倒塌及崩塌	13％
因爲雇主提供不安全的工作環境、設備	42.89％
因爲勞工本身不安全行爲者	31.42％
因爲上面二者兼具者	18.35％

上述這些災難是日本的5倍，歐美的3至4倍。(→《自由時報》1998(3.23):3)如此偏高的職業災害，政府豈可坐視？人民豈可一面哀嘆，一面繼續接受「鐵拍，都無雙條命」爲宿命？

【20】

倚索，分魚。

Oá soh, pun hî.

Oa soh, pūn hî.

插個乾股。

用指沒有做工，卻想要得到報酬；沒沾上邊，就要分一杯羹。譬喻是：沒有參加「牽罟」的人，看大家用力拉上了大魚網，撈了好多魚之時，就走過來要來分魚。——牽罟「分魚」是慣例，是應有的分配；但僅僅「倚索」就要求分魚，過份啊！類語：「倚

索，分錢。」❷

　　倚索：靠近網索，沒有拉繩。　　分魚：分獲所網羅到的魚。　　分
錢：以分錢代替分魚，整批魚貨交易比較方便。

　　牽罟須要太多的人力，又漁獲量大大不及漁船的機動網，因
而職業性的牽罟已經走入歷史。但某些沿海的鄉鎮公所爲提倡正
當的休閒活動，而提供牽罟活動的機會。今年暑期，多處海灘喜
見三代同堂，百人用力牽罟，千魚怨嘆入網，百人興奮分魚。

【21】

二一，添作五。

Jī it, thiam-chok ngó͘.

Jī it, thiām-chok ngó͘.

另類密約。

　　用指有關利害得失的當事人，私下相議，平分利益以免紛
爭。請注意，這句話含有背後瓜分利益，頗有「不見光」的意思。

　　二一，添作五：珠算的除法口訣，「一歸二除」也。

【22】

無功，不敢受祿。

Bû kong, put kám siū-lȯk.

Bū kong, put kam siū-lȯk.

天下沒有白吃的牢飯！

　　用做警語。老先人主張，切勿不明不白的接受別人的好處。
爲甚麼？因爲天下一切所謂「無緣無故」的好處，都包蓋著極大的
「有緣有故」的壞處。古賢人有言，「明人」不會亂賞罰，如所謂的
「賞必加於有功，罰必斷於有罪！」(《戰國策·秦策》)無功而有賞有
祿，豈不是「暗人」？他的下一步動作會不會是暗室裏的黑箱作

業？

　　祿：現代含義，指報酬、薪俸、車馬費、紅包，等等好處；古代用法，皇帝賜與的恩典、俸祿。參看，「天不生，無祿之人。」(111. 18)

注釋

1. 詳見，「西北雨」。陳冠學《台語之古老與古典》(高雄：第一出版社，1984)，頁270-272。該詞字源亦玄有考。參看，亦玄《台語溯源》(台北：時報文化公司，1983)，頁109-112。
2. 吳瀛濤《台灣諺語》(台北：台灣英文出版社，1975)，頁151。

第六節　成敗得失

本節分段：

利多盈餘01-04　失利失敗05-21　閃失錯誤22-25　難得全利26-29

【01】

一下捗，食到冬尾。

Chı̍t-ē poé, chia̍h-kah tang-bóe.

Chı̍t-ē poé, chiā-ká tāng-bóe.

大船入港了！

　　用來形容舊時的小店鋪大發財，僅僅一筆生意所賺的錢，就可維持一年的生活。用做譬喻的是農產的大豐收，足夠供應農家整年的伙食。

　　捗：收穫也，字面義是「撥開掩蓋的沙土來撿取農作物」，如「捗土豆」。　食：指維持生活。　到冬尾：一直到年底。冬，年也。

【02】

家己刣，趁腹內。

Ka-kī thaî, thàn pak-laī.

Kā-kī thaî, thán pak-laī.

肥水不外流。

　　用來恥笑人，或自我調侃。大小工作都自己來，從不請人幫忙。例如，田園須要人幫忙整地，或是開張了好大的店鋪猶仍一家老中青少來慘澹經營。

　　背景：舊時家庭主婦買回家的雞鴨都是活口。有的少奶奶不

敢見血，只好拜託鷄鴨販，或隔壁太太動手。按照慣例，這隻鷄鴨的「腹內」就要歸給代勞的人。若是自己家裏的人來「刣」，那麼「下水」算是自己賺了。

　　刣：殺鷄宰鴨等等。　　腹內：指家禽的心、肝、腸、胘等內臟，也叫做下水。

【03】

和尙，食施主。

Hoê-siūⁿ, chia̍h si-chú.

Hoē-siūⁿ, chiā sī-chú.

美好的供養。

　　用來譏刺人儘佔利益。借喻出家人從善男信女得到維生，而進一步說是「食」定了「施主」。

　　食：供養也。在我國通常是捐獻淨財，而在印度、泰國等地，和尙在上午出來托鉢，以得飯菜等食物的供養。　　施主：行布施的人。布施是佛弟子的宗敎義務之一。

【04】

扱著美國屎，卡贏討大海。

Khioh-tio̍h Bí-kok saí, khah-iâⁿ thó toā-haí.

Khió-tiō Bi-kok saí, khá-iāⁿ tho toā-haí.

橫財勝正業。

　　用來自嘲，或消遣人，撿到意外的益處遠超過自己努力工作的所得。

　　這句俗語幽默非常，看「美國屎」對上了「討大海」，心花就朵朵盛開。怎麼會？君不見「美國屎」，多麼慧點地點出「屎」之有「拉下的」和「肥料」的二種特點。繼之，捧「美國人的『屎』」上靑

天，唯有他們的「屎」勝過澎湖人辛苦的「討大海！」怎樣？讚吧！

背景：1950年5月，國民政府轉進來台灣；同年六月美國杜魯門宣布台灣中立，派第七艦隊和軍事顧問團來我國協防。一直到1979年底，「中美共同防禦條約」廢止，我國的都市、海邊、風景區，處處有美軍基地和招待所。

此間，澎湖辛苦的漁夫，偶而在海灘撿到大批美軍招待所逾期的罐裝食物，六七分新的傢俱，報銷的雜物等等。當時國人的經濟條件和食品衛生觀念不甚發達的情況下，看撿到的這些美軍「廢物」是頗有水準的，成為銷路好的二手美國貨，可以賣到相當好的價錢。

澎湖的討海人，對於這些「三不五時」的發財深有感慨，高興地自我解嘲：「扱著美國屎，卡贏討大海！」

討大海：請參看，「掠貓仔過龜山，著展你會討海。」(323.49)

【05】

六面骰仔，博無一面。

Lȧk-bīn taû-á, poȧh bô chi̍t-bīn.

Lȧk-bīn taū-á, poā bō chi̍t-bīn.

虧損慘重。

怨嘆投注的資本，如泥牛入海，如賭徒落跑。句子的意思是：勝算？不如擲「骰仔」，連六分之一的機會都沒有。

骰仔：骰子。它是正方形立體，呈示一面是應有的機率。　博：指「賺」錢，原義是「賭博」。

【06】

金斗守到生蔬，則搞走。

Kim-taú chiú-kaù seⁿ-se, chiah koāⁿ-chaú.

Kīm-taú chiu-kah sēⁿ-se, chiá koāⁿ-chaú.

功虧一簣。

　　用來發洩功敗垂成的怨嘆。本句的意思是：子孫卜得吉穴埋葬先人「金斗」，久久不見祖靈福蔭，就另擇穴要來改葬。但當打開金斗甕一看，發現枯骨已經「生蔬」，知道是大吉利的風水，於是重新埋下。據說，如此一來，靈氣盡散，子孫不得庇佑，眞是後悔莫及。

　　金斗：或稱金斗甕、黃金甕。收藏枯骨長圓形的甕。　生蔬：埋葬在墓穴，或是藏置於金斗中的枯骨，在一定的濕度和溫度之下會生出金黃色的藻類。俗信，生蔬是子孫好運來臨的徵兆。 ❶

【07】

貓車倒泔，給狗做生日。

Niau chhia-tó ám, kā kaú chò seⁿ-ji̍t.

Niau chhiā-to ám, kā kaú chó sēⁿ-ji̍t.

造利他人。

　　用來恥笑人因爲失利的行動，而造就了別人的利益。這句俗語寓言般地說：有一隻飢腸轆轆的黑貓跳上餐桌，想要偷腥。但見桌上擺的都是無味素菜，失望之餘失手翻倒了一大碗「泔」，桌腳積了一大片泔汁。剛好有隻花狗進來，但見牠高興又滿足地享受著甘甜的泔糜。

　　車倒：扳倒碗瓶等容器，以致於盛裝在裏面的物件翻倒出來。

【08】

下昏，討無明仔早起頓。

Ē-hng, thó-bô bin-á-chá-khí tn̄g.

Ē-hng, tho-bō bīn-a-cha-khi tn̄g.

三餐不繼。

　　舊時，討海人或勞動者用來怨嘆。意思是，從早到晚整天辛苦地工作，但收入不足以供給明天的飲食。

　　下昏：晚上，黃昏以後到天明的這段時間。　討：泛指謀生的各種行動，例如，漁夫討掠，工人討趁。

【09】

斤鷄，斗米。

Kin-ke, taú bí.

Kīn-ke, tau bí.

利不及費。

　　斷言，家鷄養不得也。增牠一斤肉，吃我一斗糧，成本太高，沒賺！

【10】

好礐，無屎。

Hó hak, bô saí.

Ho hak, bō saí.

清潔免！黃金愛！

　　同行互刺，說對方開張的那家店鋪，門面大是大矣，但乏善可陳，惡性倒閉指日可待，老闆已經準備落跑，眞是「好礐，無屎！」

　　老先人認爲「礐」之好壞無他，要在「有屎」；黃金滿甕要緊，清潔舒適誰管？君不見，五十年代以前的鄉村，一缸一板的毛式小礐處處。

【11】

放尿漩水面，有趁無錢剩。

Pàng-jiō soān chuí-bīn, ū-thàn bô-chîⁿ chhun.

Páng-jiō soān chui-bīn, ū-thàn bō-chīⁿ chhun.

工作苦，賺錢少。

　　舊時的漁夫用來發洩滿腹怨嘆。他們日夜以海爲家，連要放水也沒有廁所，雖有微薄的收入，但入不敷出，那敢妄想什麼盈餘！

【12】

閹鷄扱碎米，水牛潦大屎。

Iam-ke khioh chhuì-bí, chuí-gû laù toā-saí.

Iām-ke khió chhuí-bí, chui-gû laú toā-saí.

利小虧大。

　　窮勞動者或小生意人的哀怨。他辛苦工作，凡事節儉，宛如「閹鷄」四處啄食散在地上的碎米；但賠本或不能免的支出，卻像水牛拉肚子，一瀉空虛疲軟。

　　閹鷄：太監鷄也，參看「一日閹九豬，九日無豬閹。」(31.12*)
扱：（鷄用喙）啄食；（人用手）撿、拾（較細碎的物件）。　潦大屎：騎1200CC的Autobi也。

【13】

食無若濟潲，糊到歸嘴鬚。

Chiah-bô loā-chē siâu, hô·-kaù kui chhuì-chhiu.

Chiā-bō loā-chē siâu, hō·-kah kuī chhuí-chhiu.

得不償失。

　　小工人或小生意人的憒忿不滿。說他並沒有得到多少錢，卻招來麻煩一大堆，眞是苦不堪言。本句所用的譬喩是：牛郎應男先人帶出場，「口交」服務過後，服務費給得太少的氣話。這句

「粗黃」話，不用爲佳。

　　我台灣精諺多，粗諺也不少，因爲時常聽到這句話，所以公開其面目，一則可以窺見老羅漢腳的「性史」之一斑，再則攤開來以收共同淨化之效。

　　食無若濟潲：喻指沒有得到什麼錢或利益；*潲，精液。*　**歸：**（時間、空間、積量的）整個、全部。例如，歸日、歸世人、歸間厝、歸罐米酒頭仔。

【14】

無通生食，若有通曝乾。

Bô-thang chhiⁿ-chiah, nah-ū-thang phak-koaⁿ.

Bō-thāng chhīⁿ-chiā, ná-ū-thāng phak-koaⁿ.

無菜頭，如何曝菜脯？

　　用來拒絕招攬投資，或買不動產，或回答親友假設大發財的「關心」。意思是：日常收支已經不能平衡，那有什麼盈餘來積蓄，來投資！譬喻是，收穫的農漁作物生吃已經不足，豈能曬乾保存？

　　這數十年來，常常聽到這句俗語；但心裏總是相信「台灣錢淹腳目」，也喜聞「台灣外匯存底世界第幾」之類的宣傳。那麼，台灣算是暴發了，台灣人有錢「通生食，閣有通曝乾」囉？眞象如何？經濟部國際貿易顧問陳國現告訴我們，我國國民的儲蓄率是：

　　1986儲蓄率40.00％；1988儲蓄率35.30％；

　　1991儲蓄率30.00％；1995儲蓄率25.34％；

　　1996儲蓄率25.30％。這十年間減少55.40％。

　　（→《中央日報》1997(3.15):7）

如此的話，曝錢乾的台灣人不多麼！錢，錢，錢，究竟在誰家的手中？

【15】

菜瓜摃狗——去一橛。

Chhaì-koe kòng kaú—khì chi̍t-koe̍h.

Chhaí-koe kóng kaú—khí chi̍t-koē.

惡犬在此！

用來消遣性情「鷄婆」的朋友，因愛管閒事而招來麻煩或損失。譬喻用「菜瓜摃狗」是很直覺的反應，無關「為甚麼」，但叫一聲「去一橛」的後悔是清楚的！

菜瓜：絲瓜也。菜瓜深得我們台灣人的喜愛，且別說它是多麼的好吃，單說菜瓜俗語就不少，例如，「人一下衰，種匏仔發菜瓜。」(132.13)「目睭花花，匏仔看做菜瓜。」(234.06)等等。 去一橛：棒狀物，斷了一大截；[koe̍h]字用橛，係選用自許成章的「koe̍h，相當於橛、橛…」❷

【16】

棕簑胡蠅——食毛。

Chang-sui hô·-sîn——chia̍h-mô·.

Chāng-suī hō·-sîn——chiā-mô·.

笑看吃毛的蒼蠅。

用來揶揄人，工作白忙，計較白費，貪吃天鵝肉白想，等等「重要工作」的一片空白。這宛如停飛在「棕簑」上面的「胡蠅」，被老先人假借福州佬的腔調恥笑做「食毛！」食無也！

棕簑：棕做的簑衣，五十年代以前農夫必備的雨衣。 胡蠅：蒼蠅。 食毛：食無的訛音。坊間有將「無」字寫做「毛」，這有違絕大多

數台灣人對［bô］或［bû］在音義上的普遍認識。

【17】

無功勞，嘛有苦勞。

Bô kong-lô, mā-ū khó·-lô.

Bō kōng-lô, mā-ū kho·-lô.

問君何所得？

　　常用俗語，用來表示怨嘆。自認對於要做好某事已經盡力、盡心，盡智，但卻遭遇到否定，甚至惡意的批評。句子是讓步的陳述，假設沒有功勞，也一定有「苦勞」！心裏嘀咕著：「連一聲『辛苦！』都沒有，太豈有此理！」類句有：「有功，拍無勞。」這一句詼諧太濃，抵銷了「沒得酬勞」的怨嘆。又一句是：「無得湯，無得粒。」義工可以不論，但雇員應得老闆的「湯」和「粒」。

　　看到了「苦勞、無勞、無湯、無粒」一連串的情緒詞彙，感念獻身台灣民主運動的烈士君子，其中所敬仰的有故林獻堂先生。他的貢獻有目共賞毋庸贅言，於此，要提起來記念的是，他不求報的，犧牲的精神。1936年他在「祖國」所說的幾句謝詞而遭受日本流氓的凌辱、台奸的剿伐，最後被迫辭掉所有公職。四年後，故林老先生六十歲生日時，做了這麼一首「六十述懷」：

> 民權重自由，言論規以格；
>
> 糾合諸同志，上書請變革；
>
> 帝京冒風雪，歷訪名人宅；
>
> 或爲其愚惱，或視爲叛逆。
>
> 成敗一任天，犧牲何足惜；
>
> 奔走三十年，此心徒自赤；
>
> 問君何所得，所得雙鬢白。❸

　　台灣人的歷史命運多舛，「殖民」是否爲其宿命，就要看獻身
爲當家做主而不計「何所得」的志士的多寡了。斤斤計較一己的
「得湯得粒」者，豈有做主人的氣魄？

【18】

慘到，繪落樓梯。

Chhám kah, boē-lóh laû-thui.

Chham ká, boē-lō laū-thui.

誰要樓梯？

　　舊時，工作者或生意人用來哀嘆從高等職位或鼎盛的事業滑
落谷底，無法收拾，找不到「樓梯」來下樓見人。

　　啊，可憐的古意人！據悉，近來有不少新台灣人在開大業之
前已經準備好落跑的大小國護照，鋪設好遁金洗錢的不凍結妙
徑，要「慘」人的方法也都沙盤演習過。下什麼樓梯？人家坐的是
電梯、直升機、飛機、火箭。

　　　　（請參看，「好額到，繪得落樓梯。」131.28
　　　　　　「勸人爬上樹，樓梯夯得走。」334.08）

【19】

補綿績，換挨礱。

Pó· mî-chioh, oāⁿ e-lâng.

Po· mī-chioh, oāⁿ ē-lâng.

業況愈來愈重。

　　用來譏刺一個無法專注於某一項工作來求發展的人。笑他每
況愈下，從費力的「補綿績」，轉進到「挨土礱」。再來的呢？

　　背景：補綿績和挨土礱是先人所知道，世上最「粗重」，最容
易「帶傷」的工作。前者，從早到晚呼吸著混雜老舊棉花散開來的

臭氣；翻鬆舊綿，就得背著一枝四五尺長，十來斤重的棉彈咚咚咚咚不停地刺激著鋪在八尺見方木板上的一大堆臭棉花；添補新棉之後，再來咚咚咚咚。然後又得用直徑二尺左右，厚有四寸高，重可二三十來斤的豆餅型木碾子來慢慢壓緊它。如此補綿績，不必幾年，不患肺癆的頗少。

　　那麼，挨土礱的又如何呢？要拖要磨這種原始的碾米器，比補綿績的繁重百倍，大耗體力，「帶疾」的比比皆是。

　　補綿績：製作、收補、翻修棉被的師傅。　挨礱：拍土礱的工人。請參看，「先生，食互拍土礱的坐數。」(336.20)　帶傷、帶疾〔tai-siong, tai-chit〕：慢性嚴重的職業病；字義是「罹患內傷」，如所謂的「五癆七傷」。

【20】

一年培墓，一年少人。

Chi̍t-nî poē-bōng, chi̍t-nî chió lâng.

Chi̍t-nī poē-bōng, chi̍t-nī chio lâng.

大商團變小地攤。

　　用來發洩事業工作衰敗的哀愁。本句用子孫流離失散，「培墓」的情形一年比一年人少，來譬喻事業愈經營規模愈小，倒閉的陰影日漸擴大。

　　培墓：清明前後的掃墓，拜祭祖先后土；除了清潔墓地以外，墳墓若有崩壞，也一併修復，所以俗稱培墓。

【21】

十二生相，變透透。

Cha̍p-jī siⁿ-siùⁿ, pèn thaù-thaù.

Cha̍p-jī siⁿ-siùⁿ, pén thaú-thaù.

孫先生悟空吧！

　　譏剌人常常轉職換業。用來譏剌的是，這個人神通廣大，從小老鼠變到大公豬。這可沒有「適應能力強」的稱讚哦，那是無情地剌他「變相」何其多也。

　　十二生相：十二生肖。　變透透：（工作、職業）都試過、做過；用「變」字來暗示凡是他所做的都沒有成功，都是短暫的嘗試。

【22】

五斤蕃藷，臭八十一兩。

Gō·-kin han-chî, chhaù peh-chȧp-it niú.

Gō·-kīn hān-chî, chhaú pé-chȧp-it niú.

事情澈底失敗。

　　用法有二：一、用來形容事情糟糕透，事業壞盡，其嚴重性借喻「臭八十一」的五斤蕃藷。二、陳修給我們的這個用法是，「多喻在室女的細腰自動膨大也。」❹

　　本句的文字非常巧妙，說：五斤蕃藷是80兩，但是發臭以後，卻變成81兩。爲甚麼會多出一兩呢？這一兩，會不會是「爛藷蟲」？

【23】

七做，八呣著。

Chhit choè, peh m̄-tiȯh.

Chhit chò, pé m̄-tiō.

全盤皆錯？

　　怨嘆所從事的不論是職業或工作，沒有一項做對，都是「呣著！」類語有：「七抵八呣著，串抵魯砧石。」——船犁上了大「魯砧石」，難逃破船沈舟的厄運。

　唔著：不對、不利、不對勁。不但是事業工作的不利，心身欠安，惡運連連也叫做「唔著」，例如：「問神就有唔著，請醫生著食藥。」　魯砧石：珊瑚礁石也。

【24】

二九暝，誤了大事。

Jī-kaú mê, gō·-liáu taī-sū.

Jī-kau mê, gō·-liau taī-sū.

錯不該錯之時。

　　形容在重要關頭，不可有錯誤的時刻卻出了大錯，弄糟了要事。句子的譬喻是：在這充滿神秘、禁忌的「二九暝」出錯肇事。

　　二九暝：除夕夜，舊年到了此夜而盡，接著新年恭喜降臨。二九暝最大的忌諱說是不可向人「索債」，也不可還債，以防財氣外流。

【25】

刣鷄，閹卵。

Thaî ke, iam nñg.

Thaī ke, iām nñg.

殺鷄取蛋。

　　譏刺人做了最根本又最徹底的錯誤：因此，鷄死蛋亡，極慘！

【26】

掠龜，走鱉。

Liáh ku, chaú-pih.

Liā ku, chau-pih.

白銀vs.黃金。

　　龜我所愛抓來放生的，鱉我所愛燖來進補的；龜鱉不得兩

兼,如何是好啊?美物好事多不可兩得,乃是天道昭昭,無可
奈何的也。——掠鱉吧!台灣老先祖不是說鱉補有延齡益壽之
功效嗎?同義語:「掠蟳,走蟮。」「掠龜走鱉,掠蟳走
蟮。」——這次,紅蟳是跑不掉的啦!海產店的廣告都保證,紅
蟳米糕滋陰補陽啊!

【27】

一得,一失。

It tek, it sit.

It tek, it sit.

智者一得。

　　做工處事,難有兩全其美或一舉數得的;專心鑽營雙全利多
者,太貪了。基督徒的話,有了「一得,一失」就該大大感謝上主
了;多少人是一失再失的。然而,有得有失的生活、工作、人
生,不能不問「得到了」什麼?「失掉的」又是什麼?這些小問題,
頗難回答,遠超過貴賤、久暫、利害、本末,等等極端的黑白是
非的選擇。

【28】

輸拳,贏酒。

Su kûn, iâⁿ chiú.

Su kûn, iāⁿ chiú.

以輸為贏?

　　用來寬慰失敗而心裏難以平靜的友人,或失望中人的自我安
慰。譬喻親友歡宴,猜輸了拳,卻贏得滿杯德國進口的啤酒,或
一杯法國軒尼西XO烈酒,或是我國民家私下精釀的馨透巷米酒
頭仔。這不是所謂的「失之東隅,收之桑榆」嗎?

　　游鍵至此，想起陳水扁市長剛剛「輸拳」。心裏有好多問號：擁有70％市民滿意度的好市長，爲甚麼沒有連任的機會？「選民的結構」「棄王保馬」「三合一」選舉方式，新黨靠攏國民黨，等等，是什麼？說，現在的「新台灣人」就是將來的「新中國人」又是什麼？

　　總之，「拳」是輸了，那麼「贏酒」呢？民進黨人有何答案？

【29】

雙手奧掠，雙尾鰻。

Siang-chhiú oh-liảh, siang-boé moâ.

Siāng-chhiú ó-liā, siāng-boe moâ.

掠一尾著好啦！

　　用做警言。提醒人不可貪心想要包攬不能兼得的好處。譬如生猛的一尾鱸鰻，雙手都難以抓牢，怎能同時抓得住二尾呢？

　　奧掠：困難牢牢地抓住（鮮猛的、滑溜的、傷人的、掙扎的動物）。

注釋

1. 洪惟仁《台灣禮俗語典》，頁322-323。
2. 按許成章「㧎」字，解做：「俗以長物折去一半曰一koeh，相當於
　 厥、㧎…」見，許著《台灣漢語辭典》，頁1069。
3. 轉引自，鍾孝上《台灣先民奮鬥史》，頁554-555。
4. 陳修《台灣話大詞典》，頁509。

第七節　工作態度

本節分段：

【01】

龜做龜討食，鱉做鱉討食。

Ku chò ku thó-chiạh, pih chò pit thó-chiạh.

Ku chó ku thó-chiā, pih chó pit tho-chiā.

龜乞素，鱉偷腥。

　　用做警語。人各有其職業，專注自己的工作可也，不可干涉
別人的事務。當然，所謂「斷人財路」是天大的禁忌！譬喻是龜鱉
各自藏頭縮尾地「討食」。

　　本句俗語用的是對偶正對修辭式，同樣是「討食」，但「龜做
龜」，而「鱉做鱉」，映入眼裏的龜龜鱉鱉，相見不相識的分開活
動，煞是可愛。

　　討食：喻指工作、賺錢。字面義是「覓食。」

【02】

鷄是討食焦的，鴨是討食霑的。

Ke sī thó-chiạh ta--ê, ah sī thó-chiā tâm--ê.

Ke sī tho-chiā ta--è, ah sī tho-chiā tâm--è.

焦霑天成，樂山樂水要緊。

用來勵志。人當按其不同的性向和才情，盡本分來從事不同的工作，心不要有嫉妒怨嘆。譬如雞鴨尖扁的不同「工具」，注定著焦和霑的不同討食方式。何況，雞的祖先都是樂山君子，而鴨的顯考均屬樂水英雄；造化工程如此，刻意混亂，只有痛苦。

討食焦的：在陸上覓食乾的(食物)。　討食霑的：喜歡覓食於溝渠河溪來吃濕的(食物)。

【03】

有人入山趁食，有人落海討掠。

Ū-lâng ji̍p-soaⁿ thàn-chia̍h, ū-lâng lo̍h-haí thó-lia̍h.

Ū-lāng ji̍p-soaⁿ thán-chiā, ū-lāng lō-haí tho-liā.

到處有人做工謀生。

舊說，指出世界上謀生的地方處處有；君不見，人人上山下海來「趁食、討掠」。類語，「有人山裏趁食，有人海裏趁食。」比較，「靠山食山，靠海食海。」(→32.04)

討掠：原是「討海掠魚」的省略詞。「討海」一詞，請看「掠貓仔過龜山，著展你會曉討海。」(334.49)　落海：出海也，無捐失足的「墜海」或撈女的「下海」。

先人這句話，鼓勵認真做工的用意可感；後人盡在吃山吃海動腦筋，可嘆！

所謂「靠山食山，靠海食海」是人類進化過程中的無奈。但是，侵入平地的漢人，說要再攻「上山」來趁食——其實是濫伐、做奸商，一類的勾當，跟歐洲人迫害美洲印地安人有何不同？平地人，再挾其財力攻「落海」，要叫海民如何過日？

山和海，取之必盡，用之必竭！人無限貪婪，肆無忌憚地用盡方法，掩蓋在合理化，道德化的「趁食」和「討掠」來進行大規模

的搜括、剝奪、殺伐是破壞自然，消滅眾生的歹事！也是人類的慢性自殺。

山和海是我們的媒母，來照顧，來愛惜吧！

不只是美化，也得給她休息、生養。

入山，僅僅是要「趁食」嗎？

下海，爲要「討掠」嗎？

過份啊！

【04】

不在其位，不謀其政。

Put-chaī kî uī, put-bô˙ kî chèng.

Put-chaī kī uī, put-bō˙ kī chèng.

干卿底事？

這句名諺用做：一、警語，用來勸戒「鷄婆」。沒有甲職位，就不管甲方面的事。古今「聰明人」不多管閒事。二、委婉話，眞正的意思是拒絕央求，等於「我不管！」「愛莫能助！」──語出《論語·憲問》：「子曰：『不在其位，不謀其政。』」

【05】

萬項事，起頭難。

Bān-hāng sū, khí-thaû lân.

Bān-hāng sū, khi-thaū lân.

困難，所以創造。

勵志的話。鼓勵開始做新工作，就新職業，籌劃新事業而遇到困難的人，請他／她們忍耐克服。說法是，把「困難」一般化成爲萬事的「起頭」必有的條件。

【06】

在職怨職，無職想職。

Chāi-chit oàn-chit, bô-chit siūⁿ-chit.

Chāi-chit oán-chit, bō-chit siūⁿ-chit.

另類怨偶。

挑明，人有不滿現實的心性，謀得工作職位的，嫌它工作時間長啦，職位低啦，薪水少啦，可哀可怨的理由一籮筐。辭職不幹，「清閒」了二三天之後，又開始到處應徵，四處求職。

【07】

扛轎的喝艱苦，坐轎的也喝艱苦。

Kng-kiō--ê hoah kan-khó͘, chē-kiō--ê iā hoah kan-khó͘.

Kňg-kiō--ê hoá kān-khó͘, chē-kiō--ê iā hoá kān-khó͘.

各「位」辛苦了！

用來調侃滿口抱怨，不滿現在擁有的好工作或高職位的親友。說的像是寬慰話，每一種工作和職務都有「艱苦」的地方；但暗刺，你／妳這個「坐轎」的傢伙也跟轎夫在哀什麼辛苦，真是！比較：「坐轎的人，唔知扛轎的人艱苦。」(217.11)

【08】

心有餘而力不足。

Sim iú-û jî lėk put-chiok.

Sim iu-û jī lėk put-chiok.

無力乎？無心乎？

用法有二：一、委婉的「愛莫能助」，算是客氣地說「認知」台端的困難，但援助是沒有的了！二、真實的「愛莫能助」，心意情

願，力量和辦法有所不及。語見，《紅樓夢》35, 78回。

　　不論如何，求助成或不成，沒有怨嘆的理由，因為「央求」不是「討債」。求得，懷恩感激；不得，「對不起，打擾了」。人是有限的，難免真的「心有餘而力不足」的時候。同時，這種有心無力的感情是沈重，痛苦的，一種無能的限制強烈地摧殘著認同、關懷、愛助的靈魂。

【09】

小錢呣願趁，大錢無塊趁。

Sió-chîⁿ m̄-goān thàn, toā-chîⁿ bô-tè thàn.

Sio-chîⁿ m̄-goān thàn, toā-chîⁿ bō-té thàn.

還有些存款吧？

　　用來譏刺高不成低不就，自信滿滿，大吹自己是賺大錢的人物。粗暴的類似句有：「小錢呣願趁，大錢鱠互人幹。」這句可能是酷橫的老爸，土匪型的頭家的惡口。

【10】

頭過，身著過。

Thaû koè, sin tioh-koè.

Thaû koé, sin tiō-koè.

真的嗎？

　　用來寬慰面對困難的人，鼓勵他／她一定要堅持，要用信心來克服，因為難關一過，就是順利成功。

　　這句俗語原為勵志而說的，先人怎會夢見數百年後滿有科學精神的子孫來加以檢驗：基隆市深澳國小以「頭過，身著過，咁按呢？」為主題做了實驗。在老師林寶鳳的指導下，小朋友把頭殼肩頭反覆出入多種形式的鐵窗。最後發現一種頭過，身不能過

的鐵窗規格，而獲得科展應用科學優等獎，那是：

　　　　肩寬大於方形鐵窗最大邊的一半時，身體無法通過；

　　　　反之，可以來去自如。(→《自由時報》1998(3.6):15)

　　您看！糟糕不糟糕，深澳國小這一實驗，先祖的智慧、先祖母的安慰，不就成了泡沫？——安啦！「頭過，身著過。」還是有道理的，人在困難的時候「頭一個兩個大」。

【11】

蟬要吱，也著百日勞苦。

Sên beh ki, iā-tio̍h pah-ji̍t lô-khó͘.

Sên bé ki, iā-tiō pá-ji̍t lō-khó͘.

忍耐困難吧！

　　可用來鼓勵刻苦準備精進的人才。譬喻是：蟬在一鳴驚人之前，必要忍受長久演化過程的煎熬。

　　背景：蟬要能在樹梢爭鳴，何只「百日勞苦」！我們僅看到蟬夏生秋亡，其實牠的幼蟲在黑暗的地牢裏，已經禁閉了10年之久；美國有一種「17年蟬」則又多關了7年。等到蟬要「出頭天」的最後那個深夜，萬蟲鑽動，必須在日出以前爬上樹幹來蛻變，否則在烈陽注射下，輕則變成畸形，重則失水而亡。❶

　　偉大的文學家、藝術家、科學家、宗教家、實業家，莫不是像蟬一樣，成名之前，都各有一段長期的奮鬥、準備。

【12】

半暝刣豬，也是天光則賣肉。

Poàn-mî thaî-ti, iā-sī thin-kng bē-bah.

Poán-mî thaī-ti, iā-sī thin-kng bē-bah.

萬事皆備，只待黎明。

用來訓勉人修養忍耐待時的功夫。這句俗語先人要告訴我們，克「苦」包含承受忍耐的煩躁、壓抑。

且說，周瑜欲攻曹操久久無功，急得心氣上逆而嘔血。孔明前來探病，周瑜說是「心中嘔逆，氣不能下。」亮知其心病，給瑜一帖清涼劑：「欲破曹公，宜用火攻；萬事齊備，只欠東風。」亮忍到此時，才點破瑜的秘密。

實際上，孔明是曾精研過當地的地理地形，精通天氣變化的知識，他必要忍耐東風吹來的時間。不過，羅貫中等得不耐煩了，乾脆戲劇化孔明，給他登上祭壇來表演「借東風」的法術！

（→《三國演義》49回）

工作愈難心愈沈重，也愈須要忍耐！屠老兄，豬肉齊備，等待天光吧！

【13】

做乞食快，等奧。

Chò khit-chiah khoài, tán oh.

Chó khit-chiā khoài, tán oh.

人人都有困難。

用來強調困難是普遍的，是人人都有的限制，務必克服。譬喻是：看來相當容易幹的乞丐這一行，也有很難承當的事，那就是「等待」──要等待人家高興，等到人家方便施捨。

　　等奧：等待是困難，難以忍受的。

【14】

下昏拖，呣通明仔早起磨。

Ē-hng thoa, m̄-thang bîng-á-chá-khí boâ.

Ē-hng thoa, m̄-thāng bīn-a-cha-khí boâ.

當天工作當天完。

　　用來鼓勵人認眞工作，趕快完成當天應該完成的事，切莫拖拉。句子的意思是：寧可趕夜工，也不要積壓到明天來一起做。

　　下昏：黃昏之後，晚上也。　　唔通：不要，不可；用來表示禁止。　　明仔早起：明晨。　　磨：做(份量多又單調的)工作。

【15】

甘願做牛，唔驚無犁通拖。

Kam-goān chò-gû, m̄-kiaⁿ bô-lê thang thoa.

Kām goān chó-gû, m̄-kiāⁿ bō-lê thāng thoa.

犁，牛的運命？

　　這是常用俗語，用來鼓勵求職未得的人，說，肯幹的話，不怕沒事做。比如，每一隻台灣水牛，都有拖犁頭耕田的份。──台灣水牛一聽，心裏不爽：「吽吽！誰甘願做牛？拖犁，拉磨，老牛厭惡久矣。吽！吽吽！」

　　吽吽[mo-mo]：水牛發怒罵人的聲音。

　　「甘願做牛，唔驚無犁通拖」不是普遍的眞理。例如，德國有近一成失業率；他／她們示威遊行，大喊「還我犁來！」。質問政府，「田園何在？」其中不乏有執照的醫生、律師、工程師、牧師；博士碩士無頭路的沒啥！酗酒的、頹廢的、意志死滅的比比皆是；但一再轉換園地，到處求犁來拖的，也是比比皆是。

　　無犁，拖車如何？

【16】

做牛著拖，做人著磨。

Chò-gû tio̍h thoa, chò-lâng tio̍h boâ.

Chó-gû tiō thoa, chó-lâng tiō boâ.

磨，八德外一德。

　　用來勵志或譏刺。鼓勵意志消沈的人，刺激懶惰不願意盡本份讀書或工作的子弟。提醒他／她們，人的本分就是努力盡份，正如牛的命運是拉車拖犁——啊！萬分老實的先祖，爲甚麼敎示您的後裔做牛，不做虎，不做豹，不做蛟龍？

　　也許，老先人是對的，戀人戀福。君不見，我國自戰後以來，不到半世紀，直接由紡織業，跳躍到電子產業，又在八十年代以後，提升到高科技產業。這個可能性的基礎乃是我國千萬「殷實的」的中小企業者，以及無數「甘願做牛」拖的台灣勞動工。

【17】

食是福，做是硦。

Chia̍h sī hok, chò sī lo̍k.

Chiā sī hok, chò sī lo̍k.

福硦同源，食做本一家。

　　用來勵志。敎示還有一口飯可吃，也消化得了的人，就應該努力工作。爲甚麼？因爲吃和做是福祿！不過，工作粗重，工資微薄的勞動者，聽到了這句金言慧語，無法苟同「做是祿」，憤恨的說「做是硦！」大官發財歡呼「福祿」，農夫苦力怨嘆「勞硦！」；此硦非彼祿，奈何？

　　　　（別解，請參看「食是福，做是硦。」22.06
　　　　　　　　「食是福，做是祿。」22.06*）

【18】

對死裏，拚倒轉來。

Tuì sí--nih, piàⁿ tò-tńg--laî.

Tuí sí--nì, piáⁿ tó-tńg--laì.

工作狂末期。

用來形容豁出一條老命來做工的人。他不問爲誰而戰，也不問爲何而拚，只要有事做，莫不一天25小時以上的大車拚。

對死裏：意指非常；字面是「從死的邊緣」。 *拚倒轉來：如絕地大反攻，不拚必亡的自覺下的勞動。*

我國的所謂「經濟奇蹟」從何而來？是當年蔣介石從中國運來的40噸黃金嗎？非也！它仍然安藏在央行。應該知道：黃金未運來以前，台灣人已經承受中國內戰的痛苦：例如，台灣生產23噸糖，就有20噸運往中國，米也然；台灣人要供養260萬中國來的軍民。這些黃金何足道哉？

那麼，是否依靠1951到1965年間40億美金的美援？也不是！這些美援國民黨說要用來「反攻大陸，消滅共匪」。幾乎全數用在無關台灣建設或民生。台灣人在物價飛漲的不安和白色恐怖的威脅中渡日。(→《自由時報》1998(4.8):4)

那麼，我國的「經濟奇蹟」從何而來？

「對死裏，拚倒轉來」的台灣人。

【19】

有人坐死，無人做死。

Ū-lâng chē-sí, bô-lâng chò-sí.

Ū-lāng chē-sí, bō-lāng chó-sí.

坐以待斃？

用做警語。要人認識一個看似弔詭的事：努力工作不致於累死，但游手好閒則只有坐著等死。雖然，坐和做，會不會死要看怎樣坐，怎樣做；但是，傳統認爲「做」，筋骨活動人健康，「做」有賺又有吃，何樂而不做呢？那麼「坐」怎樣啦？不好，不好，先

人總以爲坐是消極的，說什麼「坐得食，山都崩。」(28.14)又說「…坐轎的也喝艱苦。」(37.07)

【20】

著魯，則會做祖。

Tiȯh ló·, chiah-oē choè-chó·.

Tiō ló·, chiah-ē chó-chó·.

戇俺公的道白。

斷言，有快樂就有義務。也可用來調侃認眞在執行著俺公爺爺的本分的人，特別是這位阿公仔被他的乖孫仔「氣魯」的時候。含飴弄孫是老先人永生的一種幻想，當然非常甘願來接受小孫兒的磨練。老人弄孫後，心有餘興，說了一句名諺：「做豬著食潘，做公著育孫！」

潘[phun]：潘泔，舊時的豬飼料(→332.02)。 育孫[io-sun]：做媒母的俺公俺媽。

【21】

做草笠唔驚日曝，做鱟杓唔驚泔燙。

Chò chhaú-lȯh m̄-kiaⁿ jȯt-phȧk, chò haū-hia

　　m̄-kiaⁿ ám thǹg.

Chó chhau-lȯh m̄-kiāⁿ jȯt-phȧk, chó haū-hia

　　m̄-kiāⁿ ám thǹg.

唔驚，職業道德？

用來勸勉對自己目前的工作不甚投入的人，要他／她們「唔驚」困難，盡責盡份而爲。用以激勵的譬喩表象是：草笠和鱟杓；它們是多麼勇敢地迎向炎熱的太陽和滾燙的泔汁。

鱟杓：舀水取湯水的用具。 泔：用大鼎煮乾飯時，濾出來的飯

汁。

【22】

六出祁山——拖老命。

Liȯk chhut Kî-san—thoa laū-miā.

Liȯk chhut Kī-san—thoā laū-miā.

鞠躬盡瘁。

　　用來怨嘆，或爲親友嘆息，長久掙扎著做那沒有什麼成果的工作。這句歇後語用解釋句「拖老命」，直指被困難拖垮的苦命人；譬喻「六出祁山」，是先人耳熟能詳，「完人」孔明落幕前的戲齣。

　　背景：三國時，蜀漢諸葛亮一生鞠躬盡瘁來輔助劉備及其第二代的「阿斗」。眼見地利人和限制太大，變天乏術，但不願坐以待斃，從蜀軍基地「祁山」，甘肅西和縣西北，先後六次出兵伐魏，力圖解消危困。世稱這一連串的出師爲「六出祁山」。按《三國志·蜀志·諸葛亮傳》，亮六次出兵，僅有二次由祁山，其他都幾乎行軍漢中一帶。可見，「六出祁山」是講古仙戲劇化的傑作。

❷

【23】

百姓，百姓，無耙無通食。

Peh-sèⁿ peh-sèⁿ, bô-pē bô-thâng-chiȧh.

Pé-sèⁿ pé-sèⁿ, bō-pē bō-thāng-chiā.

小民以勢爲命。

　　用做警語。古今所謂的匹夫匹婦用來自勉自勵，隨時掛心一日不做工，就一日要餓肚子。

　　無耙無通食：喻指沒做工沒得吃；耙，多齒狀的丁字型鐵耙，農

具之一。參看，「牛犁耙，無半項會。」(33.38)

【24】

飯會濫擅食，工課獪濫擅做。

Pn̄g oē lām-sám chia̍h, khang-khoè boē lām-sám choè.

Pn̄g ē lām-sam chiā, khāng-khoè boē lām-sam chò.

糊塗害人誤己。

　　舊時，大師傅用來責備小學徒，罵他學工夫不用心，做「工課」不頂眞；說不定，連吃飯都「濫擅食」！這個糊塗師仔不趕快謝罪悔改的話，就要「呼狗，食家己」了。(35.02)

　　濫擅：(行動、思想)不按規矩而行，亂來也。　工課：工作、事情。　頂眞：(工課)確實、精密、細膩；無關修辭式的「頂眞」。

【25】

二塊糕仔，沒輪到三嬸婆食。

Nn̄g-tè ko-á, bô lûn-kaù saⁿ-chím-pô-á chia̍h.

Nn̄g-té kō-á, bō lūn-kaú sāⁿ-chim-pō-á chiā.

要吃，自己來吧！

　　用來鼓勵積極開創自己的領域，不要有因循守舊的想法。

　　可能的背景：有三個嬸婆在談天，桌上卻只有二塊糕仔。按民間禮儀，三嬸婆只有「枵鬼假細膩」忍耐的份了。三嬸婆仔隱忍大吞口水之後，心有未甘，出城門回家之前，潛入大南門口蓬萊軒，給自己買了二大包府城名產：千層仙桃萬壽糕。

【26】

顧秧，卡贏顧倉。

Kò· ng, khah-iâⁿ kò· chhng.

Kó· ng, khah-iāⁿ kó· chhng.

根源比末流重要。

　　用做警語。提醒人注意照顧、經營、珍惜事業的根本，那是比一時的收穫更加重要的。譬喻是用「顧秧」和「顧倉」來做比對，前者生生不息，沒有意外的話，百倍收成可期；而後者，看守著不要被搶被偷，被人被老鼠偷吃就可以了。

*　　顧秧：照顧培育水稻的秧苗。　顧倉：看守蓄藏稻穀的倉庫。*

【27】

脹死大膽，餓死小膽。

Tiùⁿ-sí toā-táⁿ, gō-sí sió-táⁿ.

Tiúⁿ-si toā-táⁿ, gō-si sio-táⁿ.

無膽，無賺？

　　用來鼓勵人趁食、做代誌，要勇敢果斷。理由是：大膽而爲者，大發財；固步自封的，只有挨餓的份了。

　　現代某種投機事業者，把「大膽」混合「大詐」：他們大膽下注，看是要大暴發，或是緊急落跑——1998年下半年我國就有多起數百億大老闆土遁了。

　　細看這句俗語，她原是一句反諷。先人沒有鼓勵子孫來大膽冒險，大炒金融的意思；試想祖先怎會激勵子孫去做「脹死」的事業？——近來，我國有人大喊「大膽西進，立即三通！」那一類的「大膽」？「脹死」的？❸

【28】

日也趁，暝也趁，涵缸攬得趁。

Ji̍t iā thàn, mî iā-thàn, âm-kng lám-teh thàn.

Ji̍t iā thàn, mî iā-thàn, ām-kng lam-teh thàn.

生理旺，人著發狂。

用來譏刺生意鼎盛的小商店，大小老闆一家三代，日夜做的是「趁錢」，「暗光」想的是趁錢。好像，一生趁錢以外，還是趁錢。

涵缸：擬音「暗光」，喻指日夜；涵缸，大缸也。　攬得：擁抱著（物件）。

【29】

船破，海坐底。

Chûn phoà, haí chē-té.

Chûn phoà, haí chhē-té.

連帶保證人也。

用來怨嘆。抱怨屬下、關係人、被保證人、不肖子女，等等，做了不能收拾的壞事，最後找上了這位「海」字號的老闆、要人。怎麼辦？還不是老身出馬來善處殘局。本句的譬喻眞妙：大海逃不掉承受破船沈舟的爛攤子。

海坐底：沈積於海底；坐底[chhē-té]，沈澱也。

【30】

先食，則講。

Seng chiah, chiah kóng.

Sēng chiā, chiah kóng.

先下手爲強。

用來鼓勵做事要勇敢果斷，見好就做，不要再三考慮一些「爲何？爲誰？」等等問題。——這是民間智慧傳統「鷹派」做法；但多數老先人是「鴿派」的，他／她們膽小如鼠，考慮再三再四，明明是「一下捒，食到多尾」(36.01)的代誌，也都是遵古「泡浸」，保持日漸腐死的現狀。

　　不過，這「先食，則講」的態度濫用在人際、國際關係時，無疑的是野蠻、違法的行徑，藐視否定對方的意志和權利。何況不一定是勝算，老先人有言：「食緊，摃破碗。」(→321.11)

　　這個「食」字用指男女的那一回事時，大大不可鼓勵「先食，則講」，否則社會不就淪為野狼獸園，要置女人的安全於何處？退一步講，就是個人的「亂食」也極不可取，花柳纏身的代價和社會成本太高了！

【31】

腳霑，嘴臭臊。

Kha tâm, chhuì chhaù-chho.

Kha tâm, chhuì chhaú-chho.

有討著有掠。

　　斷言，只要認真工作，一定不會餓死。譬如肯下海的人，就有鮮美的土蟶、花蝦，鮮猛的紅蟳、花跳，鮮活的烏魚、白帶、旗魚，等等來煮來煎，來做莎西米。

　　「腳霑」就有「嘴臭臊」的享受，真是蓬萊仙島的生活啊！但願我國台灣永續這種眾生繁榮，生生不息的生態。不過，貪腥太過，掠盡魚蝦水卒，豈是善人的行為？切記，膽固醇、高脂油、尿酸症，等等疾病伺候！

　　腳霑：喻指下海挖蟶、當蟳、捕魚；字義是「打濕了雙腳」。　嘴臭臊：喻指有海鮮可吃；字義是嘴巴有腥臭味。

【32】

罔趁，則繪散。

Bóng-thàn, chiah boē-sàn.

Bong-thàn, chiah bē-sàn.

渡小月的座右銘。

　　這是一句很平實的教示，鼓勵小生意人不論多麼細小的錢也得認眞賺；這是避免淪爲赤貧的方法。顯然，這句話不是對那些舞弄大關刀的巨賈財團講的，他們搞的不是「罔趁」；他們的成敗也不是「散」或富，而是關聯千萬人的生死。

　　罔趁：大錢無能賺得，姑妄賺些小錢。　　散：散鄉，貧窮也。

【33】

加減扱，卡贏對人借。

Ke-kiám khioh, khah-iâⁿ tuì-lâng-chioh.

Kē-kiam khioh, khá-iāⁿ tuí-lāng-chioh.

黑字勝過赤字。

　　用法和意思類似上一句。

　　加減扱：多多少少，零零碎碎的賺進來。

【34】

水濁，草著無。

Chuí lô, chhaú chiū-bô.

Chuí lô, chhaú chiū-bô.

有搔有收，無搔無收。

　　用做警言。雖然是有種有收，但是所下的工夫的多少好壞，都要影響收穫的質量。譬喻用的是舊時老農用來敎示少年郎，「搔草」務必認眞確實：「水濁，草著無！」

　　背景：水稻必要經過二次「搔草」。不論稻田裏的水是滾燙的，或是冰冷的，農家的男女老幼下跪在水田中，用雙手連搓帶蓐，把雜草壓進泥層。這樣就可避免野草吸取水稻的肥分，同時壓埋的雜草還會腐化成爲稻子的養分。

搔草過後，田水暫時呈現一片混濁；同時，只要看混濁的程度，便可以判斷搔草是否確實。也可預卜水稻長成和收成的結果。❹

【35】

藝眞，人散。

Gē chin, lâng sàn.

Gē chin, lâng sàn.

眞功夫＝人貧窮。

用來怨嘆，也指出一項事實：藝術家、師傅、工匠，技藝精良，不一定發財，有的是相當貧窮的。

爲甚麼「藝眞，人散」呢？可能您會說，那是生僻無用的手藝，當然難以維持！說的，不無道理。但從全體藝術來看，凡是精緻的，極優秀的藝術，都須要長久的創作時間，所謂「慢工出細活」；都要遵循一定的原理，絲毫馬虎不得；同時，都不是大量可以當做平價的商品來流行，來銷售的。

難啦，一切精緻的事物！

【36】

新新婦洗灶額，新長工洗犁壁。

Sin sin-pū sé chaù-hiåh, sin tng-kang sé lê-piah.

Sīn sīn-pū se chaú-hiā, sīn tng-kang se lê-piah.

新官就任三把火？

用來恥笑，也用來預告，某人是虎頭鼠尾的工作者。譬如新「新婦」和新「長工」把廚房和農具的各個細部都清洗得一塵不染。過不了多久，變成了「老」新婦，「老」長工，那時的清潔度大降，髒亂度非常暴升！

這句俗語的結構工整，表象美麗，是對偶正對句式：「新新婦」對上了「新長工」，都得好好地適應老大家和老頭家；「洗灶額」和「洗犁壁」，都是認眞骨力，通過檢驗的「⑪媳婦」和「⑫長工」。

本句的諷刺點盡在一個「新」字；人和物「舊」了，當然會不一樣囉！那麼新舊的期限如何？媳婦以四個月爲度，民間認爲超過四個月就是「舊」娘！長工比較歹命，新工訓練至少三年！

灶額：灶頭也，老式方形大磚灶，上面平整的部分。 犁壁：犁頭向上弧翹的部分。

【37】

虎頭，鳥鼠尾。

Hó· thaû, niáu-chhú boé.

Ho· thaû, niau-chhu boé.

熱度三分鐘。

用法和意思類似上一句，但冷熱度變化的幅度大而快，超出前一句太多了。虎頭：活力十足的開「頭」，其威勢似「虎頭」；雙關語。 鳥鼠尾：結「尾」不了了之，軟弱猥褻像「老鼠尾」；雙關語也。

【38】

頭興興，手尾冷冷。

Thaû hèng-hèng, chhiú-boé léng-léng.

Thaû héng-hèng, chhiu-boé leng-léng.

用法和意思類似上二句。但是冷卻度更高，已經是「手尾冷冷」的故人了。類語有：「頭興興，尾若杜定。」——杜定的尾巴的動態猶遜鼠尾多多。

頭興興：開始的時候，興緻高得不得了。　手尾冷冷：毫無生氣，脫虛得很。　杜定：參看「阿里山杜定──青腳。」(33.20)

【39】

烏魯沐債。

O͘-ló͘ bȯk-chè.

Ō͘-lo͘ bȯk-chè.

數衍馬虎。

　　用來批評做事不情願，馬馬虎虎，喜歡敷衍應付的人。O͘-ló͘ bȯk-chè.這句台灣俗語坊間多寫做：「烏魯木齊。」但楊青矗認爲這樣寫不能表達這句話的意思，而以「烏魯沐債」爲是。不過亦玄在《台語溯源》，介紹「烏魯木齊」這個中國新疆迪化的地名如何和本句俗語發生瓜葛。

　　楊青矗是從音義來了解，來寫出「烏魯沐債」。他是從「烏魯」的黑又粗陋；「沐」的沐沐泅挣扎聲息，引申做心情不快；「債」的欠債、討債，一身是債的不情願，等等相關語意來了解和文字化的。❺

　　至於亦玄的「烏魯木齊」，是採取傳播說。他說，淸末民初有台灣人去新疆迪化，就是「烏魯木齊」，住了一段時間。回國後，大談他在該地所見所聞的奇風異俗。聽者難以相信，認爲這些天方夜譚，是某人黑白講的。於是，稱呼這個隨隨便便，烏白來的人做「烏魯木齊！」❻

【40】

掠水鬼，塞涵孔。

Liȧh chuí-kuí, that âm-khang.

Liā chui-kuí, that ām-khang.

胡亂搪塞。

　　用來責備人做事不負責任，要別人來做犧牲打，來敷衍塞責。譬喻是，老農夫責備少年郎沒有切實塞好「涵孔」，以致於水田沒有得到所須要的灌溉量。本句的修辭式是白描，直述掠甲塞乙，而「水鬼」這個表象在民間信仰中，被了解做「替死鬼」。

　　水鬼：俗稱溺死的鬼魂爲水鬼。「水鬼，叫交替。」(→334.03)
涵孔：涵洞也。參看，「塞城門，唔塞涵孔。」(34.27)

【41】

一目開，一目契。

Chit-bak khui, chit-bak kheh.

Chit-bak khui, chit-bak kheh.

另類獨眼龍？

　　用來批評或責備負責人，刺他／她姑息部屬，任其爲非作歹，雖是情報靈通，但是不聞不問。

　　契：閉、合（眼睛）。

【42】

不求有功，但求無過。

Put-kiû iú kong, tàn-kiû bû-kò.

Put-kiû iu kong, tàn-kiû bū-kò.

馬馬虎虎啦！

　　用來回應人家的歌頌功德，表示謙遜。意思是，鄙人所做所爲只是盡責盡力而已，並不刻意求什麼大表現，大功績；沒有大過失還是託大家的洪福呢！

【43】

多做多錯，不做不錯。

To-chò to chhò, put-chò put-chhò.

Tō-chò tō chhò, put-chò put-chhò.

算是自我救濟吧？

　　這是中下級技術官僚、低階軍公教警人員的「工作根本守則和心態」。本句名諺，大家耳熟能詳，提倡的是：儘量少做事，薪水照樣領又沒事；盡職盡份，錯誤難免招來懲戒惱恨。

　　如所周知的，「多做多錯，不做不錯」是傳統的官場惡質文化。以警察人員爲例，雖然喊的是「獎由下起，懲由上起」，實際上，大功都是歸給主管，因爲他指導有方、教育成功、訓練充分。基層員警衝鋒陷陣，命大不死的話，有個小嘉獎已經是天大恩典。

　　再說「獎由下起」，例如，獎金一萬，主官得二千；副官得千六；基層得五、六千。不錯，聽起來「下」層得的獎金眞多。但這個「下層」有幾個人呢？一、二十人而已矣！至於，「懲由上起」說是：上級有錯誤得警告、勸戒；下級的錯誤得大過，得撤職查辦。(→《自由時報》1987(11.16):11)

　　久而久之，賞罰不明，獎懲不公，釀成了「多做多錯，不做不錯」的習氣！

【44】

有，若摸蜊仔；無，若洗褲。

Ū, ná bong lâ-a; bô, ná sé-khò˙.

Ū, na bōng lā-á; bô, na se-khò˙.

姑妄爲之。

　　用來自嘲，說自己目前的工作、生意，是「老人仔工藝」，有賺沒賺都沒有關係。譬喻是在小河裏「摸蜊仔」的人，有可，無也

無不可，因爲摸蜊洗褲，各有其趣。類語有：「有，若摸蝦；
無，若洗浴。」

　　　(請參看，「一兼二顧，摸蜊仔兼洗褲。」)(31.02)

【45】

頭疼醫頭，腳疼醫腳。

Thaû-thiàⁿ i thaû, kha-thiàⁿ i kha.

Thaû-thiàⁿ ī thaû, kha-thiàⁿ ī kha.

治標專科醫生。

　　用來諷刺策劃者、主事者、執政者，無能找出根本辦法來解
決問題，只知局部試探，使用臨時條款，一時的措施來應付。

【46】

兵來將擋，水來土掩。

Peng laî chiòng tòng, chuí-laî thô͘ am.

Peng laî chiòng tòng, chuí-laî thô͘ am.

看著辦。

　　這句有名老諺，用來自我麻醉或諷刺人，因爲沒有全盤對付
困難的方法，只有看情形來出主意，甚至要一些花招來欺騙世
人。將擋不住，轉進可也；土掩不來，飛遁也行。語見，《三國
演義》73回；屢見章回小說。

【47】

秧扱，牛借；有割，無煞。

Ng khioh, gû chioh; ū koah, bô soah.

Ng khioh, gû chioh; ū koah, bô soah.

插花之輩。

用來譏刺老是想要做無本生意的人。這句俗語仿擬自暴自棄的農夫的口氣，直述生產的材料和工具都是借來的，無須血本，收穫無關緊要。類語：「秧用扱牛用借，有就割無只就煞。」

秧：水稻的秧苗。　*扱：撿取（別人的拋棄物）。*　*無煞：沒有（得到常有的結果）也就算了。*　*公衆某：指公娼。*　*肥朒朒〔puî-lut-lut〕：肥肥胖胖的。*

看到了句裏的「借」牛，替這隻水牛大叫三聲「倒楣」，借來借去不成了「公衆牛」？——先人警告：「公衆某肥朒朒，公衆牛剩一枝骨！」

我也憶起小時候許多「借」的快樂往事。

每次遠足，阿姊都給我準備水壺水果，喝的吃的從不缺少。但有小同學，帶的是錢，在野外只好到處找人「借我喝一口水！」「借我咬一口大蘋果！」

平時上課，學堂裏「借」風非常強烈：借鉛筆、借衛生紙、借手帕、借糖果、借銅板；作業借抄，考試借看，都是常事！很好玩的是，下雨天，「借穿一下雨衣！」穿一半的「風雨同衣」，兩人濕透的經驗，另有一番情趣！

近半世紀以後，「借用」出現在南投縣長的選舉運動場。某候選人說對手「借用某人的太太數日」，引起了一場大風波。眞的，一但演成「借太太」，那是很難聽的囉！舊式台語，「借嘴」「借腳」「借腹肚」等等是有的；至於「借人」，也許國府機關有這種辦法。

人究竟不是物，說「借人」，遑言借先生或借太太，馬上牽連到：向誰借？借的用途如何？等等含有「物化人格」的思想的嫌疑。假如眞的要「借用長才」，爲甚麼不說，「請某人幫某事」？——要是選舉的花招，大可一笑置之。

借、借、借，借是台灣文化嗎？值得省思！

【48】

戲好看，蠔仔出漿。

Hì hó-khoàⁿ, ô-á chhut-chiuⁿ.

Hì ho-khoàⁿ, ō-á chhut-chiuⁿ.

眼快樂，蠔仔發臭。

用做警語。提醒做事、做生意，都要心無二用，專心做好，以免誤事。譬如是，一個挑著一擔生蠔出來叫賣的小擔販，被野臺戲迷住，忘了做生意，連連看了一個下午大戲和布袋戲。等到戲息鼓了，人驚醒過來時，一擔生蠔都已經「出漿」啦，「過流」啦，腐敗啦，完了！

誤解辨正：這句俗語坊間有誤解者，如《台灣文獻·台灣俗諺採擷錄》等，解釋成：迎神賽會，觀眾被精彩的戲齣吸引，以致於沒有人來吃附近攤販的麵線蠔。麵線蠔的蠔，都是事先拌蕃薯粉，煮熟後用文火保持熱度。如果台上的戲好看，則很少人要吃蠔仔麵線，那蠔仔會出漿，而縮小僵硬，就不好吃了。❼

上面的誤解主要在「出漿」一詞。若如所言「拌蕃薯粉，煮熟的蠔仔」不都是煮熟了嗎？又如所說的，蠔都「縮小僵硬」了，漿從何處來？

出漿：過流[koè-laû]了。❽新鮮的「生蠔」開始腐敗，蠔肚呈現異色，而後爛裂，滲出體汁。這個「漿」字，不可分開來解釋成「薯粉」的漿。

【49】

相推，駛死牛。

Sio the, saí sí-gû.

Siō the, sai si-gû.

永遠操勞的牛。

　　父母用來督責子女，彼此互相推諉，不願意做個人應該做的
事，或不要做家事，推來推去，最後還是留給老母一人來操勞。
類語：「相看，駛死牛。」

　　*相推：互相推諉卸責。　駛死牛：累死了有口難言「不！」的老
牛。　相看：互相觀望，看對方動身。*

【50】
苦力囝，假軟屐。

Ku-lí kiáⁿ, ké nńg-chiáⁿ.

Kū-li kiáⁿ, ke nng-chiáⁿ.

粗勇會遺傳？

　　老闆用來責備偷懶，不認眞幹活，假裝搬不動貨物的辛勞，
工人。句子假設了「苦力」的孩子，都是三角身的粗勇力士；說他
「軟屐」便是裝假。

　　苦力：舊時的搬運工人。（→134.29）　軟屐：(身體)軟弱無力。

【51】
掟驚死，放驚飛。

Tēⁿ kiaⁿ-sí, pàng kiaⁿ-poe.

Tēⁿ kiāⁿ-sí, pàng kiāⁿ-poe.

如何是好？

　　用法有二：一、形容面對困難的問題，進退失據，不知所
措。二、譏刺過份保守的商人，雖然頗有資本，但不敢放膽擴展
事業，恐怕失敗；也煩惱死守現成而萎縮。譬如小孩空手拿鳥，
鬆緊很難拿捏。

　　捉：用力拿住（軟弱的活物）；力壓（肢體）。　驚：恐怕、掛慮（發生意外）。

【52】

𣍐曉駛船，嫌溪彎。

Boē-hiáu saí-chûn, hiâm khe-oan.

Bē-hiau sai-chûn, hiâm khe-oan.

頇顢人多藉口。

　　用來恥笑或責備不承認技術差錯，總有一大堆歪理來強辯的人，如工匠、學徒或低路師仔。句子的意思是說，無能的舵手，老是怨嘆溪的彎度太大難以順利駛船。

　　低路師仔[kē-lō sai-á]：技術低劣，或根本就沒有技術的技工。

【53】

𣍐曉泅，嫌卵脬大球。

Boē-hiáu siû, hiâm lān-pha toā-kiû.

Bē-hiau siû, hiâm lān-pha toā-kiu.

旱水鴨的秘密。

　　用法和意思類似上一句。這句俗語，有過這樣的一段快事：

　　　「高大雄，爲甚麼還不趕快下池游泳？」體育老師大聲問他。

　　　「報告老師，因爲我的那個太大！礙我踢水。」

　　　「那個？那個什麼呀？」

　　　「報告老師，是這個……」

　　　「𣍐曉泅，嫌卵脬大球！豈有……」

　　嫌：（把無理的理由）歸咎於（某事）。　卵脬：陰囊也。　大球：

大丸也，或球狀物之大者，如大汽球等等。

【54】

你溜，我閃。

Lí liu, goá siám.

Lí liu, goá siám.

溜之大吉。

　　當事人，如家人、工人、警察、軍隊，等等，眼見麻煩雜事、粗重工課、攜械凶犯、有死無生的戰鬥，心生煩厭、畏懼，而私自逃避遁走。

【55】

閃生，閃死。

Siám siⁿ, siám sí.

Siam siⁿ, siam sí.

逃生閃死。

　　父兄用來斥責不做家事的懶惰子弟；工頭用來責備怠工摸飛的工人。詞句白得發粗；生也閃，死也閃，有什麼不閃的？有，吃飯！君不見，「食飯大碗公，做工課閃西風！」(→.60)。

【56】

放屎，逃性命。

Pàng-saí, tô sìⁿ-miā.

Páng-saí, tō síⁿ-miā.

芳香的理由。

　　用法和意思類似上一句。據說，軍訓課有這麼一段公案可參：

「報告教官！我要小便。」

「去！」

「報告教官！我要大便。」

「去！去！」

「報告教官！我要大小便。」

「去！去？去你的……」

本句類語有：「放屎苦力，逃性命。」——我英勇的台灣人，在日本政府強迫做「公工」的另類勞解之下，時時要求「放屎」，引起日本督工兇惡的咆哮：「清國奴，馬鹿野郎！放屎苦力，逃……！」

【57】

貧憚牛，厚屎尿。

Pîn-toāⁿ gû, kaū saí-jiō.

Pīn-toāⁿ gû, kaū sai-jiō.

用法和意思類似上二句。

（請參看，「慢牛過溪，厚屎尿。」322.07）

貧憚：懶惰。　　**厚**：(大小便)量多而頻頻。

【58】

熟牛，沒犁後。

Se̍k-gû, bih lê-aū.

Se̍k-gû, bí lē-aū.

巧佔地利。

用來恥笑逃閃份內工作，推卸職責的老同事，老同志。刺他／她宛如奸巧的老牛，躲在犁後，讓少年牛仔多多表現。

怪了！台灣牛一向不多是「戇牛」嗎？不是「知死唔知走」的笨

牛嗎？(→231.20)何時學會了行奸耍詐？唉！這是「新台灣牛也」。
近半世紀以來「台灣水牛教育中心」育成的品種。

【59】

食若拚，做若倩。

Chia̍h ná-piàⁿ, chò ná-chhiàⁿ.

Chiā na-piàⁿ, chò na-chhiàⁿ.

違反習俗？

　　責備家裏的小孩，吃飯認眞奮鬥，做家事宛如雇工，急著等
待息工領錢。類語有：「食若牛，做若龜。」——牛食量大得驚
人，龜的動作慢得叫人「畏寒」！

　　若倩：宛如被僱用的工人。　　*畏寒：陣陣寒冷從五臟六腑冰凍開*
來。

　　我們台灣人的傳統見解是「會食則會做！」(→28.04)肯定「食」
是天大地大的代誌，同時神聖化「做」爲天經地義的本分。如今，
小家庭大社會，一片「食若拚，做若倩」的新觀念新流行。

　　這究竟是什麼一回事啊？不認眞「做」，「食」由何處來？搶！
君不見，搶人，女人、男人、坐在家裏的人；搶店，商店、鐘錶
店、珠寶店；搶行，銀行、商行、車行。搶搶搶搶，連醫生也殺
來搶！

　　我們的社會破病傷重！

【60】

食飯大碗公，做工課閃西風。

Chia̍h-pn̄g toā-oáⁿ-kong, chò khang-khoè
　　siám-sai-hong.

Chiā-pn̄g toā-oaⁿ-kong, chó khāng-khoè

siam-saī-hong.

用法和意思類似上一句。

傳統習俗，士農工商各界君子淑女，絕對嚴禁用「大碗公」吃飯，那是「飯桶族」的註冊商標，不准侵犯！至於「閃西風」則是大部分士大夫的「道德修養」；所謂「做牛著拖，做人著磨」(→.16)，乃是勞動小百姓的宿命。

大碗公：可盛裝1.5公升以上的大湯碗。 閃西風：乘涼去也。咸信「西風」爲涼風，吹自一片碧藍，萬分柔情的母國的台灣海。

【61】

食，食人半；做，做半人。

Chiảh, chiảh lâng-poàⁿ, chò, choè poàⁿ-lâng.

Chiā, chiā lāng-poàⁿ, chò, chó poáⁿ-lâng.

好吃懶做。

用法和意思類似上二句。

這句俗語是很巧妙的串對，把「食人半」和「做半人」緊緊叩住，襯托出吃飯量有「人半」之多，而工作量僅有「半人」。多美妙的台語啊！

【62】

未食看飯斗，食飽看海口。

Boē-chiảh khoàⁿ pn̄g-taú, chiảh-pá khoàⁿ haí-khaú.

Boē-chiā khoáⁿ pn̄g-taú, chiā-pá khoáⁿ hai-khaú.

飢思飲食，飽想散工。

用來形容懶惰工人的心態。諷刺他做了一小陣子的工，就開始飢腸轆轆，頻頻窺看「飯斗」，心裏準備要開飯。戰鬥一場過後，算是填飽了，頭殼馬上西轉來細量「海口」，祈禱母國的太陽

趕快下沈西海。比較:「未食卡勇龍,食飽若杜定。」──意思
是,人在貧窮的時候努力工作,活潑勇敢如龍;一旦發財了,人
就變得懶散,有如入定的大蜥蜴。

【63】

毛呼龜粿粽,紅包在你送。

Mô·-ho· ku-koé-chàng, âng-pau chaī lí sàng.

Mō·-ho· kū-koe-chàng, āng-pau chaī li sàng.

志不在唸經,在包包。

　　譏刺人做事馬馬虎虎,要緊的是要獲得紅包報酬。譬喻:鬼
月普度的時候,道士沿戶唸經,可得紅包為酬。或許因為道士唸
多了,口舌打結,聽入信士耳朵的一盡是「毛呼、龜、粿、粽、
紅包…」一系列祭物的音符的重播。

　　毛呼:饃呼也,盂蘭盆祭鬼用,沒有包餡的粿。　龜:紅龜粿
也。　在你送:紅包大小悉聽尊便。

【64】

做穡相推挨,食飯爭進前。

Chò-sit sio the-e, chiah-pñg chiⁿ chìn-chêng.

Chó-sit siō thē-e, chiā-pñg chīⁿ chín-chêng.

生存競爭一景。

　　諷刺一群好吃懶做的同志,他／她們工作當前,捨我讓你;
吃飯在即,棄你保我。

　　做穡:泛指工作,原義是「作穡」,稼穡,耕地務農。　相推挨:
彼此推諉不前。

【65】

做無一湯匙,食要歸糞箕。

Chò bô chi̍t-thng-sî, chia̍h beh kui-pùn-ki.

Chó bō chi̍t-thñg-sî, chiā bé kuī-pún-ki.

賺一元，那舷吃一百？

　　用法有二：一、舊時，父兄用來責備大吃又懶做的子弟。二、譏刺心想不勞而獲，鋌而走險的人。這是一句對偶反義修辭式的俗語，「做」和「食」多麼密切相對，但生產工作和消費享受卻有「一湯匙」和「一糞箕」的逆差。

　　歸糞箕：(物質裝了)滿滿的一糞箕；歸，(時、空、容度)整個、全部。

【66】

有食肚重，無食肚空。

Ū-chia̍h tó·-tāng, bô-chia̍h tó·-khang.

Ū-chiā tó·-tāng, bō-chiā tó·-khang.

卜淂吉時再來開工。

　　用來譏刺極懶惰的人，不論什麼時候都有理由不工作：吃飽了，胃重，工作會患胃下垂；飢餓，肚空無力，動彈不得。比較：「腹肚硬硬，目睭垂垂。」——發財了，大腹便便，什麼也不幹，徹夜打牌飲宴，白天就愛睏，目睭垂垂。或謂：戒人飲食要節量，吃太飽了，會愛睏，沒有精神做工。

　　腹肚硬硬[ngē-ngē]：發福型的肚子，魷魚肚也；咸信其中儲滿黃金。　目睭垂垂[soê-soê]：夢遊月宮，尚未回魂。

【67】

師公，三頓趕。

Sai-kong, saⁿ-tǹg koáⁿ.

Saī-kong, sāⁿ-tńg koáⁿ.

志在三餐。

　　譏刺人，工作馬虎，功夫技術不值那麼高的價錢，宛如道士趕場做功德，莫不是為了多賺錢，來維持三餐。

　　難為道長了！請不要介意才好哦。我們台灣人總是「嘴硬，尻川軟！」(→312.21)這也是貴道長知之甚詳的呀。

　　三頓趕：趕三餐，討衣食。這是舊時台灣社會道士的生活實況，現代的大大不同了。君不見，道士手戴「瑞士紅蟳」者，比比皆是！

【68】

食，若武松拍虎；做，若桃花過渡。

Chia̍h, ná Bú-siông phah-hó͘; chò, ná Thô-hoe koè-tō͘.

Chiā, na Bu-siông phá-hó͘; chò, na Thō-hoe koé-tō͘.

猛吃懶做。

　　譏刺人吃飯狼吞虎嚥，猛烈萬分；但工作如同桃花小姐和渡船老伯相褒罵俏。類語：「食飯三戰呂布，做工課桃花過渡。」(→22.56)

【69】

飯桶，掛撛。

Pn̄g-tháng, koà-lián.

Pn̄g-tháng, koá-lén.

大吃的呆子。

　　用來罵人，只會吃飯，又吃得很多；傻頭傻腦的，不會做事。這種人多麼可憐地被譏刺成安上輪子的大飯桶。

　　飯桶：雙關「飯桶」和「笨桶」，是一句極端輕視人的話。　　掛撛：有輪裝置；撛，輪子。

【70】

碎食，燴飽；碎做，無工。

Chhuì chia̍h, boē pá; chhuì chò, bô kang.

Chhuí chiā, boē pá; chhuí chò, bō kang.

打零工難渡日。

　　用做警語。提醒人工作要專心，零零碎碎，斷斷續續的做，不會獲得好結果。本句的重點在於第二分句，強調工作態度專一的必要性。

【71】

做一項，換一項。

Chò chi̍t-hāng, oāⁿ chi̍t-hāng.

Chó chi̍t-hāng, oāⁿ chi̍t-hāng.

不安於業。

　　舊說，鼓勵人執一業以至老死。也用來恥笑人沒有一項職業是他／她做得來的，時時求職辭職。

　　時代不同啦！一生滿意於一職一業的人恐怕很少吧？不過，能夠如意來「做一項，換一項」的人，一定是多才多藝，充滿自信，人間關係良好的人，雖然有定力不足的嫌疑！要譏刺他／她之前，看一下他／她搭的是「北上」或是「南下」的列車！

　　時常換「頭路」，對自己是大大有損無益的，單說台灣人所容易敕封的「專家」這個空虛高帽就保不住了，遑論其他。可能的話，乖乖守貞節，從一而終吧！

【72】

一年，換二十四個頭家。

Chı̍t-nî, oāⁿ jī-cha̍p-sì-ê thaû-ke.

Chı̍t-nî, oāⁿ jī-cha̍p-sí-ê thaū-ke.

專門學溜？

　　這句是用來譏刺學徒，或是小「辛勞」的時時落跑，更換老闆的。這一回被人恥笑咎由自取，因為頭家換得太頻繁了！顯然，這個學徒一定學不到工夫。君不見，粗淺的工課，要獨當一面的話，起碼也須要三年四個月啊！類語又有一個更差的師仔，他是「一年換二十四個頭家，轉厝食尾牙猶赴赴。」──平均還不到半個月就溜旋！

　　轉厝[tńg-chhù]：回到家裏；另外，新嫁娘第二天回娘家也叫做「轉厝」，或「頭轉厝」。　食尾牙[chia̍h boé-gê]：臘月十六日夜，商家祭拜土地公以後的宴席；目的在感謝守護神「老土治」，也是老闆酬勞店員的宴席。　猶赴赴[iáu hù-hù]：猶未遲也。

【73】

一日徙栽，三日企黃。

Chı̍t-ji̍t soá-chai, saⁿ-ji̍t khiā-n̂g.

Chı̍t-ji̍t soa-chai, saⁿ-ji̍t khiā-n̂g.

跳槽者戒。

　　用做警語。舊說，勸人不可輕易跳槽，否則損失必然慘重，有如樹苗，一旦從苗圃「徙栽」，要順利不死，至少也要三日「企黃」。

　　徙栽：移植樹苗。　企黃：青翠綠葉枯黃如死。

　　那麼，徙栽到吉地可否？三日的「企黃」值得冒險嗎？

　　先人默然。我們自己索解吧！

【74】

錢大百，人著無肉。

Chîⁿ toā-pah, lâng-tiō bō bah.

Chîⁿ toā-pah, lâng-tiō bō bah.

為錢消瘦。

這是咱台灣人的常用俗語。用來勸人嘸通過份追求財利！咱可能曾聽著，人講講：「某人『對死裏，拚倒轉來』(→.18)雖妄趁眞濟錢，家己攏無享受著！留幾若億萬互了尾仔囝得開爽的。」

舊用法，譏刺性工作者。說她身體任人糟蹋，雖然賺「錢大百」，但是身體染病，消瘦落肉。

錢大百：多金也，數算的都是百元大鈔——產生這句俗語的當時，「百元菁仔櫃」是最大面額的鈔票。

【75】

趁會著，食繪著。

Thàn ē-tioh, chiah boē-tioh.

Thán ē-tiō, chiā bē-tiō.

人無肉，〈下一步〉。

用做警言。錢是長命人的！有錢，要能妥當的享用才算是有福氣！

【76】

人合錢，使性地。

Lâng kap chîⁿ, saí sèng-tē.

Lâng ká chîⁿ, sai séng-tē.

賭命錢，不賺！

用做警言。用來寬解看似「爲錢生，爲錢死」的好朋友，要他／她多多不要動心，但要忍性，不要和錢「使性地」，保重老命要緊啊！爲甚麼不可賭一下氣呢？因爲老先人的智慧觀照是：「錢四腳，人二腳！」(→27.34)猛追不得也。

人合錢：人對錢，或人跟錢。　使性地：賭氣也，此處好像是說：「錢老弟！你三邀四請，偏偏不光臨寒舍。好，看本人的手段！」——有什麼手段？有，「山東響馬」(→234.15)，「八仙過海」！(→33.08)

【77】

好駛牛，臭肩頭。

Hó-saí gû, chhaù keng-thaû.

Ho-sai gû, chhaú kēng-thaû.

真骹者多势也！

大概是台灣的老莊高徒，用來教示再傳徒孫的箴言吧！要他／她們修練柔弱無能，扮裝聾啞，訓練瘸腳半遂。這樣可保清閒自在，脫離隔壁那一條壯牛的「臭肩頭」的苦厄。——善耕水牛，拖磨痛苦；賢能男女，犧牲氣惱。切記！切記！

【78】

屎，唔是貓食的。

Saí, m̄-sī niau chiàh--ê.

Saí, m̄-sī niau chiā--è.

有所不爲。

用來勸人，不要刻薄自己，做不來的工作不可勉強；外行人不可以做內行工課。這是違反本性的，必然帶來痛苦。譬喩是，舊時咱台灣的歹命狗，不得不吃屎療飢；但家裏的白肚烏貓嬌生

慣養，隨著主人的興衰來享受桌上的食物。烏貓怎麼可以強迫自己吞黃金以自盡呢？可憐！

【79】

睏，卡好擔糞。

Khùn, khah-hó taⁿ pùn.

Khùn, khá-ho tāⁿ pùn.

不如睡去。

　　用來「正當化」為甚麼不做看似較好的事，卻去做平常的，隨時可做的代誌。本句俗語的意思是，夜間挑糞肥上田園雖好，但有危險，不如睡覺去。類語有：「睏，卡贏擔坺。」❾

　　背景：母國台灣的夏夜，涼風陣陣吹拂，藍空閃爍著智慧的星光。這時「無做，無通食」的男女農人，挑著一擔擔的糞到田園去施肥。爽快！爽快！沒有曝死人的太陽，俯下來看的是慈愛的月娘，她用神秘的微笑鼓勵著趕夜工的做稽人。

　　可是，風聞近來附近山區，常有人頭失踪，風聲鶴唳，殷勤的農人只好望「糞」興嘆。坐在埕外看了一會兒星星，彈了好一會兒孫悟空。體內的火氣也散發得差不多了，彼此說一聲：「睏，卡好擔糞！」──古早做稽人的一聲「安眠！」

　　擔糞：挑糞上田園施肥；糞，在句裏是指堆肥，所謂的「粗肥」，農家用稻草和人畜糞便等等為原料製成的有機肥料。　**擔坺**[*poān*]：施肥也；坺，農家自製的堆肥。

注釋

1. 參看，季子「十七年蟬的奧祕」《中央日報》1994(12.20):5。

2. 參看，「六出祁山」和「祁山」《大辭典》(三民書局)，頁3385，395。有關情節，看《三國演義》97回以後有關處所。

3. 中國經濟空虛，其危機按專家蔡重信的報告，摘其要點有：

   一、泡沫不動產經濟：至1995年，商品空屋空置或廢置者，5000億平方公尺。近年來高樓大廈處處，但多的是空樓，或停工任其荒廢的。

   二、虛構的巨大市場：世界大公司紛紛趕往投資，但多虧損。例如，法國寶獅汽車，年產五萬輛，但僅銷出數千；BMW同樣虧損。電子產品過剩，滯銷已經超過5000億元，成為銀行惡性債權。

   三、緊急的金融危機：1995中國四大銀行貸出惡性債權達20%，計5000億。虧損的國家企業，佔所有企業的60%。

   四、國家財政赤字擴大：中國財政赤字快速增加，1992為900億；1996突增為2500億。因此，中國大發國債，1995年發行1500億元；1996年2000億元；1997年2600億元。(參看，蔡信重「趕搭投資列車請及時下車」《自由時報》1998(5.27):11)

4. 參看，彰化，洪惠珠，「台灣精諺」《自由時報》。

5. 楊青矗「烏魯沐債」的解說，請參看，《自由時報》1997(3.26):33。

6. 亦玄，「烏魯木齊」《台語溯源》，頁106–108。

7. 曹甲乙對這種誤解提出清楚可信的辨證，符合台灣人生活情景的實際。參看，曹氏「台灣俚諺新釋(二)」《台灣風物》(1982年32卷1期)，頁43。

8. 「過流」一詞，連雅堂有釋，連氏《台灣語典》，頁123。

9. 台北，亦玄「台灣精諺」《自由時報》。

本卷索引

一、發音查句索引

說明：

一、以諺語首字的本調爲準，按台灣話羅馬字的字母順序排列。

二、首字同音異字的，按筆劃遞增排列。

三、索引號碼代表「卷章節.句」，例如：

　　阿里山杜定——靑腳。　　33.20 ⇒本卷第3章3節，第20句

　　富人讀書，窮人養豬。　　11.07;131.68 ⇒第1卷3章1節，第68句

四、同字異音，如文白二音，按照不同發音，分別排列。例如：「一」字，有[chi̍t]和[it]；「十」，[cha̍p]、[si̍p]；「有」，[iú]、[ū]；「人」，[jîn]、[lâng]；「老」，[laū]、[ló]；「百」，[pah]、[pek]；「三」，[saⁿ]、[sam]，等等。

B

	無二步七仔，唔敢過西螺溪。	33.19
	無得湯，無得粒。	35.03;36.17*
	無通生食，若有通曝乾。	27.03*;36.14
boē	未食卡勇龍，食飽若杜定。	37.62*
	未食看飯斗，食飽看海口。	37.62
	未學行，先學飛。	12.21
	未學獅，先學術。	12.22
	未窮，出窮屍。	27.10
	未多節都得搔圓，冬節汰會無搔圓。	31.20
	𣍐曉扛轎，唔通開轎店。	33.02*
	𣍐曉駛船，嫌溪彎。	37.52
	𣍐曉泅，嫌卵脬大球。	37.53
	𣍐會擔蔥，𣍐算數。	33.34*
bong	摸平平，看起來坎坎坷坷。	11.30
bóng	罔趁，則𣍐散。	37.32
bú	武字，無一撇。	11.25
	武松，歇唔著店。	23.10
bû	無功，不敢受祿。	35.22
bûn	文的無路，武的無半步。	33.32*
	文戲金，武戲土。	25.07
	文王拖車──一步一步好。	33.15*
	文不文，武不武。	33.32
	文不成童生，武不成鐵兵。	33.32*
bu̍t	物離鄉貴，人出鄉賤。	24.20

CH

cha	查某囡仔無才，便是德。	12.32*
	查某嫺仔捾肉——生看熟無份。	35.05
	查某嫺仔捾肉——看有食無。	35.05*
	查埔要食望人請，查某要食望生団。	22.10
chai	知進唔知退，識算唔識除。	27.39
chaī	在職怨職，無職想職。	37.06
	在厝杇刺桐，出厝奇楠香。	23.17; 24.16
	在厝賤，出厝貴。	23.16; 24.15
	在厝日日好，出厝朝朝難。	23.20; 24.11
	在厝貴，出厝賤。	23.16*;14.15*
	在家千日好，出外一朝難。	23.20*
	在家千日好，出門一時難。	23.20*
	在家千日好，出門片時難。	23.20*
	在家千日好，出門事事難。	23.20*
	在生唔樂，死了加鬼捾包袱。	28.11
chang	棕簑胡蠅——食毛。	36.16
chȧp	十月十，風箏落屎礐。	25.22*
	十二生相，變透透。	36.21
	十巧，無通食。	33.09
	十巧，無通食；十藝，九不成。	33.09*
	十八般武藝，件件皆能。	33.12
chē	坐轎的人，唔知扛轎的人艱苦。	37.07*
	坐得食，山都崩。	28.14
	濟虱𣍐癢，濟債𣍐想。	27.46
chén	剪內裾，補尻脊。	27.38

chêng	前手接錢，後手空。	27.06
chîⁿ	錢，無腳會行路。	27.04
	錢尋人，財王；人尋錢，發狂。	27.51
	錢銀，三不便。	27.35
	錢金，人著清心。	27.53
	錢四腳，人二腳。	27.34
	錢大百，人著無肉。	37.74
chiaⁿ	正月猾查埔，二月痟查某。	25.27
chiàⁿ	正手入，倒手出。	27.06*
chiáⁿ	淡水魚，入鹹水港。	32.05
chia̍h	食肉滑溜溜，討錢面憂憂。	27.29
	食要走番仔反。	22.57
	食米，唔知米價。	28.17
	食無若濟潲，糊到歸嘴鬚。	36.13
	食，無；拍罵，有。	35.04
	食，食人半；做，做半人。	37.61
	食，食頭家；睏，睏頭家娘。	35.12
	食一歲，學一歲。	12.12
	食清米飯，熊柴旁。	28.03
	食蕃藷，看勢面。	34.21
	食魚食肉，也著菜合。	22.69
	食互死，唔通死無食。	22.16
	食烟無彩嘴，食檳榔咯咯呸。	26.02
	食到老，學到老。	12.12*
	食到死，學到死。	12.12*

	食到有扁擔，無布袋。	22.61
	食眠，無分寸。	22.74
	食眠，唔通無分寸。	22.74*
	食了，會續嘴。	22.33
	食物是福氣，潲屎是字運。	22.09
	食若牛，做若龜。	37.59*
	食若拚，做若倩。	37.59
	食，若武松拍虎；做，若桃花過渡。	22.56;37.68
	食旺，偷提衰。	22.08
	食飽，好物無巧。	22.34
	食飽，換枵。	35.01
	食檳榔，吐血。	26.01
	食飯，無相趁。	22.75
	食飯，皇帝大。	22.03
	食飯，配話。	22.55
	食飯三戰呂布，做工課桃花過渡。	22.56*;37.68*
	食飯大碗公，做工課閃西風。	37.60
	食肥，走瘦。	22.62
	食，山珍海味；穿，綾羅紡絲。	21.04; 22.45
	食是福，做是碌。	22.06; 37.17
	食是福，做是祿。	22.06*; 37.17*
	食於面，穿於身。	21.05
chiáu	鳥腳蜘蛛肚，會食艙行路。	33.40
chin	眞人，看做直人。	11.27
	眞茶無色，眞人無激。	26.20

chīn	盡心唱，嫌無聲。	35.14
	盡信書，不如無書。	11.14
chió	少食卡滋味，濟食無趣味。	22.65
	少飲是人參，加飲誤了身。	26.19
chioh	借錢一樣面，討錢一樣面。	27.28
chio̍h	石頭，浸久也會上青苔。	12.09
chiōng	狀元，無雙重才。	33.01*
chit	這溪無魚，別溪釣。	32.12
chi̍t	一目開，一目契。	37.41
	一隻蝦猴，配三碗糜。	22.35
	一嘴飯，一尾鮭到。	22.54
	一個人，無雙重才。	33.01
	一個剃頭，一個扳耳。	33.28
	一下捸，食到多尾。	36.01
	一日無事，小神仙。	28.06
	一日食五頓，一暝餓到光。	22.67
	一日關九豬，九日無豬關。	31.12*
	一日徙栽，三日企黃。	37.73
	一日剃頭，三日緣投。	21.21
	一日討魚，三日曝網。	31.12
	一孔，掠雙隻。	31.01
	一粒田螺，九碗湯。	22.82
	一暝看到天光，唔知皮猴一目。	25.03
	一暝專頭路，天光無半步。	33.58
	一年、換二十四個頭家。	37.72

	一年換二十四個頭家，	37.72*
	轉厝食尾牙猶赴赴。	
	一年培墓，一年少人。	36.20
	一步棋，一步著。	33.15
	一聲蔭九才，無聲啥免來。	25.16
	一塊即入肚，一塊嘴那哺，一塊在半路，	22.54*
	亦擱一塊在盤仔得顧。	
	一頓久久，二頓相抵。	22.67
	一丈身，九尺無路用。	33.33
	一位佔，一位熟。	23.14
chiú	酒醉，誤江山。	26.16
	酒醉心頭定。	26.15
	酒醉心頭定，酒猶無性命。	26.15*
	酒醉心頭定，拍人無性命。	26.15*
	酒搭歸矸，油搭零散。	26.09;27.14
chiuⁿ	樟勢哮，瓊勢走，那拔仔柴車糞斗。	25.24*
chiūⁿ	上京，考教。	11.31
	上山嘛一日，落海嘛一日。	25.28
chng	庄腳趁，市內食，三年做乞食；	27.18
	市內趁，庄腳食，三年著好額。	
	庄內無鳥，密婆做大兄。	33.23*
	庄頭有親，隔壁有情。	23.13
chó	佐料夠，啥是新婦勢。	22.76
chò	做無一湯匙，食要歸糞箕。	37.65
	做一項，換一項。	37.71

chhheh	冊，愈讀愈憨。	11.12
	冊，讀於尻脊骿。	11.13
chhēng	穿乃朗的──看現現。	33.47*
chhiah	赤腳的逐鹿，穿鞋的食肉。	35.08
chhian	千草寮土治──酒鬼。	26.17
	千日長，一日短。	31.13
	千里路途三五步，百萬軍兵六七人。	25.05
	千里馬，縛於將軍柱。	32.07*
	千辛萬苦，攏是爲著這個腹肚。	28.02
	千辛萬苦爲著囝佮某，	28.02*
	走東走西爲著這個嘴腔。	
chhiⁿ	生處好趁錢，熟處好過年。	32.03
	生蟳，活掠。	34.23
	生擒，活掠。	34.23*
	生看，熟無份。	35.05*
	睛暝鷄，啄著蟲。	31.04
	睛暝貓，抵著死鳥鼠。	31.07
chhián	淺山，艙飼得獅王。	32.09
chhìn	凊飯，當柌人。	22.32
chhioh	尺有所短，寸有所長。	33.26
chhit	七做，八唔著。	36.23
	七抄，八抄。	11.37
	七創，八創。	34.24
	七枝頭鬃，插十二蕊萬壽菊。	21.24
	七腳戲，報萬兵。	25.04

	七抵八唔著，串抵魯砧石。	36.23*
chhiùⁿ	唱歌唱曲，解心悶。	25.17*
chhiū	樹大，影大。	27.02
chhn̂g	床頭睏，床尾香。	21.22
chho˙	粗人，𣍐做得工課。	33.39
chhú	此處不留人，自有留人處。	32.13
	此巷無路，看做北港魚落。	11.27*
	此科若中是天無目，	11.34
	此科若不中是主考無目。	
chhù	厝鳥仔生鵝卵——眞摒咧。	33.44
chhuì	碎食，𣍐飽；碎做，無工。	37.70
	嘴食嘴嫌，臭酸食到生黏。	22.31
	嘴，食互尻川坐數。	22.63
	嘴飽，目睭枵。	22.17

E

ē	下昏，討無明仔早起頓。	36.08
	下昏拖，唔通明仔早起磨。	37.14
	會食，𣍐相咬。	33.41
	會食則會做，會睏則會大。	28.04
	會食酒，唔免濟菜。	34.05
	會做官，會察理。	34.18
	會的人出嘴，戇的人出力。	34.16
	會的人使嘴，𣍐的人使手。	34.16*
	會曉食，𣍐曉算。	27.39*
	會曉拍算，卡好得走趁。	34.03

	會曉洗面，呣免若濟水。	34.04
	會曉趁膾曉開，膾曉開是戇人。	28.07
	會扛轎，則通開轎店。	33.02
	會生，膾孵。	33.21
	會算膾除，糶米換蕃藷。	27.39*
	會讀冊是戇父母，膾讀冊是戇子弟。	11.16
	會替你拍達，膾替你出力。	33.60
	會替別人看風水，家己的無地葬。	33.62*
eng	英雄，無用武之地。	32.10
êng	閒到，掠虱母相咬。	31.09

G

gē	藝眞，人散。	37.35
gín	囡仔做大戲——做膾來。	33.46
giȯk	玉不琢，不成器；人不學，不知義。	12.02
gō	餓膾死，脹膾肥。	35.10
gō·	五斤蕃藷，臭八十一兩。	36.22
	誤人子弟，男盜女娼。	13.06
goā	外行人，做內行工課。	33.06
	外國月亮，卡圓。	24.14*
gōng	戇的，教巧的。	12.25
	戇佛，膾曉食鷄。	22.40
	戇佛，想食鷄。	22.25
gû	牛就是牛，牽到北京嘛是牛。	12.26
	牛犁耙，無半項會。	33.38
	牛聲，馬喉。	25.15*

hoê	和尙，食施主。	36.03
hok	福人，居福厝。	23.01
	福地，福人居。	23.02
	福德正神，看做乾隆五年。	11.27*
hong	風箏斷落土，搶到爛糊糊。	25.23
hông	皇帝，也會欠庫銀。	27.36
	煌先挽嘴齒——七撮八撮。	27.30
hù	富人讀書，窮人養豬。	11.07;131.68
	富家一餐食，貧家三年糧。	22.49
hū	父子情輕，師尊情重。	13.19

I

iā	也𣍐擔蜢，也𣍐算錢。	33.34
	也要做禮數，也要做桌布。	21.14
	也會粗，也會幼。	33.11
iam	閹雞扱碎米，水牛湊大屎。	36.12
iau	枵鬼，卡濟俄羅。	22.18
	枵簫飽品，清心絃。	25.18*
iáu	猶有，臭破布味。	33.18*
	猶有，二步仔也。	33.18
ioh	藥會醫假病，酒𣍐解眞愁。	26.11
it	一食，二穿。	22.01*
	一食，二穿，三清閒。	22.01*
	一食，二穿，三行，四用；	22. 01;28.01*
	無食無用，啥路用？	
	一樟，二欅，三埔姜，四苦棟，	25.24

K

ke	加減扱，卡贏對人借。	37.33
	雞是討食焦的，鴨是討食霑的。	37.02
kéng	揀食，揀穿。	22.26
kêng	窮則變，變則通。	34.20
ki	居必擇鄰，交必擇友。	23.11
kî	棋局，酒量。	28.12
	棋中不語眞君子，起手無回大丈夫。	25.20
kiâⁿ	行船，抵著報頭風。	31.10
	行到會呼鷄，獪歕火。	24.03
kiàm	劍光三錢，掌心雷二錢。	25.02
kiâm	鹹水，嘴焦人飲。	27.20
kim	今朝有酒今朝醉，明日憂來明日愁。	28.18
	金光閃閃，瑞氣千條。	33.14
	金斗守到生蔬，則捾走。	36.06
kin	斤鷄，斗米。	36.09
kīn	近海，食貴魚。	23.09
kng	扛轎的，無雙重才。	33.01*
	扛轎的喝艱苦，坐轎的也喝艱苦。	37.07
ko·	孤鳥，插人群。	24.19
kò·	顧秧，卡贏顧倉。	37.26
koaⁿ	菅榛，獪做得柺仔。	33.50
koáⁿ	趕人生，趕人死；趕人食，無天理。	22.50
koāⁿ	捾瓶的，蔭三分。	26.13
koàn	慣者，爲師。	13.07
kong	公學讀六多，唔識屎礐仔枋。	11.24

kóng	講著食，爭破額。	22.20
ku	苦力，無雙重才。	33.01*
	苦力囝，假軟屌。	37.50
	龜做龜討食，鱉做鱉討食。	37.01
kui	歸身軀，專專債。	27.24
kun	君子，無贏頭拳。	26.12
	君子，無贏頭盤棋。	25.19
	君子，避醉人。	26.18
	君看為宰相，必用讀書人。	11.02
kûn	拳頭，學館九。	33.52

KH

kha	尻脊骿揹黃金，給別人看風水。	33.62*
	腳骨長，有食福。	22.07
	腳霑，嘴臭臊。	37.31
khah	卡梳也是鷄母毛，卡妝也是赤嵌糖。	21.28*
	卡唔值牽乞食放屎。	35.09
khai	開錢，恰若開水咧。	27.13
	開博迌，拍算第一。	28.13
khan	牽豆藤，摘豆莢。	34.17
kheh	硤甘蔗，前頭入，後頭出粕。	27.07
khih	缺嘴食米粉——看現現。	33.47
khiâ	騎馬坐，挽弓食。	22.51
	騎馬的走拋拋，騎牛的跋斷腳。	34.07
khiā	企得放債，跪得討債。	27.26
	企著好所在，卡好識拳頭。	32.01*

	人人有自信，個個無把握。	11.38*
	人信字，牛信鼻。	11.18
	人重妝，佛重扛。	21.19
laû	流水無毒，流人獪惡。	24.18*
	流水，獪臭。	24.18
laū	老牛，拖破車。	33.30
lêng	菱角嘴，無食喘大喟。	22.21
	寧可食無肉，不可居無竹。	23.05
	寧塞無底坑，難塞鼻下橫。	22.60
lí	你蹓，我閃。	37.54
lī	利拖母，母拖利。	27.21
	呂洞賓，顧嘴無顧身。	21.16; 22.23
liáh	掠蟳，走蟻。	36.26*
	掠水鬼，塞涵孔。	37.40
	掠龜，走鱉。	36.26
	掠龜走鱉，掠蟳走蟻。	36.26*
	掠生，塞死。	27.37
lim	飲燒酒穿破裘，無飲燒酒嘛穿破裘。	26.08; 28.19
liók	六出祁山——拖老命。	37.22
lō·	路尾落船，代先上山。	33.17
	路於嘴內，問著知。	24.07
	路頭，車起抵天。	24.02
lú	女子無才，便是德。	12.32; 112.20

M, N, NG

| | 嗯識剃頭，抵著鬍鬚。 | 31.09 |
| m̄ |

	倚索，分魚。	35.20
oa̍h	活泉食燴焦，死泉食會了。	27.41
	活活馬，縛於死欉樹。	32.07
	活活鱟，刣到屎愈流。	34.25*
oai	歪嘴鷄仔，串食好米。	22.28
oē	話是風，字是蹤。	11.19
o̍h	學三冬，唔識一塊屎桶仔枋。	13.17
ông	王見王——死期。	25.21
	王氏家廟，看做土民豬稠。	11.27*

ㄆ

pak	腹肚硬硬，目睭垂垂。	37.66*
pàng	放馬後炮。	33.59
	放尿，燴顧得攏褲。	31.03
	放尿漩水面，有趁無錢剩。	36.11
	放屎，逃性命。	37.56
	放五虎利，好燴過後代。	27.23
pat	八仙過海，各顯其能。	33.08*
	八仙過海，各顯神通。	33.08*
	八仙過海，隨人變通。	33.08
pa̍t	別人的屎，卡芳。	24.14
pē	父母無捨施，送囝去學戲。	25.10
peh	百姓，百姓，無耙無通食。	37.23
pe̍h	白紙，寫烏字。	11.28
	白紙，寫烏字；伊識我，我唔識伊。	11.28*
	白頭殼要食米，唔食粟。	22.29

pek	百無一用是書生。	11.10
	百聞不如一見。	12.20; 333.02
pén	謅食，謅食。	35.11
peng	兵來將擋，水來土掩。	37.46
pîⁿ	棚頂做到流汗，棚腳嫌到流涎。	35.16
	棚頂婿，棚下鬼。	25.09
pin	檳榔烟，燒酒茶，開博迌。	26.21
pîn	貧憚牛，厚屎尿。	37.57
pit	畢業，失業。	31.14
pn̄g	飯會濫擅食，工課獪濫擅做。	37.24
	飯桶，掛撙。	37.69
pó·	補綿績，換挨礱。	36.19
poaⁿ	搬戲悾，看戲戇。	25.11
poàⁿ	半暝刣豬，也是天光則賣肉。	31.22; 37.12
	半桶師。	33.27
poâⁿ	盤山，過嶺。	24.01
poa̍h	博微是討債，點烟是應世。	26.04
po̍h	薄薄酒，食會醉。	26.14
pún	本地香，獪芳。	23.15
put	不在其位，不謀其政。	37.04
	不求有功，但求無過。	37.42
	不怕文人俗，只怕俗人文。	11.08

PH

phaiⁿ	歹米厚糠，醜人厚妝。	21.26
	歹師公，抵著好日子。	31.06

saí	屎，唔是貓食的。	37.78
sam	三餐五味，四缽一碗湯。	22.44
	三人同行，必有我師。	13.08
	三杯通大道，一醉解千愁。	26.10
	三代富貴，方知飲食。	22.39
sàn	散厝，無散路。	24.09
	散借，富還。	27.25
sàng	送伊魚，唔值著教伊掠魚。	12.17
sé	洗面洗耳邊，掃厝掃壁邊。	34.11
sè	細間厝，恬會富。	23.06
sėk	熟牛，沒犁後。	37.58
	熟童，快關。	12.08
sên	蟬要吱，也著百日勞苦。	37.11
seng	先食，則講。	37.30
sêng	成事不足，敗事有餘。	33.56
sí	死窟仔水，捷戽也會焦。	27.40
	死窟水，無若濟通戽。	27.40*
	死人醫到活，活人醫到死。	34.06
	死唔通學，逐項攏通學。	12.13
sî	時到時擔當，無米食蕃藷箍湯。	28.20
siā	射人先射馬，擒賊先擒王。	34.12
siám	閃生，閃死。	37.55
sian	先生無在館，囡仔搬海反；起麒麟， 　　　車糞斗。	11.15*
	先生無在館，學生搬海反。	11.15

	先重衣冠，後重人。	21.06
siang	雙手奧掠，雙尾鰻。	36.29
siàu	少年某嫁老翁，梳妝打扮無彩工。	21.29
sim	心有餘而力不足。	37.08
	心頭無定，錢就要無命。	27.54
sin	身軀無錢，對淺位上山。	27.48
	身裏無衣被人欺，腹內無膏無而疑。	21.07
	新新婦洗灶額，新長工洗犁壁。	37.36
sio	相尊，食有剩。	22.53
	相尊食有剩，相搶食無份。	22.53*
	相看，駛死牛。	37.49*
	相推，駛死牛。	37.49
sió	小錢唔願趁，大錢無塊趁。	37.09
	小錢唔願趁，大錢𣍐互人幹。	37.09*
	小船，𣍐堪得重載。	33. 51
	小生苦旦免相瞞，腳花先踏出來看。	33.63
siok	蜀中無大將，廖化爲先鋒。	33.22
sip	十藝，九不成。	12.15
	十年窗下無人問，一舉成名天下知。	11.32
	十年樹木，百年樹人。	12.03
siù	秀才造反，三年不成。	11.09
sòng	算佛，做粿。	34.19
soá	徙岫鷄母，生無卵。	24.24
soa^n	山頂一欉花，唔值著平洋一枝草。	32.02
su	書是隨身寶。	11.04

	輸拳，贏酒。	36.28
sù	四書熟聿聿，十句九句不。	11.23
	四書讀透透，唔識黿鼉龜鱉灶。	11.22
suí	婿醜在肌骨，不在梳妝三四齣。	21.31

ㄊ

taī	大甲溪放草魚──一去不回。	24.25
tân	陳三磨鏡，英台哭兄，	25.12
	孟姜女哭倒萬里長城。	
tang	冬瓜，生唔著冬。	31.16
	東港無魚，西港拋。	32.12*
tēⁿ	掟驚死，放驚飛。	37.51
tê	茶鈷安金，也是磁。	21.30
tē	子弟一下興，西裝褲穿顛倒旁。	25.06
	第一食，第二穿，第三做人情，	28.01*
	第四有錢則來還。	
	第一食，第二穿，第三翻唇頂，	28.01*
	第四則來還。	
	第一食，第二穿，第三看光景，	28.01
	第四趁錢著來用。	
	第一悾，食烟吮風。	26.03
ti	知子莫若父，知弟莫若師。	13.20
	豬仔，過槽香。	24.13
	豬唔食，狗唔哺。	22.37
	豬宿不達到狗宿穩。	23.21*
	豬岫唔值狗岫穩，狗岫燒滾滾。	23.21

	豬肚煮湯，嫌無菜；土豆擎旁，你著知。	27.17
	豬頭唔顧，顧鴨母卵。	34.28
tî	池內無魚，三界娘仔為王。	33.23
tiⁿ	甜鹹淡，無嫌。	22.14
tiâⁿ	庭栽棲鳳竹，池養化龍魚。	23.04
tiám	點燈有分，分龜跳崁。	35.07
tiâu	條條熟，句句生。	11.11
tiû	綢岫唔值著草岫隱，草岫燒滾滾。	23.21*
tio̍h	著拎牛鼻，唔通拎牛尾。	34.13*
	著拎牛頭，唔通拎牛尾。	34.13
	著魯，則會做祖。	37.20
tiòng	中主人意，便是好工夫。	34.22
tiùⁿ	脹死大膽，餓死小膽。	37.27
tn̂g	長衫疊馬褂。	21.17
to	刀鈍，唔是肉韌。	33.29
	多做多錯，不做不錯。	37.43
	多藝多師藝不精，專精一藝可成名。	12.16
tō·	土猴，損五穀。	22.47
	肚臍開花，蜘蛛吐絲。	25.08
toà	滯矮厝，卡有補。	23.07
toā	大工無人倩，小工唔肯行。	33.54
	大坩飯，細鼎菜。	22.81
	大北門外，祭無頭鬼。	22.68
toh	桌頂，食到桌腳。	22.55*
tong	當庄土治，當庄聖。	23.22

tòng	擋久，著輾管甫。	27.19
tuì	對死裏，拚倒轉來。	37.18
tun	鈍刀，使利手。	34.01

TH

thaî	刣牛也這身，拜佛也這身。	21.15
	刣椅仔，煠木屐。	22.79
	刣鷄，閹卵。	36.25
thak	讀前世册。	11.06
	讀册一菜籠，考到茹傯傯。	11.36
	讀人之初，畢業的。	11.17
tham	貪食無補所，澇屎著艱苦。	22.64
	貪熱，無貪寒。	21.11
	貪俗，食破家。	22.58
thàn	趁會著，食燴著。	37.75
	趁也著趁，食也著食。	28.05
	趁了了，食了了。	27.11
that	塞城門，唔塞涵孔。	34.27
thaû	頭前魚池，後壁果子。	23.03
	頭興興，尾若杜定。	37.38*
	頭興興，手尾冷冷。	37.38
	頭日香，尾日戲。	25.13
	頭過，身著過。	37.10
	頭，卡大身。	27.01
	頭疼醫頭，腳疼醫腳。	37.45
thiân	程咬金，當無一下斧頭鏨。	33.55

thiah	拆東籬，補西壁。	34.26
thih	鐵樹開花。	27.09
	鐵拍，都無雙條命。	35.19
thiú	丑仔腳，那有將才。	33.36
thô	桃李，滿天下。	13.02
thô·	土水差寸，木匠差分。	33.10
	土貝，唔是三牲材。	34.31
	土豆甘蔗，食飽艙饜。	26.24
	土豆落下豬血桶——廢人。	33.42
thȯk	讀詩千首，不作自有。	12.10
	讀書須用心，一字值千金。	11.05
thong	通天教主，收無好徒弟。	13.05
thun	吞落三寸喉，變屎。	22.70

U

ū	有錢買蚊仔香，無錢買蚊罩。	27.43*
	有錢無錢，也著腹肚圓。	24.10
	有錢食鮑，無錢免食。	22.48
	有錢，卡贏好額。	27.52
	有錢人，乞食性命。	28.16
	有錢三頓，無錢衫當。	27.14
	有錢三頓飲，無錢當衫飲。	26.07
	有錢著有膽，有衫著有威。	21.07
	有食肚重，無食肚空。	37.66
	有食，有食的功夫。	22.02
	有食，有食的功夫；無食，無食的功夫。	22.02*

	有趁虎吞，無趁虎睏。	27.15*
un	溫故而知新。	12.06
ún	隱龜，繪四正。	12.28

二、筆劃查句索引

生處好趁錢，熟	32.03	在厝日日好，出	24.11
生擒，活掠。	34.23*	在厝朽刺桐，出	23.17;24.16
生蟳，活掠。	34.23	在厝貴，出厝賤	23.16*
白紙，寫烏字。	11.28	在厝賤，出厝貴	23.16;24.15
白紙，寫烏字；	11.28*	在家千日好，出	23.20*
白頭殼要食米，	22.29	在職怨職，無職	37.06
石頭，浸久也會	12.09	多做多錯，不做	37.43
尻脊骿揹黃金，	33.62*	多藝多師藝不精	12.16

6劃

休戀故鄉生處好	24.17	好也一頓，歹也	22.71
任你妝，也是赤	21.28	好孔，一孔掠幾	31.01*
企得放債，跪得	27.26	好手段，一滾就	34.10
企著好地理，卡	32.01	好好鱉，刣到屎	34.25
企著好所在，卡	32.01*	好琵琶，吊於壁	32.08
先生不在館，學	11.15	好駛牛，臭肩頭	37.77
先生無在館，學	11.15*	好額人，乞食性	28.16*
先重衣冠，後重	21.06	好礐，無屎。	36.10
先食，則講。	37.30	字，屬人形。	11.21
刣牛也這身，拜	21.15	字深，人袋屎。	12.29
刣椅仔，煠木屐	22.79	年簫、月品、萬	25.18
刣鷄，閹卵。	36.25	成事不足，敗事	33.56
危邦不入，亂邦	23.12	扛轎的，無雙頭	33.01*
名師，出高徒。	13.01	扛轎的喝艱苦，	37.07
在生呣樂，死了	28.11	有，呣食也是戀	28.15
在厝日好，出	23.20	有，若摸蜊仔；	37.44
		有，若摸蝦；無	37.44*

有，做一站；無 27.15
有，做虎吃；無 27.15*
有人入山趁食， 37.03
有人山裏趁食， 37.03*
有人坐死，無人 37.19
有人興燒酒，有 26.22
有人點燈照路， 22.72
有功，拍無勞。 36.17*
有去路，無來路 27.08
有自信，無把握 11.38
有庄，恬到無竹 23.19
有妝，有縒。 21.18
有狀元學生，無 13.13
有風唔駛船，無 31.15
有食，有食的功 22.02
有食…無食無食 22.02*
有食肚重，無食 37.66
有借有還，再借 27.32
有眞師傅，無傳 12.24
有魚，唔食頭。 22.73
有趁虎吞，無趁 27.15*
有趁無趁，嘛著 26.05
有趁無趁，嘛著 28.10
有路，唔搭船。 24.06
有歌有曲心頭鬆 25.17

有福食外國。 22.06*
有錢，卡贏好額 27.52
有錢人，乞食性 28.16
有錢三頓，無錢 27.14
有錢三頓飲，無 26.07
有錢食鮸，無錢 22.48
有錢無錢，也著 24.10
有錢著有膽，有 21.07
有錢買蚊仔香， 27.43*
有鬚食到鬖簑， 22.15
此巷無路，看做 11.27*
此科若中是天無 11.34
此處不留人，自 32.13
死人醫到活，活 34.06
死唔通學，逐項 12.13
死窟仔水，捷戽 27.40
死窟水，無若濟 27.40*
江湖一點訣，講 34.09
池內無魚，三界 33.23
百姓，百姓，無 37.23
百無一用是書生 11.10
百聞不如一見。 12.20
米粉筒——百百 27.05
老牛，拖破車。 33.30
行行出狀元。 13.12

11劃

12劃

三、語義分類查句

國家圖書館出版品預行編目資料

台灣俗諺語典, 卷四·生活工作 / 陳主顯著.
　--初版.--台北市：前衛, 1999 [民88]
　432面；21×15公分
　含索引
　ISBN 978-957-801-209-7（精裝）

　1.諺語--台灣

539.9232　　　　　　　　　　87017725

台灣俗諺語典
《卷四·生活工作》

著　　　者　陳主顯

出 版 者　前衛出版社
　　　　　　10468 台北市中山區農安街153號4F之3
　　　　　　Tel: 02-25865708　Fax: 02-25863758
　　　　　　郵撥帳號：05625551
　　　　　　E-mail: a4791@ms15.hinet.net
　　　　　　http://www.avanguard.com.tw

出版總監　林文欽
法律顧問　南國春秋法律事務所 林峰正律師
出版日期　1999年02月初版第一刷
　　　　　　2010年01月初版第五刷

總 經 銷　紅螞蟻圖書有限公司
　　　　　　台北市內湖舊宗路二段121巷28.32號4樓
　　　　　　Tel: 02-27953656　Fax: 02-27954100

©Avanguard Publishing House 1999

Printed in Taiwan　ISBN 978-957-801-209-7

定　　　價　新台幣400元